Magnus Malm · Gott braucht keine Helden

W0227272

Edition
AUF:ATMEN

Magnus Malm

Gott braucht keine Helden

Mitarbeiter zwischen Rolle und Wahrhaftigkeit

R. BROCKHAUS VERLAG WUPPERTAL

BUNDES-VERLAG WITTEN

Die Edition A U F:A T M E N
erscheint in Zusammenarbeit
zwischen dem R. Brockhaus Verlag Wuppertal
und dem Bundes-Verlag Witten
Herausgeber: Ulrich Eggers

Die schwedische Originalausgabe erschien
unter dem Titel VÄGVISARE bei
Förlags AB Nytt Liv 1990
© Magnus Malm und Förlags AB Nytt Liv

Deutsch von Dr. Friedemann Lux

4. Auflage 1999
© der deutschen Ausgabe:
R. Brockhaus Verlag Wuppertal 1997
Umschlag: Dietmar Reichert, Dormagen
Gesamtherstellung: Breklumer Druckerei Manfred Siegel KG
ISBN 3-417-24404-8 (R. Brockh. V.)
ISBN 3-926417-44-7 (Bundes-Verlag)

INHALT

VORWORT zur deutschen Ausgabe

Wir sitzen bei Kerzenlicht, Fladenbrot und Käse am flackernden Kamin eines schwedischen Holzhauses und lernen uns kennen. Seit mehr als zehn Jahren sind wir als Kollegen in Kontakt, aber noch nie hat es mit einem persönlichen Treffen geklappt. Jetzt ist es endlich soweit. Gerade sind wir von einem ausgiebigen Spaziergang durch die weite Natur rund um das Malmsche Haus zurückgekommen, haben die riesigen Teppiche blühender Buschwindröschen, die moosüberwucherten Steinmauern und Magnus' Hund und Pferd auf der Koppel bewundert. Hundert Meter weiter steht eine gemütliche alte Dorfkirche unter hohen alten Bäumen, und ein paar Schritte nach rechts liegt die Schule, an der Elisabeth, Magnus' sympathische Frau, unterrichtet. Alles in allem: ein Idyll.

Das war aber nicht immer so in Magnus' Leben: Intensive Arbeit an einer geistlichen Zeitschrift, Aufbau eines Verlages, internationale Kontakte, Leben in einer kleinen christlichen Wohngemeinschaft: Ein hektisches, engagiertes Leben, bei dem Ehe, vier Kinder und auch die Beziehung zu Gott und sich selbst am Ende offensichtlich zu kurz kamen. Gern haben wir hin und wieder Artikel von Magnus Malm nachgedruckt und Kontakt zu seiner Redaktion gehalten. Irgendwann hörte ich dann, daß es eine Krise gebe, danach, daß er ausgeschieden sei und ein Sabbatjahr einlege. Schließlich kamen wir erneut in Kontakt, als er schon Retraiten für lutherische Pfarrer leitete und sich aufs Land zurückgezogen hatte.

Immer wieder versuchte ich in der Folgezeit, ihn einmal als Referent zu einem Seminar oder Festival einzuladen. Ich kannte ja seine Artikel und fand seine genauso praktisch-ehrliche wie geistliche Art immer sehr erfrischend. Gänzlich unbeeindruckt und mit großer Beständigkeit erhielt ich Absagen von ihm. Niemals mehr, so schien es, wollte Magnus in die Spirale aus zuviel Arbeit und Aufgaben kommen, die ihn damals in Probleme gebracht und letztlich auch zu diesem Buch veranlaßt hatten. Im Gegenteil: Seine Briefe enthielten sogar ungewöhnlich offene und kämpferische Fragen:

Er könne kaum verstehen, wie ich zwei Zeitschriften, Lebensgemeinschaft und verschiedene andere Projekte unter einen Hut bekäme. Da müsse doch irgend etwas zu kurz kommen, und ich solle mal sehr aufpassen und ihn mit Einladungen in Ruhe lassen. Gerne könne ich aber mal zum Kennenlernen vorbeikommen.

Jetzt sitzen wir zusammen, tauschen Erfahrungen aus und schmieden Pläne für eine deutsche Ausgabe seines Buches. Eine eigenartige Begegnung: Magnus, der so aussieht, wie man sich einen schwedischen Einsiedler vorstellen könnte, bringt ganz eigene, unabhängige Akzente ein – natürlich stark geprägt von seiner Geschichte, den Problemen seiner Lebenskrise und den neuen Erfahrungen mit den Einkehrzeiten, die seinen Alltag bestimmen. Ein sehr anderes, frisches Denken ist das, unbeirrt auf seine Erfahrungen pochend, kantig, frei und unbequem, zugleich aber durch und durch biblisch.

Ganz so, wie ich auch dieses Buch empfinde: Magnus Malms Gedanken bringen frischen Wind in das alte Thema Berufung, Arbeit für Gott und persönliche Nachfolge. Es rückt eingefleischten frommen Profis kräftig den Kopf zurecht und weist sie mit Nachdruck auf die alles entscheidende Ebene der persönlichen Gottesbeziehung. Hier ertönt ein ganz anderer Klang: Dieses Buch kann uns eine neue Gelassenheit geben und vor Selbstüberschätzung bewahren. Zugleich ist es eine Ermutigung zum Dienst, die sich klar auf den biblischen Befund gründet und eine Menge persönlicher Erfahrungen widerspiegelt. Es mahnt uns aber auch, unsere Motive immer wieder neu zu prüfen: Dienen wir unserem Ego – oder wirklich unserem Gott? Mir scheint: Dieses Buch kommt zur rechten Zeit.

Ulrich Eggers

An den Leser

Wenn wir unsere Geschichte mit Abraham beginnen lassen, hat die christliche Kirche an die viertausend Jahre Erfahrungen mit den verschiedensten Formen geistlicher Führung gesammelt. Manche dieser Erfahrungen können als vorbildlich gelten, andere sind abschreckend; von beiden können wir viel lernen. Meine eigenen geistlichen Leitungserfahrungen erstrecken sich über ganze zwanzig Jahre. Sie standen meist in einem ökumenischen Kontext und umfassen verschiedene Gebetsgruppen, acht Jahre Leben in einer Großfamilie, verschiedene Formen der Gemeindearbeit und fünfzehn Jahre als Redakteur der Zeitung *Nytt Liv* (»Neues Leben«). Auch diese Erfahrungen sind natürlich eine Mischung aus Erfolg und Mißerfolg, und ich habe versucht, von beidem zu lernen.

In diesem Buch schöpfe ich aus diesen beiden Quellen: der Geschichte der Kirche und meiner eigenen Erfahrung. Die direkteren Anspielungen auf letztere habe ich im großen und ganzen auf einen kurzen Abschnitt im Kapitel »Was ist meine Berufung?« beschränkt, aber ich kann dem Leser versichern, daß jedes Kapitel aus meinem eigenen persönlichen Lebensringen entstanden ist. Dieses Buch ist daher nicht als fertige theologische Abhandlung über das geistliche Leiteramt gedacht oder als Handbuch des Know-hows des geistlichen Führens und schon gar nicht als »Diskussionsbeitrag«. Das Buch will vielmehr den Leser zur persönlichen Selbstprüfung und zum Arbeiten an sich selber einladen. Es baut darauf, hier und da zum Spiegel für das eigene Leben und das eigene Leiteramt des Lesers zu werden. Eine seiner Hauptthesen ist nämlich, daß die Art, wie wir führen, untrennbar verbunden ist mit der Art, wie wir leben. Ein solches Arbeiten an sich selbst kann man natürlich nicht »machen«, und das Buch ist ausdrücklich nicht zum raschen »Diagonallesen« gedacht.

Als Mann habe ich dieses Buch aus einer männlichen Perspektive geschrieben. Ich habe, schon um der sprachlichen Eleganz willen, bewußt vermieden, Formulierungen wie »der Leiter/die Leiterin«, »ihn/sie« usw. zu verwenden. Dies bedeutet selbstverständlich keine Stellungnahme gegen die Frau als geistliche Leiterin; die Gemeinde braucht auch Frauen als Leiterinnen, damit sich in der Leitung Gottes ganzes väterliches und mütterliches Wesen widerspiegeln kann.

Dieses Buch wendet sich an christliche Mitarbeiter und Mitarbeiterinnen jeder Kategorie, von denen ohne Amt und Würden bis hin zu »Amtsinhabern« der verschiedensten Art. Falls der Leser trotzdem eine Schlagseite in Richtung Pastor entdeckt, beruht diese wohl darauf, daß ich in vielen Fällen vereinfachend von »der Gemeinde« rede und nicht von Jugendkreisen, Kindergottesdienst, Gebetskreisen usw. Ich hoffe, daß der Leser trotzdem die Grundgedanken auf seine eigene Situation anwenden kann.

Hiermit widme ich dieses Buch den lieben Freunden, die in all den Jahren versucht haben, einen Menschen aus mir zu machen, und die trotzdem noch meine Freunde sein wollen. Ganz besonders gilt dies für Elisabeth, die seit nunmehr fast sechzehn Jahren meine Frau und Gottes große Gabe an mich ist.

Asklanda/Schweden, im Januar 1990   Magnus Malm

Machthaber?

»Trau keinem von denen da oben . . .« Wann es angefangen hat, weiß keiner so genau, aber wir erleben jetzt schon seit längerer Zeit und in vielen gesellschaftlichen Bereichen den allmählichen Niedergang der moralischen Autorität von Führungspersonen. Daß »die da oben« selbstlose Diener der Allgemeinheit und nachahmenswerte Vorbilder sein sollten, wirkt im Lichte der Seifenoper des real existierenden Alltags schon fast komisch. Eine Machtintrige und ein Skandal folgt dem anderen, neue Enthüllungen, Beschwichtigungen und Dementis rauschen an uns vorbei. Ächzend und seufzend rollt die Weltkugel weiter, eher gebremst als angetrieben von den wackeren Bemühungen der Politiker.

1979 veröffentlichte der amerikanische Soziologe Christopher Lasch sein Buch *The Culture of Narcissism* (deutsch: »Das Zeitalter des Narzißmus«) – ein einflußreiches Werk, das unzählige andere gesellschaftskritische Darstellungen beeinflußte. Der Untertitel des amerikanischen Originals lautete: »Das amerikanische Leben in einem Zeitalter abnehmender Erwartungen«, aber das Buch ist – leider – nicht nur für Amerika aktuell. Lasch beleuchtet zahlreiche Aspekte jener Seelenkrankheit, die unsere gesamte Kultur, von der Kinderpsychiatrie bis zur großen Politik, befallen hat, und weist nicht zuletzt auf, wie sie sich wie ein Rostfraß auch in den Führungsetagen der Welt ausgebreitet hat und eine der Ursachen ihres Zerfalls ist.

Ein Narzißt – das scheint ein Mensch mit übergroßem Ich zu sein. Aber Lasch weist nach, daß es sich in Wirklichkeit um einen Menschen mit einem aufgelösten und unsicheren Ich handelt und daß er gerade darum so auf sein Ich fixiert ist. Dies äußert sich unter anderem in folgenden drei Symptomen, die sich als verheerend für alle Formen von Führung erwiesen haben:

◇ *Image statt Substanz.* Es geht nicht mehr um die Wirklichkeit, sondern um den Schein. Wichtig ist nicht, daß einer Macht und Einfluß hat, sondern daß er den Anschein davon hat. Wichtig ist nicht, etwas zu wissen oder zu können, sondern als sachkundig zu gelten.

11

Wichtig ist nicht, daß man in seiner Person ein positives Ideal faktisch verwirklicht, sondern daß man einen vertrauenswürdigen Eindruck macht. Die berühmte These des Medienphilosophen McLuhan, »Das Medium ist die Botschaft«, bezog sich ursprünglich nur auf die Medien, speziell das Fernsehen; aber in dem Maße, in welchem die Massenmedien die Wirklichkeit nicht mehr abbilden, sondern sie konstruieren, beschreibt diese These auch uns selber: »Ich bin das, was ich vermittle.« Das zeigt sich unter anderem darin, daß wir das Fernsehen als die Wirklichkeit schlechthin betrachten: »Den kenne ich aus dem Fernsehen« – dieser Satz bedeutet, daß jemand aus dem Schattenreich des Unsichtbaren herausgehoben und endlich wer geworden ist, weil ihn ja jetzt »alle« sehen. Was unsichtbar ist, das gibt es eigentlich nicht, das hat keinen Wert.

◇ *Vom Beifall der anderen abhängig.* Es handelt sich hier nicht um das natürliche Grundbedürfnis jedes Menschen nach Wertschätzung, sondern um eine absolute Abhängigkeit von den ständigen Schmeicheleinheiten unserer Umgebung: »Wir mögen dich.« Der narzißtische Mensch hat keinen festen Grund, keine Wurzeln. Sein Ich existiert buchstäblich nur in den Meinungen der anderen. Nach außen hin wirkt er sicher und selbständig, aber in Wirklichkeit kann er ohne eine ihn bewundernde Umgebung nicht existieren. Ständig versucht er seinen Wert aus den Reaktionen der anderen abzulesen. Menschen, die noch mehr Charisma und Wichtigkeit ausstrahlen, ziehen ihn magnetisch an. Dies führt ihn in eine ständige Selbstbespiegelung, mit der er sich von all dem zu reinigen versucht, was seine Aktien bei den Mitmenschen sinken lassen könnte: Schwäche, Fettsucht, Müdigkeit, Häßlichkeit, Mißerfolg, unpopuläre Meinungen, Altern, Angst, Krankheit, Zweifel, Unsicherheit . . .

◇ *Das Ziel ist die eigene Befriedigung.* Da der Narzißt zuinnerst davon überzeugt ist, daß die Welt keine Zukunft hat, bleibt ihm nur die Suche nach der Befriedigung seiner unmittelbaren Bedürfnisse. »Sinn« hat alles, was dieser Befriedigung dient – in krassem Gegensatz zur klassischen Sinnsuche des Menschen, bei der man seine Eigeninteressen einem größeren Ganzen außerhalb des eigenen Ichs unterordnet. Das narzißtische Ziel ist die Selbst-Befriedigung auf

12

allen möglichen Gebieten: Karriere, Sex, Essen, Freizeit, Beziehungen, Vergnügen, Kleider usw. Schwachheit und Versagen werden zu lebensbedrohenden Feinden, die man um jeden Preis bekämpfen, verleugnen und verdrängen muß. Der Gipfel der Schwäche ist natürlich der Tod, und folglich hält man sich den Gedanken an ihn durch ein endloses Kaleidoskop von Moden und Trends soweit wie möglich vom Leib. Ein ständiger Modenwechsel, bei dem nie etwas ausreifen oder verwelken kann, schafft die Illusion, daß das Leben ständig so frisch ist wie die Zeitung von heute morgen.

Was für einen Führungsstil dieses Denkmuster hervorbringt, zeigt sich sowohl in der Politik als auch im »Starkult« überhaupt. Die Massenmedien, allen voran das Fernsehen, haben die Politik von Sachfragen, Sachkenntnis und Erfahrung weg in Richtung auf das Bildhafte, Vereinfachte und Verkaufbare rutschen lassen. *Glaubwürdigkeit* heißt das große Ziel der Imagepflege des heutigen Politikers. Es handelt sich dabei nicht mehr darum, Wahrheiten zu vertuschen oder Lügen zu verbreiten. Lasch schreibt, daß »die Kategorien von Wahrheit und Unwahrheit für eine Beurteilung [des] Einflusses [der Massenmedien] irrelevant sind. Wahrheit hat der Glaubwürdigkeit weichen müssen; Fakten sind ersetzt worden durch Behauptungen, die autoritativ klingen, ohne irgendeine gültige Information zu vermitteln.«[1]

Am deutlichsten zeigt sich das in Wahlkampagnen: Die Frage ist nicht, ob ein Politiker kompetent ist, sondern ob er sich gut verkauft. Am ausgeprägtesten ist dies natürlich in den USA, wo die Präsidentenwahlen immer mehr zu einem Duell der Werbeagenturen auszuarten scheinen. Doch auch in Europa ist die Botschaft der Massenmedien klar: Wer ein Land führen will, muß telegen sein. Meinungsumfragen werden zum ständigen Spiegelein an der Wand, das dem Kandidaten zeigt, ob er noch der »Schönste im Land« ist. Skandale werden unter den Teppich gekehrt, innerparteiliche Konflikte geleugnet usw.

Dieser Kult der Äußerlichkeit findet seine konsequenteste Vollendung in der Welt der sogenannten Stars. Lasch schreibt: »Diese Zelebritäten blühen auf dem Humus der kritiklosen Bewunderung der Massen und geben im öffentlichen wie im Privatleben den Ton an, da der Starkult keine Grenzen zwischen Öffentlichkeit und Privatsphäre anerkennt. Die *beautiful people* (die Schönen und die Reichen) . . . leben die Phantasie des narzißtischen Erfolgs aus, die aus nichts anderem als dem Wunsch besteht, überall und immer bewundert zu werden, und zwar nicht für seine Leistungen, sondern einfach als man selbst, unkritisch und ohne jeden Vorbehalt.«[2]

»Faszinierend« hat der Star zu sein, und das um jeden Preis. Treue, Reife, Konsequenz, Loyalität und dergleichen sind damit aus dem Rennen. Es bleibt nur noch das tragikomische Karussell aus Aufbrüchen und neuen Verbindungen, Enthüllungen und Scheindebatten, mit denen diese Menschen verzweifelt ihren Rang in der »Wirklichkeit« zu halten versuchen. Es ist ein Führungsstil, der die Bewertungen und Lebensstile des Durchschnittsbürgers auf verheerende Weise bekräftigt und zementiert.

Die ganz große Synthese aus Star und Politiker war natürlich Ronald Reagan, der Filmstar, der amerikanischer Präsident wurde. Er verkörperte das Führungsideal des Narzißmus auf eine ebenso charmante wie gefährliche Weise. Schon zu seiner Amtszeit war es ein offenes Geheimnis, daß er in wichtigen Fragen sehr wenig sachkundig und in den Händen wesentlich cleverer Berater war, wie später ein aufgerollter Skandal nach dem anderen bestätigt hat. Aber sein Image des zuversichtlichen, optimistischen Landesvaters ließ die US-Bürger ruhig schlafen; eine Meinungsumfrage nach der anderen zeigte, daß seine Popularität ebensowenig unterzukriegen war wie sein Lächeln. Es war wichtiger, das Image eines starken Mannes zu haben, als das Land wirklich zu führen.

Doch Reagan ist nicht mehr Präsident, und der Erfolgsglitter der Yuppie-Ära verblaßt vor den herben Realitäten der 90er Jahre. Die Grünen-Bewegung hat sich über ganz Europa ausgebreitet und kämpft für alternative Lösungen – und auch für einen alternativen Führungsstil. Man wendet sich gegen jede Art von Personenkult und weigert sich kategorisch, Parteiführer zu haben. »Macht verdirbt alles« lautet die Grundthese, und auf daß die Bewegung sich nicht in der Machtlust einzelner Personen festfahre, läßt man die Führungspositionen – es sind immer mehrere – nach dem Rotationsprinzip besetzen. Bezeichnend ist der Gebrauch des Wortes

14

»Sprachrohr«: Der Leiter ist nichts, die »Bewegung« alles. In einem europäischen Parlament nach dem anderen sind die Jeans und Pullover der Grünen in die Krawattenriege des Establishments eingebrochen. Kleider machen Leute – und Führungsstile.

Aber sind die Führungsstile tatsächlich so verschieden? Das Ursprungsland der Grünen ist Deutschland, wo es aus historischen Gründen immer noch nicht wieder möglich ist, das Wort »Führer« zu gebrauchen. Daß der »Führer« das Vertrauen ihrer Großeltern so grausam ausnutzte, hat bei vielen jungen Deutschen ein tiefsitzendes Mißtrauen gegen alles geschaffen, was mit Führung zu tun hat. Diese Angst ist eine treibende Kraft in dem Führungsverständnis der Grünen; die Angst vor dem *Miß*brauch wiegt schwerer als die Vision von dem besseren Gebrauch. Ein Leiter – das bedeutet früher oder später Machtmißbrauch; ein Vorbild – das heißt irgendwann Verrat. Und so gilt es, Methoden zu finden, sich so etwas von Anfang an vom Leib zu halten.

Aber der Glaube an die führerlose Gemeinschaft erweist sich in der Realität stets als Traum. Wo man keine offene Führung zuläßt, entwickelt sich statt dessen eine verdeckte, und die ist meist die schlimmere. Åsa Domeij von den schwedischen Grünen (Miljöpartei) hat es so ausgedrückt: »Die Macht in der Landesorganisation der Miljöpartei ist wie ein herrenloser Hund. Wer ihn als erster einfängt, hat ihn.«[3] Die Kompetenzverteilung ist unklar, die Beschlußfassung verwickelt und diffus – eine ständige Brutstätte für Konflikte, die in der Praxis die starken Ellbogen und schnellen Zungen begünstigt.

Mir scheint, daß heute Führungskompetenzen, auf der persönlichen Ebene wie in der Gesellschaft als ganzer, immer mehr von der Wirtschaft wahrgenommen werden. Firmen und Konzerne erobern einen Bereich nach dem anderen. Sie sponsern Kulturveranstaltungen, Umweltschutz, Ausbildung, Forschung, Sport usw. Sie machen sich für neue politische Allianzen vom Typ der Europäischen Union stark. Die wirtschaftliche Supermacht unserer Tage ist Japan, das alles auf seine industrielle Entwicklung setzt und nur 1 % für seine Verteidigung ausgibt, was einiges darüber aussagt, wie man heute politischen Einfluß sieht. Und das Verhältnis zwischen reichen und armen Ländern wird in hohem Maße durch die Investitionen und Rohstoffkäufe der Großkonzerne diktiert.

Die großen Unternehmen sind auch der Ort, wo man mit Hochdruck an der Entwicklung der Führungen der Zukunft arbeitet. »Reißt die Pyramiden nieder!« – mit diesem Ausspruch gab vor einigen Jahren SAS-Chef Jan Carlzon einem Kind, das schon seit langem geboren war, einen Namen. Der autoritäre Chef der alten Schule funktioniert nicht mehr in einer Welt, in der immer mehr Menschen hochqualifiziert sind und ihr Stück vom Mitbestimmungskuchen fordern. Und so arbeitet man unter Aufbietung aller ökonomischen Ressourcen der Unternehmen an der Entwicklung neuer Leitungsstrukturen, wo alle Mitarbeiter Teilhaber am Entscheidungsprozeß sind und die Rolle des Chefs die des Mobilisierers, Anregers und Wegweisers ist und nicht die des Alleinbestimmers. Es gibt viele Ausdrücke hierfür:

»Persönlichkeitsentwicklung« heißt das Ziel unzähliger Beratungsfirmen, die Betrieben ihre Kurse verschiedenster psychologischer, manchmal auch religiöser Provenienz anbieten. »Time Management« ist allen wohlbekannt: der im eleganten Lederringbuch verpackte Terminplaner, Symbol der rechten Zeiteinteilung und Grundrüstzeug des Managers. Beim »Mentorsystem« trifft sich ein jüngerer Leiter regelmäßig mit einem erfahreneren Kollegen zu persönlicher Aussprache, Auswertung und Wegweisung. »Netzwerkmeetings« zu persönlichen Kontakten, gegenseitiger Inspiration und Hilfe verzweigen sich national und international und dienen als informelle Machtzentren wie als Pflanzschulen zur Leiterausbildung. Die Liste ließe sich noch wesentlich verlängern.

Und die Kirche?

Mitten in diesem Gewimmele lebt die christliche Gemeinde. Wie sieht es bei ihr in Sachen Führung aus? Über fast 1700 Jahre der europäischen Geschichte nahm die Kirche eine geistliche Führungsrolle wahr, die sie zuweilen mit weltlicher Macht vermengte und mißbrauchte, die aber zu anderen Zeiten kulturell bahnbrechend war. Doch seit der Aufklärung im 18. Jahrhundert scheint sich die Kirche in einem ständigen Rückzug zu befinden, und die Rollen sind gründlich vertauscht: Der Kaiser nimmt immer mehr, was eigentlich Gottes ist. Menschen innerhalb wie außerhalb der Kirchen fragen heute mit Bo Strömstedt von der Zeitschrift *Expressen:* » Wo sind unsere geistlichen Leiter geblieben?« Wer erwartet eigentlich noch geistliche Wegweisung von der Kirche? Oder Antworten auf die großen ethischen und politischen Fragen? Oder Hilfe in der Kulturdebatte und in der Kunst?

Ohne hier ins Detail zu gehen, können wir nach kurzem Überlegen feststellen, daß im Kielwasser der Säkularisierung die Kirche auch unter den Einfluß der vorhin genannten Führungsstiltrends geraten ist. Sicher, sie kann manches von der Welt lernen. Aber wo liegt die Grenze, hinter der solche Einflüsse sich gleichsam festfressen und den Kern geistlicher Leitung verändern?

Machen wir einmal, während einer ganz normalen Arbeitswoche, einen Besuch in einer Durchschnittsgemeinde in einer Durchschnittsstadt. Wie geht es dem Pastor/Priester? Wie dem Jugendleiter? Dem Sonntagsschullehrer? Dem Chorleiter? Haben sie den Eindruck, daß sie etwas bewegen? Oder fühlen sie sich als bloße Rädchen im Getriebe einer anonymen Struktur oder Organisation? Merken sie, daß sie einen entscheidenden Einfluß auf das geistliche Leben anderer Menschen haben? Oder haben sie den Eindruck, daß übermächtige Kräfte außerhalb ihrer Reichweite einen viel größeren Einfluß auf Werte und Lebensstile der Gemeindeglieder ausüben? Haben sie selber ein reiches inneres Leben, aus welchem die ganze Gemeinde mitschöpfen kann? Oder saugt ihnen ihre Arbeit langsam das Mark aus und zwingt sie zu einem Leben im ständigen Defizit?

Alarmierende Berichte aus den unterschiedlichsten Gruppen und Situationen deuten an, daß die Antwort häufiger die zweite ist. Viele Pastoren haben eine tiefe Sehnsucht nach geistlichem Leben für sich und die Gemeinde, aber sehen sich in einem unentwirrbaren Knäuel aus Forderungen, Erwartungen und Loyalitäten gefangen, das sie nicht das tun läßt, was ihnen eigentlich am Herzen liegt. Sie fühlen sich eingesperrt in einem ständigen Spannungsfeld zwischen unvereinbar scheinenden Gegensätzen:

Traditionsbewußtsein der Älteren – Suche nach Neuem bei den Jüngeren. Die eine Gruppe, die immer Bibelstunden will – die andere, die auf die Straße will. Das von der Denomination geforderte Profil – die örtlichen Gegebenheiten. Der Einsatz in der Gemeinde – die Familie zu Hause. Verwaltungskram – geistliche Vertiefung. Suchende von außerhalb der Gemeinde – Bedürfnisse der Gemeindeglieder. Persönliches Gebetsleben – Dienst an den anderen. Programme der Kirchenleitung – persönliche Bedürfnisse der Menschen. Nötige neue Projekte – finanzielle Grenzen. Und so weiter und so fort.

Das Endergebnis ist oft ein Minimum an geistlicher Führung und ein Maximum an lästiger Geschäftigkeit. Der Zusammenprall all der widerstreitenden Forderungen erzeugt oft ein laues Durchschnittschristentum, mit dem so recht niemand zufrieden ist und das in vielen Seelen zu einer tiefen Müdigkeit führt. Für nicht wenige scheint das unausgesprochene »Ich tue es ja für den Herrn« das einzige zu sein, das sie Jahr um Jahr durchhalten läßt. Und Gott ist so barmherzig, daß er trotz dieses Elends Menschen segnet.

Dies ist der Hintergrund, vor welchem wir die unwiderstehliche Anziehungskraft sehen müssen, die eine mehr autoritäre geistliche Führung auf viele Christen ausübt. Ein überwältigend großer Anteil der Mitglieder der vielen neuen freien Gruppen und Gemeinden der letzten zehn bis fünfzehn Jahre kommt aus Gemeinden des oben beschriebenen Typs. Sie sind es leid, das allzu schwerfällige Schiff – sie hungern nach tiefer geistlicher Wegweisung. Das Angebot dynamischer Gemeinschaft mit Gleichgesinnten, frei von dem alten Routineapparat, lockt sie an. Endlich klare, praktische Unterweisung durch jemanden, der nicht durch tausend Papierkriege, Krankenbesuche und Gemeinderatssitzungen gebunden ist!

Mit anderen Worten: Endlich ein richtiger Seelenführer! Für viele Christen ist die autoritäre Variante charismatischer Führung die Erhörung jahrelanger Sehnsüchte. Die Theologie ist – mit lokalen Variationen – einfach und direkt: Gott führt seine Gemeinde durch bestimmte Männer, die vom Geist dazu gesalbt sind, und das Gemeindewachstum steht in direktem Verhältnis dazu, wie gut sie sich diesen Männern unterordnet und ihre Unterweisung befolgt. Probleme und Spaltungen bedeuten, daß der Geist der Auflehnung bestimmte Glieder befallen hat, die folglich entweder ihre Sünden bekennen oder die Gemeinschaft verlassen müssen.

Daß diese Struktur die geistlichen Führungsbedürfnisse der Gemeinde von der Bibel wie von der Praxis her unmöglich erfüllen kann, wird jedem, der Augen hat, rasch deutlich. Doch solches Hinsehen ist in diesen Gruppen verpönt. Zweifel, Fragen und andere Erfahrungen als die vorgeschriebenen werden sofort als Werke des Unglaubens und des Teufels abgestempelt. Es ist ein klassischer Meinungsterror, der frommere Worte benutzt als etwa Hitler oder Stalin, aber im Grunde den gleichen Mechanismen folgt. Wer sich nicht anpaßt, wird bestraft.

Für viele gebrannte Kinder dieser Gruppen, die jetzt ratlos in der Wüste stehen, scheint die Sache mit der geistlichen Führung eine Wahl zwischen der Pest und der Cholera zu sein: Was ich auch tue, es ist das Falsche. Und die Resignation breitet sich aus wie ein grauer Eisnebel. Man schraubt seine Erwartungen zu einer winzigen Sparflamme herunter und kauert sich frierend vor dem Zukunftsdunkel hin . . .

Was tun? Zunächst einmal müssen wir anfangen, unsere Erfahrungen auszutauschen. Es dürfte mittlerweile hinreichend klar sein, daß wir dem christlichen Führungsproblem *nicht* dadurch beikommen, daß wir ein ums andere Mal den Superpastor X (aus welchem Land wohl?) importieren, der uns verzückt über sein explosionsartiges Gemeindewachstum berichtet, gegen das unsere Kirchen so richtig klein und häßlich sind. Auch nicht dadurch, daß wir den radikalen Dritte-Welt-Priester Y herbeischaffen und uns in die exotische Schilderung des Kampfes seiner Kirche flüchten, wo der Feind so schön eindeutig ist. Und auch nicht durch den Universitätstheologen Z, der uns aus dem grauen Gemeindealltag in die Glitzerwelt moderner Exegetik entführt.

Der schwedische Politiker und frühere UN-Generalsekretär Dag Hammarskjöld schrieb: »Gerade wenn wir alle die Sicheren spielen, schaffen wir eine Welt äußerster Unsicherheit.« Solange der Verkehr zwischen Pastoren durch Berufsrollenbilder, Verteidigung des eigenen Reviers und Fassadenpflege geprägt ist, wird sich nicht viel bewegen. Die »Guru-Vorträge« nach obigem XYZ-Modell vertiefen denn auch auf die Dauer unsere Frustration nur. Hat die anfängliche Begeisterung sich gelegt, bleibt als schaler Rest eine eher noch größere Distanz zu meiner Alltagswirklichkeit, ein noch größeres Gefühl des »Es bringt ja alles doch nichts«, noch größere Kühle und Schweigen im Umgang mit Kollegen.

Sobald wir jedoch darangehen, unsere Rüstung zu lockern und unsere wirkliche Lage bloßzulegen, werden ungeahnte Energien frei. Doch unsere inneren Widerstände dagegen sind gewaltig. Wir haben es nicht nur mit dem bei wohl allen Führungspersonen eingefleischten Widerwillen gegen das Zugeben eigener Schwäche zu tun, sondern auch mit jenem ersten Minderwertigkeitsgebot, das da lautet: »Was kann ich armes Würstchen schon über geistliche Führung sagen? Das soll einer machen, der mehr Erfolg hat!« Wir glauben ja immer, daß nur unsere Erfolge unseren Mitmenschen helfen können, und da wir unsere Erfolge für so mickrig halten, halten wir lieber den Mund.

Aber gerade an unseren schwachen Punkten können wir einander wirklich begegnen und etwas Neues wachsen sehen. Der Versuch, geistliche Führung auf Stärke und Erfolg zu bauen, kann nur zu Tyrannei und Zerbrechen führen. Sich an dem »Ich-kann-nicht-mehr«-Punkt begegnen dagegen bringt Leben, Heilung und Gemeinschaft.

Weiter: Wir müssen uns gemeinsam auf die Suche machen und erforschen, was geistliches Leiten eigentlich ist. Offenbar besteht es nicht in amtlichen Rollen und Planstellen, auch nicht darin, daß man sich darauf beruft, von Gott bevollmächtigt zu sein. Das haben wir ja alles, und doch rufen die Menschen nach etwas anderem. Wonach?

Wir finden den gleichen Ruf nach Führung im 5. Kapitel der Johannesoffenbarung. Ein Engel ruft nach jemandem, der würdig ist, das Buch mit Gottes Zukunftsplänen zu öffnen. »Und niemand, weder im Himmel noch auf Erden noch unter der Erde, konnte das Buch auftun und hineinsehen« (Offb 5,3). Da sieht der Seher ein Lamm, das wie geschlachtet aussieht, und ein brausender Lobgesang ertönt: »Du bist würdig, zu nehmen das Buch und aufzutun seine Siegel; denn du bist geschlachtet und hast mit deinem Blut

Menschen für Gott erkauft aus allen Stämmen und Sprachen und Völkern und Nationen . . . Das Lamm, das geschlachtet ist, ist würdig, zu nehmen Kraft und Reichtum und Weisheit und Stärke und Ehre und Preis und Lob.« (Offb 5,9–12)

Jesus, das Lamm Gottes, ist würdig, zu herrschen, weil er sein Leben für uns gegeben hat. Und seine Herrschaft besteht nicht in einer formellen Machtstellung, aus der heraus er sich die Menschen unterwirft; auch nicht in irgendwelchen autoritären Führungsansprüchen. Seine Herrschaft besteht in seinem *Leben,* das er für andere gegeben hat. Wir folgen ihm nicht, weil er unser Führer ist, sondern weil er es wert ist, daß man ihm nachfolgt. Sein ganzes Leben und Wesen ist so vertrauenerweckend, daß wir als freie Menschen in Liebe darauf antworten und ihm unser Leben übergeben, ohne jede Angst, daß er unser Vertrauen mißbrauchen und uns etwas Böses tun könnte.

Man vergleiche dies mit der so ganz anderen Anbetung, die in Offenbarung 13,4 zu dem Tier emporsteigt, dem Machthaber des Bösen: »Wer ist dem Tier gleich, und wer kann mit ihm kämpfen?« Im frostig-schroffen Ton der Furcht steigt diese Anbetung hoch zu dem, der der Macht nicht würdig ist, sondern sie *an sich gerissen hat.* Die Anbetung des Tieres basiert auf angstschaudernder Unterwerfung, auf einer Herrschaft, die sich auf Gewalt, Zwang, Unterdrückung gründet. Sie ist Kapitulation vor dem Stärkeren, nicht ein freiwilliges Ja zu dem, der es wert ist, daß man für ihn lebt und stirbt.

Diese beiden so ungleichen Lobgesänge führen uns recht plastisch vor Augen, was geistliche Führung und was Herrschaft des Bösen ist. Jesus ist unser Herrscher und Führer und das einzig mögliche Vorbild für jede menschliche Führung. Ein Mensch, der andere geistlich führt, ist immer nur in dem Maße nachahmenswert, in welchem er Jesu Persönlichkeit widerspiegelt. Dieses Widerspiegeln kann ein leiser Hauch sein, ein Duft von Christi Gegenwart, ein flüchtiger Reflex seines Lichtes, und es kann eine ganze Persönlichkeit sein, die durch ihren Gehorsam zu Christus so von seinem Wesen durchstrahlt ist, daß sie die Menschen in Scharen zu Gott führen kann. Und es kann alles mögliche zwischen diesen beiden Polen sein!

Hier finden wir die Heiligen, die echten Führer der Kirche. Gunnel Vallquist hat aus katholischer Sicht zusammengefaßt, was eigentlich für die ganze Kirche gilt, die doch so dringend geistliche Wegweiser braucht; Heilige sind ». . . Menschen, die die adäquate Antwort auf die besonderen Fragen ihrer Zeit gefunden und verwirklicht haben. Oft wirkten sie als Reformatoren, und die Beschreibung ihres Lebens will zeigen, daß die Kirche stets Reformen braucht, daß ihre Geschichte eine ununterbrochene Kette aus Verfall, Verirrungen und Reformation ist und daß ihre wirklichen und einzigen Reformatoren eben die Heiligen sind. Oft wurden sie zu ihren Lebzeiten geschmäht, mißverstanden, verdächtigt, aber vor ihrer wahrhaftigen Heiligkeit haben sich früher oder später auch jene Männer der Kirche gebeugt, die zu hochmütig waren, um auf andere scharfsichtige, aber weniger demütige Menschen zu hören, die gegen ihre Autorität rebellierten. Die Heiligen sind auch scharfsichtig, aber sie rebellieren nie. Sie sind loyal und gehorsam, aber niemals unterwürfig.«[4]

Da es hier um das gelebte Leben geht und weniger um Amt und Würde, berührt die Frage nach der geistlichen Führung alle Ebenen, von der Großkirche bis hinunter zur Kleinkindgruppe. An alle Menschen, die einen christlichen Einfluß auf ihre Umgebung ausüben möchten, stellt Christus als erste und entscheidende Frage diese: »Willst du dich von mir umgestalten lassen?«

1. Der Ruf

»Was ist meine Berufung?«

Schon als junger Christ begegnet man dieser Frage: »Hast du schon einmal überlegt, ob Gott dich nicht zum Jungscharleiter berufen hat? Oder zum Kindergottesdienst-Mitarbeiter? Zum Jugendleiter?« Und das hat er wohl, denn dort haben wir unsere ersten Leitererfahrungen gemacht. Aber so leicht werden wir die Frage nicht los. Wir werden älter, wir schließen die Schule ab, und die Frage kommt wieder, in neuem Gewand: »Hat Gott mich vielleicht berufen?« Womit wir für gewöhnlich meinen: »Will er vielleicht, daß ich Pastor, Priester, Evangelist, Missionar werde?« Gott kann einen natürlich in andere hauptamtliche Dienste rufen, aber Berufung im »großen« Sinne meint meist einen dieser christlichen Top-Berufe.

Viele junge Christen ringen mit dieser Frage, die ja so viele andere Lebensbereiche beeinflußt: Heirat und Familie, Wohnort, Ausbildung, Finanzen usw. Die einen sehen früh ihr grünes Licht und gehen geradewegs hinaus in den hauptamtlichen Dienst, in der frohen Gewißheit, Gottes Ruf für sie erfahren zu haben. Andere kämpfen jahrelang und verheddern sich womöglich in einem »Berufungskrampf«, der ihnen die letzte Kraft nimmt. Sie wälzen die Frage hin und her, her und hin, erhalten tausend Antworten gleichzeitig oder auch gar keine, sondern ein einziges leeres Schweigen. Was will Gott denn nun von mir?

Unter älteren Christen findet man dieses Problem nicht selten »von hinten«. Da hat einer als junger Mensch den Ruf gespürt, Missionar oder Pastor zu werden, und nein geantwortet – weil Eltern oder Freunde ihm abrieten, das Geld nicht reichte oder wegen anderer äußerer Umstände. Aber das dominierende Motiv bei der Rückerinnerung in späteren Lebensjahren ist oft der Ungehorsam:

»Gott rief mich, und ich wollte nicht.« Für diese Menschen ist ihr ganzes Leben ein einziger Holzweg, ein Abirren von dem, was Gott mit ihnen vorhatte. Ihre Selbstanklagen und manchmal auch die Anklagen gegen Gott haben sie bitter gemacht und ihr ganzes Gottesverhältnis in ein traurig-dumpfes Grau getaucht. Der Zug ist abgefahren, und andere Züge gibt es nicht mehr. Einsam und verlassen stehe ich auf dem leeren Bahnsteig . . .

Aber wie ergeht es denn den anderen – den Glücklichen, die rechtzeitig in den Zug gestiegen sind und »ihre Berufung festgemacht haben«? Nun, viele von ihnen werden fraglos reich beglückt durch ihre Arbeit. Das Gefühl, genau dort zu stehen, wo Gott mich haben will, eine Arbeit zu tun, die mir selbst und anderen guttut, ist etwas vom Schönsten, was der Mensch auf dieser Erde erfahren kann. Mal fliegen die Tage dahin wie eine Möwe im warmen Wind, mal muß man sie roden wie widerspenstige Baumstümpfe, immer aber sind sie voll Leben und Sinn.

Doch andere müssen schwer um ihre Berufung kämpfen. Womöglich täglich plagt sie der Zweifel, ob »das wirklich das Richtige für mich ist«. Es macht ihnen Mühe, ihre Persönlichkeit und ihr Denken ihrer Berufsrolle anzupassen. Widerwärtigkeiten und schwierige Menschen verdüstern das Leben, und es dauert nicht lange, bis auch Gott immer düsterer zu sein scheint; schließlich steckt er ja hinter dieser elenden Berufung, also will er wohl, daß es mir so geht . . .

Nun könnte man hier sagen, daß die fröhlichen Berufschristen halt die sind, die wirklich ihren richtigen Platz gefunden haben, während die mühevollen Kämpfer ihn verpaßt haben. Man gebe ihnen eine neue Chance, eine andere Aufgabe, und ihr Dienst wird laufen wie geschmiert! Aber ist es wirklich so einfach? Liegt nicht vielleicht ein grundlegender Denkfehler in dieser ganzen Sicht darin, daß man nicht weiß, was eine Berufung überhaupt ist?

Im gängigen christlichen Sprachgebrauch bezeichnet das Wort »Berufung« eine ganz spezielle Aufgabe aus dem Bereich christlicher Arbeit, die in der Regel hauptamtlich wahrgenommen wird und zu der nur bestimmte Christen berufen sind. Kurz gesagt: *Meine Berufung ist das, was ich tue.* Ich bin Christ – schön, aber nun muß ich ja wohl etwas anfangen mit meinem Christenleben, und hier tritt die Berufung auf die Bühne. Die Berufung ist die christliche Art, *etwas zu werden*, hier auf dieser Erde etwas zu leisten. Man braucht keine große Phantasie oder psychologischen Kenntnisse, um zu begreifen, daß damit die Berufung zur eigentlichen Quelle meiner Identität und meines Selbstgefühls wird. Erst wenn ich meine Berufung gefunden habe, ist meine Identität klar, vor Gott wie vor den Menschen. Vorher ist sie, gelinde gesagt, unklar. Das Selbstwertgefühl des Christen, der seit längerer Zeit um seine »Berufungsgewißheit« ringt, hat gewisse Ähnlichkeiten mit dem des Langzeitarbeitslosen . . .

Schauen wir uns an, wie dieses Berufungsverständnis verschiedene kritische Lebensbereiche berührt. Fangen wir mit dem Kern an: unserem Gottesverhältnis. Gott – das ist für mich der, der mir die große Frage zu beantworten hat, was meine Berufung ist. Wer er in sich selber ist, interessiert mich weniger; Hauptsache, er zeigt mir meinen Weg. Und wenn er mir meine Berufung gezeigt hat, muß er mir natürlich helfen, ihr auch zu folgen. Gottes Angesicht suchen bedeutet mehr und mehr, daß ich seine Führung und Inspiration für meine Arbeit suche, neue Gedanken für meine Predigten, Gebetserhörungen für die verschiedensten Probleme und Menschen. Wenn ich vor Gott trete, dann nicht wie ein Kind, das Zwiesprache mit dem Vater hält, sondern wie ein Angestellter, der vor seinen Chef tritt. Gott wird ein Bestandteil meines Jobs. Meine Beziehung zu ihm wird so überfüllt von all den Problemen und Herausforderungen meiner Arbeit, daß ich schließlich gar nicht mehr sein Gesicht sehen kann.

Und die Christen, denen Gott nicht ihre Berufung gezeigt hat? Sie fühlen sich von ihm im Stich gelassen. Unmöglich, auf dieser Basis die Beziehung zu ihm zu vertiefen! Also das gleiche Muster wie oben, nur sozusagen im Negativ: Gott ist nicht in sich selber wichtig, sondern nur als Krücke, um meine Berufung zu finden und auszuleben.

Der zweite große Bereich, den dieses Berufungsverständnis prägt, ist unser Verhältnis zu den Mitmenschen. Ein erster Effekt der Berufung ist hier gewöhnlich, daß sie den Rest der Welt in bestimmte Gruppen einteilt, denen ich fortan auf unterschiedliche Weise begegne. Die erste Gruppe besteht aus den Menschen, denen ich auf Grund meiner Berufung zu dienen habe. Für sie tue ich alles – aber immer nur im Rahmen meiner Berufung, in dem Rollenkostüm, in das ich als Berufener geschlüpft bin. Die zweite Gruppe bilden die – jedenfalls so, wie ich sie empfinde – Gegner meiner Berufung. Sie sind natürlich allesamt geistlich unreif und ohne Antenne für meinen großen Auftrag. Sie verstehen mich nicht, und deshalb behindern und kritisieren sie mich. Diese Gruppe empfinde ich als ernste Bedrohung und gehe sofort in Abwehrstellung. Die dritte Gruppe schließlich sind diejenigen, die mir bei der Verwirklichung meiner Berufung treu zur Seite stehen. Sie haben keinen besonderen Wert in sich selbst; sie werden – genauso wie ich auch – dadurch wertvoll, daß sie meine Berufung bejahen und für sie arbeiten. Das Ideal ist natürlich, daß mein Ehepartner, ja möglichst die ganze Familie zur dritten Gruppe gehört, aber in der Realität erlebe ich sie oft als treulose Verräter, die prompt in der zweiten Gruppe landen.

Der dritte Bereich ist das Verhältnis, das ich zu mir selber habe. Hier gibt es nicht weiter viel zu sagen, denn dieses Berufungsverständnis führt schlicht dazu, daß ich mich selbst überhaupt nicht kenne. Ich gründe meine Identität so hundertprozentig auf meine Arbeit, daß ich die beiden nicht mehr trennen kann: Ich *bin* Pastor, Priester, Evangelist usw., und außerhalb dieser Rollen bin ich nichts. Ich stecke bis über die Ohren in meiner Arbeit und habe es so gut gelernt, meine persönlichen Bedürfnisse im Namen meiner Berufung zu knebeln, daß ich sie womöglich jahrelang überhaupt nicht kennenlerne. Eine Identität, die so total von meinen Leistungen abhängt, ist natürlich unerhört störanfällig und pflegebedürftig. Die Berufungslatte hängt immer ein Stückchen zu hoch für mich, und so plagt mich ständig das schlechte Gewissen, daß es mir nicht gelingen will, meine Berufung (also mich selber) besser zu verwirklichen. Gegenüber meinen Mitmenschen äußert sich dieses schlechte Gewissen in Vorwürfen und Verurteilungen: Sie sind lau, sie sind unfähig, Gottes Werk geht ihnen nicht über alles.

Ein vierter Bereich, der jahrhundertelang Schaden genommen hat durch dieses Berufungsverständnis, ist die Gemeinde. Die Ansicht, daß nur bestimmte Christen eine Berufung erhalten, führt zu einer tiefgehenden Zweiteilung der Gemeinde in ein A- und ein B-Lager. Die A-Christen haben die Berufung und »produzieren« das geistliche Leben; die B-Christen sind nicht berufen und haben dafür die Aufgabe, das von A produzierte geistliche Leben zu »konsumieren«. Erst wenn wir ein anderes Berufungsverständnis bekommen, wird Bewegung in die jahrhundertealten Spannungen zwischen »Geistlichen« bzw. »Mitarbeitern« einerseits und den einfachen »Laien« andererseits kommen können. Diese Zweiteilung wirkt in beiden Richtungen verarmend. Die »Berufenen« stellen frustriert fest, daß sie in Arbeit versinken und es unmöglich allen recht machen können. Die »Nicht-Berufenen« merken nicht weniger frustriert, daß sie nicht zu ihrem Recht kommen, und fühlen sich als »Christen zweiter Klasse«. Was ist das eigentlich für ein Gott, der bestimmte Menschen solcherart auswählt und begünstigt? Und wieviel von dem Streß in unseren Gemeinden ist das Ergebnis der Selbstüberforderung von Pastoren und Mitarbeitern?

Der Vergleich tut weh, aber ich muß hier an die Pharisäer zur Zeit Jesu denken. Sie hatten ihre ganze Identität und ihr geistliches Selbstwertgefühl darauf gegründet, daß sie immer das Richtige taten. Sie hatten Gottes Ruf an Israel als einen Ruf in ein immer dichteres Geflecht von Geboten und Verboten verstanden. Sie hatten es gelernt, ihre menschlichen Regungen zu unterdrücken und ganz in den äußeren Anforderungen ihrer Rolle aufzugehen. Auch bei ihnen führte der ständige Kampf, der Berufung gerecht zu werden, zu harten Verdammungsurteilen über alle, die nicht so fromm sein konnten wie sie. Indem sie sich selbst zur – viel zu hohen – Meßlatte machten, verschlossen sie den anderen die Türen des Himmelreichs.

Es versteht sich von selbst, daß es in dem Inneren von Menschen mit solch einer harten Schale nicht besonders gut aussieht. Jesus begegnet diesen Menschen auf zwei Weisen: Gegenüber denen, die herauswollen aus ihrem frommen Gefängnis, ist er mehr als barmherzig und öffnet die Türen des Himmels weit. Doch gegenüber denen, die blind fortfahren, ihr Revier zu verteidigen, bricht er in

heftige Zornesworte aus – die härtesten Jesusworte, die uns überliefert sind:

»... ihr Heuchler, die ihr seid wie die übertünchten Gräber, die
von außen hübsch aussehen, aber innen sind sie voller Totengebei-
ne und lauter Unrat! So auch ihr: Von außen scheint ihr vor den
Menschen fromm, aber innen seid ihr voller Heuchelei und Un-
recht« (Mt 23,27–28). »Ihr beladet die Menschen mit unerträglichen Lasten, und ihr selbst rührt sie nicht mit einem Finger an« (Lk
11,46). »... ihr Heuchler, die ihr das Himmelreich zuschließt vor
den Menschen! Ihr geht nicht hinein, und die hinein wollen, laßt ihr
nicht hineingehen« (Mt 23,13).

Meine Geschichte

All dies habe ich selber durchgemacht. Mindestens zehn Jahre lang
verstand ich meine Berufung als den Auftrag, für die Zeitschrift
Nytt Liv (»Neues Leben«) zu arbeiten. Ich war *Nytt Liv, Nytt Liv*
war ich. Ich habe das oben beschriebene Rollenmuster bis ins Mark
durchlebt und durchlitten. Und meine Familie erst recht! Es gehört
ja zum Wesen dieses Musters, daß die Mitmenschen es ziemlich
rasch durchschauen, während der in ihm Gefangene völlig betriebs-
blind ist. Jegliche Versuche seiner Umgebung, ihn auf diese Gefangenschaft anzusprechen und durch den Panzer der »Berufung« zu
dem eigentlichen Menschen durchzustoßen, deutet der »Berufene«
automatisch als »ungeistlich«: »Das verstehen die ja nicht!« Bei mir
brauchte es eine totale Ehekrise, die meine Frau und mich an den
Rand der Scheidung führte, um den Panzer endlich aufzubrechen.
Durch Gottes Gnade und gute Seelsorger war es uns möglich, in
vielen kleinen, mühevollen Schritten ein neues Leben zu beginnen.

Die größte Umkehr von uns beiden brauchte ich. Langsam und
mit unendlicher Geduld begann Gott mir Stückchen für Stückchen
zu zeigen, in was für ein Rollenspinnennetz ich geraten war. Es war
ein äußerst schmerzhafter Prozeß, bei dem Gott mir eine »Hoch-
mutshaut« und »Verteidigungsschale« nach der anderen auszog
und wegnahm. So total hatte ich meine Identität darauf aufgebaut,

ein tüchtiger, von allen geschätzter und bewunderter christlicher Leiter zu sein, daß meine erste Reaktion ein einziges Vernichtungsgefühl war: Jetzt mußt du sterben. Alles stürzte zusammen – undenkbar, daß mein Dienst je würde weitergehen können. Etwa ein halbes Jahr ging das so, bis ich ganz allmählich den ersten Lichtstreifen am Scherbenhorizont sah. Dieser Heilungsprozeß geht immer noch weiter. Gelegentlich gibt es Rückfälle, und ich weiß, daß Gott noch viel zu tun hat mit mir.

Als mein altes Weltbild einstürzte, wurden meine Augen für vieles geöffnet. Vor allem für eine Reihe von Personen, die ich vorher durch den »Filter« meiner Berufung kaum wahrgenommen hatte. Erstens für Gott, der immer weniger mein Arbeitgeber und immer mehr mein Freund geworden ist. Sodann für meine Frau, die plötzlich als lebendige Person aus den Trümmern meiner Vorurteile herausstieg. Ferner für meine Kinder, die ich früher nur ganz am Rande der »wichtigeren« Dinge geahnt hatte. Für Freunde und Kollegen, die ich auf eine Art verletzt hatte, wie die Pharisäer die Menschen in ihrer Umgebung verletzt haben müssen. Nicht zuletzt schließlich für mich selber, der außerhalb der Berufungsrolle kaum als selbständiger Mensch existiert und den ich überhaupt nicht gekannt hatte. Jetzt lernte ich ihn kennen – die guten wie die schlechten Seiten!

All dies veränderte nach und nach auch die Art, wie ich meine Arbeit sah. Das krampfhafte Festhalten wich einer neuen Freiheit. Ich werde nie vergessen, wie einer meiner Seelsorger mit mir betete: »In Jesu Namen spreche ich dich frei von *Nytt Liv*. Frei, dort zu bleiben, und frei, zu gehen.« An dieser Freiheit buchstabiere ich heute noch!

Wie konnte es zu einem so lebensverneinenden und lähmenden Berufungsverständnis kommen? So kann Gott es doch wohl nicht gemeint haben! Rein historisch können wir nur feststellen, daß diese Berufungssicht der Kirche über fast ihre ganze Geschichte hinweg angeklebt hat. Im Mittelalter bedeutete »Berufung« vor allem den radikalen Aufbruch in die Armut, den Gehorsam und die Ehelosigkeit des Klosterlebens. Eine etwas geringere Variante war die Ausbildung zum Gemeindepriester. Luther versuchte zwar, die Berufung auf alle Berufsarten auszudehnen, und fand es genauso »geistlich«, ein Pferd zu beschlagen, wie in einer Kirche zu beten. Aber das primär handlungsorientierte Wesen der Berufung stellte auch er nicht in Frage. In der Praxis finden wir auch in den protestantischen Kirchen die Verengung der Berufung auf den Pastoren- oder allenfalls Diakon-/Diakonissenberuf. In der Hochblüte der protestantischen Mission im 18. und 19. Jahrhundert war es der Inbegriff der Berufung, als Missionar auszureisen. Trotz aller noch so guten Absichten hat die Kirche mit all diesen Dingen einen Wertmesser geschaffen, der sowohl für die »Berufenen« wie die »Nichtberufenen« große Probleme mit sich gebracht hat.

Heutzutage wird dies noch verstärkt durch das Grundgesetz der modernen Kultur: »Du bist, was du tust.« Das fieberhafte Karrierewüten der Menschen läßt sich nur noch damit erklären, daß sie buchstäblich um ihr Leben kämpfen. Sie arbeiten nicht für ihren Lebensunterhalt, sondern um jemand zu sein, um ihr Daseinsrecht und ihre menschliche Vollwertigkeit zu beweisen. Man könnte unzählige Beispiele dafür nennen, wie uns dies vom Kindergarten bis zum Altersheim eingeimpft wird; ich möchte mich auf ein erhellendes Beispiel beschränken. Die Selbstmordrate unter Ärztinnen ist sechsmal höher als bei anderen Frauen[5], und als Hauptursache wird die Kombination zweier so anstrengender Rollen wie Mutter und Arzt genannt – die Spannung zwischen Beruf und Familie, die Frauen oft so viel deutlicher sehen als Männer.

Man fragt sich vielleicht: Aber wenn sie merken, daß diese Doppelbelastung nicht funktioniert, warum suchen sie sich nicht einen anderen Job? Die Antwort ist wohl, daß sie ihr Selbstgefühl und ihre Identität so total an die lange Ausbildung und den faszinierenden und hochangesehenen Beruf gebunden haben, daß sie sich buchstäblich in keine andere Rolle mehr hineindenken können. Sie *sind* Ärztinnen. Beruflich umzusatteln wäre ein noch schlimmerer Tod.

Die tiefste Wurzel dieser unseligen Struktur müssen wir im Sündenfall suchen. Ursprünglich bezog der Mensch seine Identität daraus, daß er nach Gottes Bild geschaffen war, und sein Auftrag, die Erde zu verwalten, war eine natürliche Folge dieser Identität. Das Sein kam vor dem Tun. Als der Mensch jedoch gegen Gott rebellierte, brach er damit aus seiner wahren Identität aus und wurde zum Fremdling – vor Gott, vor den Mitmenschen und vor sich selbst. Anstatt bei sich selbst zu Hause zu sein, begann er seine endlose Suche nach sich selbst. Der gefallene Mensch versucht das, was er nicht ist, durch ständig neue Geschäftigkeit zu kompensieren. Das Leben ist im Minus, aber es muß doch wohl möglich sein, es ins Plus hineinzuzwingen, wenn man nur das Richtige tut – dieses Denken sitzt uns im Mark, wird uns von der Wiege bis zum Grab eingebleut.

Und es verschwindet ja nicht automatisch, wenn wir Christen werden. Im Gegenteil: Man kann es vorzüglich in ein hochfrommes Gewand kleiden. Hand aufs Herz: Wie oft steckt hinter der Frage nach meiner Berufung nicht eigentlich mein unterschwelliges Bedürfnis, mich vor Gott zu rechtfertigen – ihm durch die stramme Erfüllung einer geistlichen Aufgabe zu beweisen, daß ich seine Gunst verdiene? Aber das bedeutet dann doch, daß ich unbewußt die Menschen, denen ich diene, als Mittel zum Zweck benutze. Ich diene ihnen nicht *aus* meiner Identität *heraus,* ich brauche sie, um eine Identität *zu bekommen.* Es kommt zu einem Kräftefluß in die falsche Richtung: von ihnen zu mir statt umgekehrt. Das Ergebnis ist eine schleichende Ermattung, die manchmal sehr schwer greifbar ist. Hier liegt auch die tiefste Ursache für viel Karrieredenken und Machtkämpfe in frommem Gewand. Bei vielen Konflikten in Kirche und Gemeinde geht es eigentlich gar nicht um Theologie, sondern um die Verteidigung unserer so mühsam aufgebauten Identitätskulisse.

Aber spricht nicht Paulus von den guten Werken? Er schreibt doch der Gemeinde in Ephesus, daß wir »in Christus Jesus dazu geschaffen« sind, »in unserem Leben die guten Werke zu tun, die Gott für uns im voraus bereitet hat« (Eph 2,10 – Einheitsübersetzung). Sehr richtig! Aber diese von Gott vorbereiteten Werke sind nur dem zugänglich, der keinerlei Anspruch mehr erhebt, sich durch sein Tun selbst rechtfertigen zu können. In den vorangehenden Versen wiederholt Paulus sechsmal, daß unsere Rechtfertigung Gottes Werk ist und nicht unseres!

Solange wir Gottes Führung suchen, um eine Aufgabe zu

bekommen, die ihm unseren Wert beweist, werden wir lauter verschlossene Türen vorfinden. Auf diese Masche läßt Gott sich nicht ein. Aber der Mensch, der alle derartigen Spekulationen fallenläßt und so zu Gott kommt, wie er ist – selbst wo dies zu keinerlei sichtbarer Arbeit für Gott führen sollte –, der wird einen Gott finden, der mehr als bereit ist, sich mit ihm einzulassen.

Gott braucht uns nicht

Wie reagieren wir auf diesen Satz? Schauen wir uns das ruhig einmal an. Unsere Reaktionen sagen uns nämlich einiges darüber, was in den letzten zweihundert Jahren in der westlichen Welt und im Christentum geschehen ist. Bis vor zweihundert Jahren war der Satz »Gott braucht uns nicht« ein selbstverständlicher Teil des christlichen Glaubens – etwas, das Verehrung und Anbetung hervorrief. Heute weckt er fast immer heftigen Protest – halb Zorn, halb verletzter Stolz. Man fühlt sich gekränkt und herabgesetzt – ungefähr so, als wenn der liebe alte Verein einem plötzlich mitteilt: »Wir brauchen dich nicht mehr.« »Gott braucht mich nicht« – das heißt für uns soviel wie: »Gott liebt mich nicht.«

Diese Reaktion zeigt, wie enorm stark die Annahme, daß der Mensch im Zentrum aller Dinge stehe, auf uns Christen abgefärbt hat. Unsere Leistungen und Aktivitäten sind derart wichtig für unser Selbstwertgefühl, daß wir die Feststellung, daß Gott uns nicht braucht, glatt als Verdammungsurteil deuten: »Ach so, ich bin nicht mehr erwünscht.« Wir geben Gott nur unter der Bedingung einen Platz in unserem modernen Weltbild, daß wir seine gleichberechtigten Mitarbeiter sein dürfen. Wir betrachten unseren Glauben und Dienst als unverzichtbar für Gott; erst durch uns kann er seine Ziele auf Erden wirklich erreichen.

So denken, wohlgemerkt, Christen. Die säkularisierten Agnostiker und Atheisten ziehen denn auch die völlig logische Konsequenz aus diesem Weltbild: Wenn Gott nur eine Art Halbfabrikat ist, das erst durch unseren Glauben »fertig« wird, kann er doch wohl unmöglich Gott sein. An einen solchen Papiertiger kann kein erwachsener Mensch glauben. Er ist eine wacklige Gedankenkonstruktion im Hinterhof des Daseins, ein religiöses Museumsstück, das ein paar fromme Hinterwäldler eifrig abstauben. Die Pastoren haben gegenüber Gott ungefähr die gleiche Aufgabe wie die Denkmalpflege gegenüber alten Kirchengemäuern: Sie sorgen dafür, daß er nicht einstürzt. Die freikirchliche Version hiervon ist eine Evangelisationsbotschaft, die zwischen den Zeilen einen jämmerlichen Hilfeschrei enthält: »Der arme liebe Gott, daß nur so wenige an ihn glauben! Willst du ihm nicht helfen und Christ werden?« Was Wunder, wenn die Menschen Gott nicht mehr als ernstzunehmende Möglichkeit sehen können. Sie haben schon genug zu tragen im Leben, sie brauchen nicht auch noch einen Gott!

Solange wir ein solches Gottesbild haben, können wir uns als christliche Mitarbeiter keinen Millimeter über den heute herrschenden Materialismus erheben. Daß wir Gott »helfen müssen« – das bringt nicht nur eine unerhörte Erschöpfung in unser Leben, das dokumentiert ein solch fundamentales Mißverständnis des ganzen Daseins, daß es uns gerade daran hindert, von Gott gebraucht zu werden. Je nötiger uns unser Führungsamt erscheint, um so kleiner machen wir Gott.

Unser Kurswechsel muß daher an diesem Punkt beginnen. Sämtliche Reformationen und Erneuerungen in der Kirchengeschichte begannen nicht mit einer Wiederentdeckung des Wesens geistlicher Führung, sondern mit einer Wiederentdeckung des Wesens Gottes. Es waren Menschen, die etwas von Gottes wahrem Antlitz ahnten und ihr Leben danach einrichteten, die durch seine Gnade zu geistlichen Führern ihrer Zeit wurden. Ein undankbares Geschäft, denn ihre Einsichten waren oft in Widerstreit mit der Mehrheitsmeinung. Sie waren oft lebendige Illustrationen jener These Schopenhauers, nach welcher eine Wahrheit für gewöhnlich drei Stadien durchläuft: Erst wird sie lächerlich gemacht, dann bekämpft und zum Schluß als Selbstverständlichkeit akzeptiert.

Was solche Erneuerer trägt, ist unter anderem das Wissen, daß sie ja nicht allein sind. Sie mögen sich sehr wohl allein fühlen in ihrer

Zeit – aber nicht in der historischen Verbundenheit mit anderen Christen, die sich wie eine tragende Kette von Gottesoffenbarungen durch Jahrhunderte und Jahrtausende zieht und deren Glieder lauter Menschen sind, die ihr Leben ein wenn auch noch so unvollkommenes Zeugnis von dem lebendigen Gott sein ließen. Die Stärke dieser Kette beruht nicht auf den einzelnen Gliedern, sondern auf dem Gott, der sie jedesmal, wenn sie reißt, geduldig neu zusammenbindet. Es sind solche Eingriffe Gottes, die wir Reformation, Erneuerung oder Erweckung nennen.

Folgen wir ein wenig der Kette, die sich durch die biblische Geschichte zieht, von der Schöpfung bis hin zur ersten christlichen Gemeinde. Versuchen wir, uns in die Wirklichkeit hineinzuhören, die hier aufklingt. Lassen wir ihre Musik anschwellen und lauter werden als die Störsender, mit denen die Säkularisierung uns so taub gemacht hat. Wir ahnen ja kaum, wie befreiend die Wahrheit ist, die uns zuerst so bedrohlich erschien . . .

In Offenbarung 4,11 ertönt dieser Lobpreis Gottes: »Du bist unser Herr und Gott! Du hast die ganze Welt geschaffen; weil du es gewollt hast, ist sie entstanden. Darum bist du allein würdig, daß alle dich preisen und ehren und deine Macht anerkennen!« (Gute Nachricht)

Schon bei der Schöpfung prallt das Bibelwort mit einer gängigen modernen Vorstellung zusammen. Warum erschuf Gott die Welt? »Nun«, so sagt man manchmal, »weil er einen Gegenstand für seine Liebe brauchte.« Es geht doch nicht, daß Gott allein existiert, ohne ein Gegenüber, zu dem er sich verhalten kann. Wir existieren ja nur in Relation zu etwas anderem. Folglich war Gott gezwungen, die Welt und den Menschen zu schaffen, um etwas zu haben, das er lieben kann. Eine Liebe ohne Geliebten – was ist das schon? Höchstens Eigenliebe! Und so egoistisch kann Gott doch wohl nicht sein . . .

Aber den einzigen Grund für die Schöpfung, den die Bibel uns nennt, ist dieser: »Weil du es gewollt hast.« Gottes Wesen ist so, daß er niemanden außer sich selbst braucht und nicht durch äußere Ursachen zum Handeln getrieben wird. Alle Quellen und Ursachen sind in ihm selbst, in seinem eigenen Wesen. Gott *hat* nicht Liebe oder Kraft, so daß sie aufhören oder ergänzungsbedürftig sein könnten, nein, er *ist* Liebe und Kraft. Und genauso ist es mit seinen sämtlichen übrigen Eigenschaften: Gerechtigkeit, Weisheit, Barmherzigkeit usw. Die Bibel faßt das in dem Wort »heilig« zusammen, das auch »ganz«, »ohne Mangel« bedeutet.

Elihu, der Prophet, der nach den drei schlechten Hiobströstern endlich ein wahres Gottesbild präsentiert, formuliert das Geheimnis der Schöpfung so: »Wer hat ihm die Erde anvertraut? Und wer hat den ganzen Erdkreis hingestellt? Wenn er nur an sich dächte, seinen Geist und Odem an sich zöge, so würde alles Fleisch miteinander vergehen, und der Mensch würde wieder zu Staub werden.« (Hiob 34,13-15)

»Wenn er nur an sich dächte . . .«, wenn er anders gewollt hätte . . . Eine andere Garantie oder Ursache für das Leben als Gottes Willen gibt es nicht. Durch seinen Willen wurde die Welt, und weil er immer noch will, existiert sie bis zum heutigen Tag.

Im antiken Athen, das vollgestopft war mit religiöser Betriebsamkeit und Priestern und Tempeldienern, verkündete Paulus ein Gottesbild, das dieses ganze religiöse System ins Wanken brachte: »Gott, der die Welt gemacht hat und alles, was darin ist, der Herr des Himmels und der Erde, wohnt nicht in Tempeln, die mit Händen gemacht sind. Auch läßt er sich nicht von Menschenhänden dienen, wie einer, der etwas nötig hätte, da er doch selber jedermann Leben und Odem und alles gibt« (Apg 17,24-25). In einer Religiosität, die auf den richtigen Leistungen aufbaut, kann diese Botschaft nur zu zwei Reaktionen führen: Widerstand oder Buße.

Aber eine Liebe, die nur in sich selber existiert – kann es das denn geben? Hat Liebe ohne Beziehung denn überhaupt einen Sinn? Hier berühren wir das tiefste Mysterium von allen: Gottes Dreieinigkeit. Die Bibel beschreibt nämlich Gott selbst als eine Gemeinschaft, eine auf ewig sich ereignende Beziehung zwischen Vater, Sohn und Heiligem Geist. Diese Beziehung gab es schon vor der Schöpfung. Am Vorabend seiner Kreuzigung betet Jesus vor seinen Jüngern: »Und nun, Vater, verherrliche du mich bei dir mit der Herrlichkeit, die ich bei dir hatte, ehe die Welt war . . . Vater, ich will, daß, wo ich bin, auch die bei mir seien, die du mir gegeben hast, damit sie meine Herrlichkeit sehen, die du mir gegeben hast; denn du hast mich geliebt, ehe der Welt Grund gelegt war« (Joh 17,5.24). Und das Buch der Sprüche beschreibt in poetischen Bildern, wie die Weisheit (die ein Bild für Christus ist) am Morgen der Schöpfung die Liebe des Vaters erwidert: »Als er die Fundamente der Erde abmaß, da war ich als geliebtes Kind bei ihm. Ich war seine Freude Tag für Tag und spielte vor ihm allezeit« (Spr 8,29.30 – Einh. = Einheitsübersetzung).

Als die Welt geschaffen wurde, war auch die dritte Person der Gottheit beteiligt: »Und der Geist Gottes schwebte über dem Wasser« (1. Mose 1,2). In dem großen Schöpfungshymnus, dem 104. Psalm, wird das wieder aufgenommen: »Du sendest aus deinen Odem, so werden sie geschaffen, und du machst neu die Gestalt der Erde« (Psalm 104,30). Das Geheimnis ist unerhört: Gott ist einer, und doch ist er eine Gemeinschaft. Ganz im Gegensatz zu unserer Vorstellung, daß er die Menschen schaffen »mußte«, um etwas zum Lieben zu haben, enthält seine Erschaffung des Menschen eine *Einladung* in eine bereits existierende Gemeinschaft: »Und Gott sprach: Lasset *uns* Menschen machen, ein Bild, das *uns* gleich sei . . .« (1. Mose 1,26). Einem Leser, der noch mit dem alten »Pluralis majestatis« vertraut ist (also der Benutzung des »wir« durch einen König, wenn dieser seine Autorität besonders hervorheben möchte), mag dies auf den ersten Blick nicht weiter weltbewegend erscheinen. Das Dumme ist nur, daß das Hebräische diesen Plural der Majestät gar nicht kennt . . .

Der Gott der Geschichte

Diese schaffende und ständig zusammenarbeitende Gemeinschaft gestaltet die biblische Geschichte auch weiter. Gott erwählt aus dem großen Menschengeschlecht einen Mann und eine Frau, Abraham und Sara, zu Stammeltern eines neuen Volkes, das in Gemeinschaft mit Gott leben und seine Gegenwart auf Erden gestalten soll. Das alternde Paar hat rein nichts beizutragen, als ein Sohn als Erstling dieses Volkes geboren werden soll. Wieder schafft Gott souverän, ohne menschlichen Einsatz, aus seiner eigenen unermeßlichen Fülle heraus. In einer wundersamen Offenbarung seiner Dreieinigkeit kommt er eines Tages mit der Verheißung des Sohnes Isaak zu Abraham: »Und als er seine Augen aufhob und sah, siehe, da standen drei Männer vor ihm. Und als er sie sah, lief er ihnen entgegen von der Tür seines Zeltes und neigte sich zur Erde und sprach: Herr, habe ich Gnade gefunden vor deinen Augen, so geht nicht an deinem Knecht vorüber. Man soll euch ein wenig Wasser bringen, eure Füße zu waschen . . .« (1. Mose 18,2–4)

Und so geht es weiter in dieser Szene: Mal »Herr«, mal »Männer«, mal »du«, mal »ihr«. Die Bilder gleiten ineinander, hinein in Gottes tiefstes Geheimnis. Einen schwindelnden Augenblick lang ahnen wir eine Gemeinschaft jenseits aller menschlichen Begrenzungen. Wie selbstverständlich klingt da Gottes Wort an die zweifelnde Sara: »Sollte dem Herrn etwas unmöglich sein?« (V. 14). Eine leise Berührung des dreieinigen Gottes schiebt das Schiff der Geschichte sachte schaukelnd auf einen neuen Kurs.

Jahrhunderte später fängt vor einem desillusionierten Hirten, der sein ganzes dramatisches Leben und all seine Hoffnungen schon hinter sich zu haben vermeint, plötzlich ein Wüstenstrauch an zu brennen. Moses Machtlosigkeit vor der Knechtschaft seines Volkes muß zu einer verzehrenden Bitterkeit geronnen sein, als er zu helfen *versuchte* und damit die ägyptische Unterdrückung nur noch mehr provozierte. Eine wunderbare Errettung als Kind, die allerbeste Erziehung am ägyptischen Hof – es war die perfekte Basis für den Volksbefreier Mose . . . Aber für die unerbittlichen Mühlen der Macht war es alles nur ein lächerliches Sandkorn gewesen.

Und jetzt begegnet er Gott. Seine Fragen zeigen uns einen gebrochenen Mose, dessen alte Selbstsicherheit unter Jahrzehnten Wüstensand begraben liegt: Wie soll das zugehen? Das schaffe ich nie! Was soll ich dem Volk sagen? Und wie eine gewaltige Druckwelle aus Gottes Innerstem kommt die Antwort: »*Ich bin, der ich bin*« (2. Mose 3,14 – Elbf. = Elberfelder Übersetzung). Und diese Welle reißt Mose und ganz Israel hinein in eine Befreiung, die wieder die Geschichte der ganzen Menschheit auf eine neue Bahn lenkt.

Und so geht es weiter, im ganzen Alten Testament. Als das

Unfaßbare geschehen war, als Gottes eigenes Volk zerstört und aus seinem Gelobten Land vertrieben war, da lag zusammen mit Jerusalem das ganze religiöse System in Trümmern. Verzweiflung und Apathie hatten die letzten Spuren von Stolz über die Zugehörigkeit zu Gottes Volk ausgelöscht. Und in diese physische und seelische Wüste hinein kommt ein neuer Windhauch von dem Gott, der nicht unseren Begrenzungen unterliegt. Als er den Propheten Jesaja schickt, um das verzweifelte Volk zu trösten, beginnt er mit einem Grundkurs über die Unterschiede zwischen dem lebendigen Gott und den Abgöttern. Er schildert, wie die Menschen sich ihre Götzen zimmern: »Der Meister nimmt den Goldschmied fest an die Hand, und sie machen mit dem Hammer das Blech glatt auf dem Amboß und sprechen: Das wird fein stehen! und machen's fest mit Nägeln, daß es nicht wackeln soll.« (Jes 41,7)

◇ *Daß es nicht wackeln soll*... Das ist die Aufgabe der Menschen gegenüber den falschen Göttern – ständig im Einsatz sein, ängstlich dafür sorgen, daß sie ja nicht zerbrechen. Gott unter die Arme greifen – wie sollte etwas so Jämmerliches ein verzweifeltes Volk trösten können? Haben sie nicht genug Probleme, daß sie auch noch für Gott sorgen sollen? Aber da ertönt wie ein Donnerschlag die Stimme des Gottes, der keine Menschenkrücken braucht: »Du aber, Israel, mein Knecht, Jakob, den ich erwählt habe, du Sproß Abrahams, meines Geliebten, den ich fest ergriffen habe von den Enden der Erde her und berufen von ihren Grenzen ... fürchte dich nicht, ich bin mit dir; weiche nicht, denn ich bin dein Gott. Ich stärke dich, ich helfe dir auch, ich halte dich durch die rechte Hand meiner Gerechtigkeit.« (Jes 41,8–10)

◇ *Ich halte dich.* Und nicht umgekehrt. In das Dunkel des nach Babel verschleppten Volkes und seiner geistlichen Führer läßt der Prophet das Morgenlicht der Schöpfung leuchten: »So spricht der Herr, dein Erlöser, der dich von Mutterleibe bereitet hat: Ich bin der Herr, der alles schafft, der den Himmel ausbreitet allein und die Erde festspannt ohne Gehilfen.« (Jes 44,24)

Ein häufig wiederkehrendes Bild für diese souveräne Macht über den Lauf der Geschichte ist der Thron Gottes. Es fällt auf, wie die prophetische Vision vom Thron Gottes immer just dann durchbricht, wenn es scheint, als ob alles andere als Gott die Macht übernommen habe. Der Prophet Jesaja darf Gottes Thron schauen, als die Heere Assyriens von Osten heranrollen, um Israel zu vernichten (Jes 6). Hesekiel sieht ihn, als er unter den deportierten Juden in Babylonien sitzt (Hes 1). Der Apostel Johannes sieht ihn, als er während der Christenverfolgungen unter Kaiser Domitian auf die Insel Patmos verbannt ist (Offb 1). Und jedesmal, wenn der wahre Thron sich zeigt, wird die Welt erschüttert und geschieht etwas Neues in Gottes Volk.

Zum Schluß geschieht dieses Neuwerden in dem Körper einer jungen, armen Frau. (Meist wird die Geschichte ja vom Gegenteil bestimmt – von älteren, reichen Männern!) Vor dem Geheimnis erzitternd, besingt Maria die Größe des Herrn: »Er übt Gewalt mit seinem Arm und zerstreut, die hoffärtig sind in ihres Herzens Sinn. Er stößt die Gewaltigen vom Thron und erhebt die Niedrigen. Die Hungrigen füllt er mit Gütern und läßt die Reichen leer ausgehen. Er gedenkt der Barmherzigkeit und hilft seinem Diener Israel auf, wie er geredet hat zu unsern Vätern, Abraham und seinen Kindern in Ewigkeit.« (Lk 1,51–55)

Maria zeigt uns, wie es bei der Begegnung mit dem Gott der Geschichte nicht in erster Linie um unsere Leistungen geht, sondern um unsere Hingabe: »Mir geschehe, wie du gesagt hast« (Lk 1,38). Gott ist der Handelnde – souverän und ohne unsere Hilfe. Jeder Versuch des Menschen, diskret sich selbst in die Hauptrolle zu bugsieren und Gott abhängig von unserer Frömmigkeit zu machen, führt unweigerlich zu einem unterdrückerischen und leblosen religiösen System, das der lebendige Gott dann erneut zerstören muß – um des Lebens willen. Gott braucht uns nicht. Wir brauchen Gott.

In Jesus wird dieser Gott Fleisch und Blut. Schon als Zwölfjähriger durchbricht er die menschlichen Begrenzungen, als er sich von seinen Eltern absetzt, um im Tempel mit den Rabbinern zu reden. Sein ganzes öffentliches Wirken zeigt die gleiche Souveränität. Von der ersten Stunde an bieten Menschen ihm eifrig Rat und Hilfe an: was er zu tun hat und wann, was er vermeiden muß, mit welchen Leuten er sich gut stellen und welche er links liegenlassen muß, was er sagen und worüber er schweigen soll. Und nicht nur die verschiedenen Machtgruppen in der Gesellschaft werfen dem Zimmermann aus Nazareth ihre Köder hin; seine eigenen Jünger stecken bis zum Hals in der Vorstellung, daß Gott es ohne unsere ach so große Klugheit und Erfahrung nicht schaffen wird. Der Evangelist Lukas faßt Jesu Reaktion auf alle diese Angebote kurz und bündig so zusammen: »Aber er ging mitten durch sie hinweg« (Lk 4,30).

Und doch wählt er zwölf dieser Starrköpfe zu seinen engsten Vertrauten, denen er seine Botschaft und Kraft in seinem Namen anvertraut. Aber selbst ihre so unvollkommenen Versuche können seine Macht nicht begrenzen. Der Vater eines besessenen Jungen, der sich hilfesuchend an die Jünger wandte, klagt Jesus: »Ich habe deine Jünger gebeten, daß sie ihn austrieben, aber sie konnten es nicht« (Lk 9,40). Worauf Jesus über die Schwäche seiner Mitarbeiter seufzt und sich selber des unglücklichen Jungen annimmt und ihn heilt. Und vor Petrus verdeutlicht Jesus die Rollenverteilung mit diesen Worten: »Du bist Petrus, und auf diesen Felsen will *ich* meine Gemeinde bauen, und die Pforten der Hölle sollen sie nicht überwältigen« (Mt 16,18).

In Jesus ist der dreieinige Gott unaufhörlich am Werk. Dies zeigt sich schon bei seiner Taufe, wo der Geist sich auf ihn senkt und die Stimme des Vaters ertönt: »Dies ist mein lieber Sohn« (Mt 3,16–17). Als Jesus kurz darauf in der Synagoge seiner Heimatstadt steht, erklärt er: »Der Geist des Herrn ist auf mir, weil er mich gesalbt hat, zu verkündigen das Evangelium den Armen« (Lk 4,18). Alles, was Jesus tut, erwächst aus dieser tiefen Harmonie der Dreieinigkeit: »Der Sohn kann nichts von sich aus tun, sondern nur, was er den Vater tun sieht; denn was dieser tut, das tut gleicherweise auch der Sohn« (Joh 5,19). Und er läßt seine Jünger hineinblikken in diese Gemeinschaft, die immer mehr auch die ihre wird: »Wenn aber jener, der Geist der Wahrheit, kommen wird, wird er euch in alle Wahrheit leiten. Denn er wird nicht aus sich selber reden; sondern was er hören wird, das wird er reden, und was zukünftig ist, wird er euch verkündigen. Er wird mich verherrlichen; denn von dem Meinen wird er's nehmen und euch verkündigen. Alles, was der Vater hat, das ist mein« (Joh 16,13–15). Jesus zeigt uns gleichsam die Kette auf dem Webstuhl der Geschichte – die drei

Fäden, die ständig zu einer einzigen tragenden Wirklichkeit zusammenlaufen.

Gegen Ende des Erdenlebens Jesu verdichtet sich Gottes Allmachtsgeheimnis, bis hin zu dem immer tieferen Dunkel in Gethsemane, wo Jesu Machtlosigkeit so schmerzlich offenbar wird und eine erdrückende Übermacht sein Werk in alle Winde zu zerstreuen scheint. Als Judas mit den Wachen kommt und Jesus verhaftet werden soll, fragt der Meister sie, wen sie suchen. Sie sagen es ihm, und er antwortet: »Ich bin's!« Der Evangelist fährt fort: »Als nun Jesus zu ihnen sagte: Ich bin's!, wichen sie zurück und fielen zu Boden« (Joh 18,5–6). Warum? Im Urtext steht hier der gleiche Gottesname wie der, den Mose am brennenden Busch hörte. Für einen Augenblick ergriff die Druckwelle, die von diesem Namen ausgeht, die Soldaten, und sie fielen hilflos zu Boden.

Aber die Jünger können nichts anderes sehen als eine demütigende, vernichtende Niederlage. Als letzter ergibt sich Petrus, der Jesus geschworen hatte, sein Leben für ihn zu geben. Nun gibt er den Rest seines guten Willens und schlägt mit dem Schwert nach einem der Soldaten. Und Jesus wendet sich zu ihm um und sagt: »Stecke dein Schwert an seinen Ort! Denn wer das Schwert nimmt, der soll durchs Schwert umkommen. Oder meinst du, ich könnte meinen Vater nicht bitten, daß er mir sogleich mehr als zwölf Legionen Engel schickte? Wie würde dann aber die Schrift erfüllt, daß es so geschehen muß?« (Mt 26,52–54)

Gott braucht uns nicht. Noch nicht einmal in seiner tiefsten Erniedrigung. Im Gegenteil: Er schiebt unsere Hilfeversuche beiseite, um den entscheidenden Sieg zu vollbringen – allein. Jesu Kreuzestod ist die äußerste Manifestation eines Bekenntnisses, das Israel seit Jahrhunderten gesungen hatte: »Gelobt sei Gott der Herr, der Gott Israels, der *allein* Wunder tut!« (Ps 72,18). Nie ist Gottes Einsamkeit größer gewesen. Nie war ein Wunder größer. Gelähmt stehen die Jünger da, als Gott die Welt allein erlöst.

Und alleine den Tod besiegt! Als die Jünger restlos desillusioniert hinter verrammelten Türen saßen, voll Angst, daß die religiösen Führer jetzt mit den ehemaligen Anhängern des Nazareners abrechnen würden, da »kam Jesus und trat mitten unter sie und spricht zu ihnen: Friede sei mit euch!« (Joh 20,19). Sie hätten nie geschafft, was die Obrigkeit als Gerücht zu verbreiten versuchte: den Leichnam aus dem Grab zu stehlen, den Glauben und die geistlichen Wahrheiten zu bewahren, einen letzten Einsatz für Gott aus sich herauszupressen. Wahrscheinlich kam ihnen noch nicht einmal dieser Gedanke, so gründlich hatte diese furchtbare Passawoche ihre sämtlichen geistlichen Ambitionen und Großtaten zerschmettert. Und genau an diesem absoluten Nullpunkt erhalten sie den entscheidendsten Beweis für Gottes Allmacht, den die Geschichte bisher gesehen hatte.

Von jemandem, der losgelassen hatte

Jesu Auferstehung war der zündende Funke zur explosionsartigen Ausbreitung des Christentums über den Mittelmeerraum. Diese Ausbreitung geschah nicht durch den heldenhaften Einsatz frommer Menschen, sondern durch das fortgesetzte Wirken des Auferstandenen durch seine Jünger. Man könnte viel sagen über die dramatische Entwicklung, die wir in der Apostelgeschichte verfolgen können. Aber vielleicht kommen wir der urchristlichen Wirklichkeit näher, wenn wir statt dessen eine Gefängniszelle besuchen, in der Paulus sitzt und auf seine Verurteilung wartet, die ihm wahrscheinlich die Hinrichtung bringen wird.

In dieser Lage schreibt Paulus einen Brief an die Gemeinde in Philippi. Mit unserem Weltbild wäre dieser Brief ein ziemlicher Verzweiflungsschrei geworden: Hier sitzt Paulus gefangen und kann nichts mehr tun. Die Menschen, die durch seinen Einsatz zum Glauben kamen, sind in Gefahr, wieder zurückzufallen und aufgesaugt zu werden von der übermächtigen heidnischen Kultur. Es ist nicht klar, wer die Evangelisationsarbeit weiterführen soll; mehrere Gruppen kämpfen um die Macht. Dazu die nackte Tatsache, daß Paulus' Tage gezählt scheinen. Was würden wir in einer solchen Situation sagen?

Aber der ganze Brief sprudelt über von einer unbändigen, ja heiteren Freude; das Wort »Freude« kommt sechzehnmal vor in diesem kurzen Brief. Wie kann man in einer solchen Situation einen Freudenbrief schreiben? Jemand hat den Philipperbrief ein »Traktat für Märtyrer« genannt und damit angedeutet, daß er eine Haltung wiedergibt, die viele der frühen christlichen Märtyrer hatten. Wie war dies möglich?

Paulus beginnt mit seiner Freude über die Gemeinde in Philippi. Weit davon entfernt, sich über ihre geistliche Entwicklung zu sorgen, schreibt er voll ruhiger Zuversicht: »Ich bin ganz sicher: Gott wird sein Werk, das er bei euch angefangen hat, auch vollenden bis zu dem Tag, an dem Jesus Christus kommt« (Phil 1,6 – GN = Gute Nachricht). Als nächstes bemerkt er über seine Gefangenschaft: »Ihr sollt wissen, Brüder, daß meine Gefangenschaft sogar zur Verbreitung der Guten Nachricht beigetragen hat« (Phil 1,12 – GN). Die Menschen um ihn wissen jetzt, daß hier ein Christ um seines Glaubens willen gefangensitzt, und die anderen Christen in der Stadt haben neue Glaubenszuversicht bekommen. Sicher gibt es Menschen, die merkwürdige Motive für ihre Verkündigung haben, aber »was macht das? Auch wenn sie es mit Hintergedanken tun und nicht aufrichtig – die Hauptsache ist, daß Christus auf jede Weise bekanntgemacht wird. Darüber freue ich mich . . .« (Phil 1,18 – GN). Danach kommt Paulus auf seinen eigenen Tod zu sprechen: Was auch geschieht, sein Ziel ist, daß »Christus verherrlicht werde an meinem Leibe, es sei durch Leben oder durch Tod. Denn Christus ist mein Leben, und Sterben ist mein Gewinn« (Phil 1,20–21).

Eine solch tiefe Freude entsteht nur, wo ein Mensch ganz losgelassen hat, wo er nicht mehr krampfhaft festhält an anderen Menschen, an Gottes Werk und an seinem eigenen Leben. Dem Menschen, der sich und seinen Einsatz als unentbehrlich für Gottes Werk betrachtet, ist die Tür zu dieser Freude verschlossen.

Das Bedürfnis, sich und sein Territorium zu verteidigen, entspringt aus Angst, und die Angst kommt aus dem Besitzenwollen. Nur wer vermeint, etwas zu besitzen, hat Angst, es zu verlieren, und muß es daher verteidigen. Auf solches Verteidigen hat die Kirche im Laufe ihrer Geschichte ungeheure Energien verschwendet – und sich damit die Kraftquellen verstopft, die in der Urgemeinde so reichlich flossen. Paulus hatte alle Besitzrechte Gott übergeben: das

Recht auf sein eigenes Leben, das Recht auf Gottes Werk, das Recht auf die Menschen, denen er diente. Damit brauchte er keine Angst mehr zu haben, etwas zu verlieren, und auch nicht mehr sein Revier verteidigen. Paulus hatte eingesehen, daß Gott auch ohne seine Hilfe auskam. Was blieb? »Mein Gott aber wird all eurem Mangel abhelfen nach seinem Reichtum in Herrlichkeit in Christus Jesus.« (Phil 4,19)

Aber führt dies nicht zu Verantwortungslosigkeit und Passivität? Sollen wir uns etwa hinsetzen und Däumchen drehen, weil Gott sich schon selber um die Menschen kümmert, die uns brauchen? Was soll ich mich anstrengen, wenn Gott meine Arbeit und Fürbitte gar nicht braucht? Wenn das wirklich so einfach ist, können wir dann nicht der ganzen Gemeindearbeit den Rücken zukehren und uns zur Ruhe setzen und Rosen züchten? Aber was würde dann aus Gottes Werk auf Erden?

Hier verläuft eine haarfeine, aber alles entscheidende Trennlinie zwischen Wahrheit und Lüge. Wahr ist, daß Gott in seiner Allmacht einen Menschen zu seinem Mitarbeiter für gewisse Aufgaben machen kann. Dieses Geheimnis liegt schon in der Schöpfung: Gott *brauchte* den Menschen nicht, aber er beschloß, ihn als seinen Verwalter auf Erden zu schaffen. Tun und Beten des Menschen wirken – auf eine Art, die weit jenseits unseres Fassungsvermögens liegt – mit dem Werk des Schöpfers zusammen. Diese Verantwortung zu bedenken und die praktischen Konsequenzen zu ziehen, ist eine Aufgabe für alle Menschen, nicht nur für Pastoren und Berufschristen; man denke nur an die Umweltkrise!

Aber es ist eine Lüge, daß Gottes Werk mit unserer Verantwortung steht und fällt. Hier haben wir im Namen der Frömmigkeit oft wie in Eden die Grenze überschritten und uns selbst für Gott gehalten. Solches Sich-Anklammern an unser eigenes Laufen und Rennen, ohne das doch »alles zusammenbrechen würde«, zeigt nur, daß das Werk nicht Gottes ist, sondern unser eigenes. Die Bibel zeigt uns klar und deutlich, daß eine solche Sicht die Gemeinde auf unheilvollste Weise bindet, ja mehr noch: daß sie Gottes Angesicht verzerrt, bis er nicht viel mehr ist als ein hilfloser Abgott.

Wir müssen daher Schluß machen mit dieser lästerlichen Vorstellung, daß wir Gott einen Dienst tun, wenn wir uns zu ihm hinwenden und ihm all unsere Gaben zur Verfügung stellen. Wir müssen frei werden von dem erniedrigenden Glauben, daß Gott ein armer alter Mann ist, der dringend Menschen braucht, die ihm helfen. Diese Einstellung führt zu einem hoffnungslos menschenzentrierten Christentum, dessen Führer auf unerträgliche Weise auf ihre eigene Unentbehrlichkeit fixiert sind. Sie führt zu einem verkrüppelten Gottesbild, das einer Lästerung gleichkommt, und zu einem aufgeblasenen Ichbild, das zunächst nach gesundem Selbstbewußtsein riecht, aber unerbittlich in Burnout und zerbrochenen Illusionen endet. Und sie führt dazu, daß wir die denkbar schlimmste Beziehung zu den Menschen bekommen, denen wir dienen sollen, weil wir nämlich uns selber für die Wichtigen halten – und nicht sie.

Gott braucht uns nicht. Er ist der einzige, der niemand außer sich selbst braucht. Die Gemeinschaft zwischen Vater, Sohn und Heiligem Geist ist eine Fülle der Liebe, die sich wie das Universum ständig weitet vor unserem suchenden Auge: »Ich bin, der ich bin.« Gottes ganzes Handeln ist getrieben von dem »Ratschluß, den er zuvor in Christus gefaßt hatte«: alles in Christus zusammenzufassen (Eph 1,9–10). Vor einem solchen Gott können die Pioniere des Glaubens unmöglich Menschen sein, die große Dinge für Gott getan haben. Sie müssen Menschen sein, die eingesehen haben, daß Gott der Handelnde ist, und die ihr Leben danach einrichten.

Komm!

Nichts deutet darauf hin, daß Petrus besonders ehrgeizige Pläne für sein Leben hatte. Er hatte die gleiche religiöse Erziehung genossen wie alle jüdischen Jungen. Durch die Beschneidung und die Unterweisung in Gesetz und Geschichte Israels war er ein vollwertiges Glied des Gottesvolkes geworden, nicht mehr und nicht weniger. Daß er von Beruf Fischer wurde, war in Kapernaum nur naheliegend. Zusammen mit seinem Bruder Andreas und den Zebedäus-

Söhnen Jakobus und Johannes, die er von Kind auf kannte, betrieb er ein Fischereiunternehmen, das ihm ein gesichertes Auskommen und Ansehen unter seinen Mitbürgern gab. Alle Weichen waren gestellt für ein gutbürgerliches Leben am See Genezareth. Der Wechsel der Jahreszeiten und der Jahreslauf der jüdischen Feste gaben dem Leben einen zeitlosen Rhythmus der Geborgenheit.

Aber dann kam jener Morgen, wo sie nichts gefangen hatten. Und der Mann, der da am Ufer stand und mit dieser warmen, vollmächtigen Stimme sagte: »Folgt mir nach; ich will euch zu Menschenfischern machen!« (Mk 1,16–17)

Das ist die Berufung. Der Gott, der nichts bedarf, liebt seine Schöpfung so sehr, daß er buchstäblich zu ihr hingeht und sie zu sich ruft. Kein Wort davon, daß Petrus Heldentaten vollbringen soll – oder überhaupt Taten. Der einzige Einsatz, den er zu leisten hat, ist sein Leben. Jesu Ruf ist dieses einfache »Folge mir«. Und damit bekommt das Leben des Petrus eine völlig neue Richtung, die das alte, wohlgebahnte Leben, das er vor sich hatte, sprengt. Ab jetzt ist nicht mehr wichtig, was Petrus *tut*, sondern wem er *folgt*: Jesus. Die Beziehung zu Jesus gibt Petrus' Leben einen neuen, pulsierenden Kern, der alles andere prägen wird.

Für Petrus war dies etwas umwerfend Neues. Von Jesus aus betrachtet, war es das Wiederanknüpfen einer direkten Beziehung zwischen Gott und Mensch, von Angesicht zu Angesicht, wie damals in dem verlorenen Paradies in Eden. Der Gott, der doch schon in sich selbst ewige Gemeinschaft ist, ruft den sündigen Menschen zu sich: »Willkommen zu Hause!«

Das einzige, was hier von einem Tun redet und uns an unsere traditionelle Sicht der Berufung als einer zu erfüllenden Aufgabe denken lassen könnte, ist dieses »Ich will euch zu Menschenfischern machen«. Aber was steht denn hier genau? Richtig: »*Ich* will . . . machen.« Auf Jesu Ruf antworten bedeutet, mein Leben seinem Einfluß zu öffnen, den Traum von dem schönen kleinen Glück in der wohlgeordneten heilen Welt aufzugeben. Aber es bedeutet auch, daß ich auf jegliche Ambitionen, selber aus meinem Schrebergarten aufzubrechen und etwas Großes aus meinem Leben zu machen, verzichte. Von jetzt ab ist Jesus der, der mein Leben gestaltet – so, wie er es will.

Hier geschieht etwas gänzlich anderes und Neues als bei all den religiösen Lehrern, die Jesus vorangegangen waren und ebenfalls Jünger um sich gesammelt hatten. Hier geht es nicht einfach darum, jemanden zu imitieren; hier nimmt Gott selber das Leben des Jüngers in die Hand. Von Christus berufen sein bedeutet somit ein Teilhaben, eine Gegenseitigkeit, die dem Menschen eine ganz neue Welt erschließt.

Aber wohin führt denn diese Berufung? Was ist ihr Ziel, ihr sichtbares Resultat? Welche Auswirkungen hat sie für den Rest des Gottesvolkes? Für die Gesellschaft? Für all die schreiende Not überall? Das erfährt Petrus nicht. Darum geht es bei der Berufung überhaupt nicht. Jesus ruft in eine persönliche Gemeinschaft mit sich, und damit spricht er ganz direkt Petrus' tiefste Bedürfnisse und Fragen an: Wer bin ich überhaupt? Habe ich einen Wert? Wer sieht mich, wer versteht mich? Bin ich geliebt? All dies, was sonst das Handeln des Petrus antreiben würde, den heimlichen Motor hinter allem öffentlichen Leben und Arbeiten, die treibende Kraft hinter sämtlichen frommen und unfrommen Karrieren aller Zeiten – dies alles zieht Jesus an sich. Hier, bei dem, der sich »Ich bin, der ich bin« nennt, landet Petrus' Identität für Zeit und Ewigkeit, hier wird sein Selbstgefühl, seine Menschenwürde verankert. Bevor Petrus auch nur ein Wort für Gott sagen oder einen Schritt tun kann, hat Jesus das große, nicht aufhörende Werk begonnen: einen heiligen Menschen aus Petrus zu machen.

Wenn wir die Bibel lesen, stellen wir fest, daß es bei der Berufung immer genau darum geht. Das fängt gleich nach dem Sündenfall an: »Und Gott der Herr rief Adam und sprach zu ihm: Wo bist du?« (1. Mose 3,9). Als Gott später seinen Bund mit Israel erneuert, beschreibt der Prophet Jesaja das so: »Und nun spricht der Herr, der dich geschaffen hat, Jakob, und dich gemacht hat, Israel: Fürchte dich nicht, denn ich habe dich erlöst; ich habe dich bei deinem Namen gerufen; du bist mein!« (Jes 43,1).

Hosea schildert Gottes Liebe zu seinem Volk so: »Als Israel jung war, gewann ich ihn lieb, ich rief meinen Sohn aus Ägypten. Je mehr ich sie rief, desto mehr liefen sie von mir weg. Sie opferten den Baalen und brachten den Götterbildern Rauchopfer dar« (Hos 11,1–2 – Einh.). Die Berufung ist eine Wiederherstellung der Beziehung zwischen Gott und Mensch, auf daß der Mensch heil werde und zu seiner wahren Identität finde. Aber wieder und wieder wird er der Berufung untreu und sucht seine Identität in der Fata Morgana seines eigenen Tuns.

In Jesus nimmt dieser Ruf Fleisch und Blut an. Als er den berüchtigten Zöllner und Betrüger Levi ruft, läßt er sich von ihm zu einem frohen Fest in sein sicher nicht allzu bescheidenes Haus einladen. Die Neuigkeit verbreitet sich rasch unter Levis Freunden, und das Haus füllt sich mit Leuten, die nicht von der allerreligiösesten Sorte sind. Einige Schriftgelehrte sehen die merkwürdige Gesellschaft, und ihr so mühsam aufgebautes Frömmigkeitsgebäude wird in seinen Grundfesten erschüttert. Diese hochgeachteten religiösen Führer, die ihre geistlichen Ziele doch erreicht und alles richtig gemacht hatten, müssen Jesu Worte über die Berufung als hochbedrohlich empfunden haben: »Die Starken bedürfen keines Arztes, sondern die Kranken. Ich bin gekommen, die Sünder zu rufen und nicht die Gerechten« (Mk 2,17).

Durch die Berufung sollen also nicht makellose Kandidaten in eine geistliche Arbeit eintreten, sondern gewöhnliche Sünder sollen in Jesus heil und heilig werden. Es kamen nicht die Tüchtigen zu Jesus und fragten: »Dürfen wir dir helfen?«, sondern Jesus selber erwählte die Schwachen.

Auf diese Sache mit der Berufung kommt Petrus später in seinem ersten Brief zurück. Die Wende am Seeufer hat sich so in seine Seele eingebrannt, daß er sein ganzes Leben im Licht dieser Unerhörtheit sieht: Gott hat mich berufen. So wie es für einen Israeliten des Alten Bundes unmöglich war, sich getrennt von Gottes Ruf an sein Volk zu sehen, so ist es unmöglich für einen Christen, seine Identität in etwas anderem als Jesu Ruf zu sehen. »Wie er, der euch berufen hat, heilig ist, so soll auch euer ganzes Leben heilig werden«, schreibt Petrus (1. Petr 1,15 – Einh.). »Er hat euch aus der Dunkelheit in sein wunderbares Licht gerufen« (1. Petr 2,9 – GN).

Christus nachfolgen bedeutet auch, daß wir Ablehnung erfahren, wo wir recht handeln: »Dazu seid ihr berufen worden; denn auch Christus hat für euch gelitten und euch ein Beispiel gegeben, damit ihr seinen Spuren folgt« (1. Petr 2,21 – Einh.). Und weiter: »Vergeltet nicht Böses mit Bösem oder Scheltwort mit Scheltwort, sondern segnet vielmehr, weil ihr dazu berufen seid, daß ihr den Segen ererbt« (1. Petr 3,9). Und Petrus schließt diesen Brief mit der ganz großen Perspektive der Berufung: »Der Gott aller Gnade aber, der euch berufen hat zu seiner ewigen Herrlichkeit in Christus Jesus, der wird euch, die ihr eine kleine Zeit leidet, aufrichten, stärken, kräftigen, gründen« (Kap. 5,10).

In keinem dieser Verse finden wir auch nur eine leise Andeutung von Grübelei darüber, was die Berufung ist, auch keine Ermahnung, die Berufung = die Arbeit auch ordentlich wahrzunehmen. Es geht durchgängig einfach darum, Jesus nachzufolgen, was von verschiedenen Aspekten des neuen Lebens aus beleuchtet wird. Paulus benutzt in seinen Briefen das Wort »Berufung« genauso. Die Christen in Rom sind dazu berufen, »daß ihr Jesus Christus gehört« und dazu, »sein Volk zu sein« (Röm 1,6.7 – GN). Der Gemeinde in Korinth schreibt er: »Gott ist treu, durch den ihr berufen seid zur Gemeinschaft seines Sohnes Jesus Christus, unseres Herrn« (1. Kor 1,9). In anderen Briefen spricht er davon, daß wir zu einer unerhört reichen Hoffnung berufen sind (Eph 1,18), zu Gottes Reich (1. Thess 2,12), zur Heiligung (1. Thess 4,7) usw.

Die Berufung meint keine frommen Leistungen. Im Gegenteil, sagt Paulus, sie befreit vom Sklavenjoch der frommen Werke: »Er hat uns gerettet; mit einem heiligen Ruf hat er uns gerufen, nicht aufgrund unserer Werke, sondern aus eigenem Entschluß und aus Gnade, die uns schon vor ewigen Zeiten in Christus Jesus geschenkt wurde« (2. Tim 1,9 – Einh.). Schon vor der Schöpfung bestand diese Gnadengemeinschaft in dem dreieinigen Gott, und jetzt ist sie offen für jeden, der den Ruf annimmt. Dem, der immer noch meint, die Berufung bedeute doch wohl, daß man für Gott zu arbeiten beginnt, sagt Paulus: »Im übrigen soll jeder sich nach dem Maß richten, das der Herr ihm zugeteilt hat; das will sagen: Er bleibe an dem Platz, an dem er war, als Gott ihn berief. Diese Anweisung gebe ich in allen Gemeinden« (1. Kor 7,17 – GN). Es ging hier konkret um die Beschneidung und um den Status als Sklave oder Freier. Paulus stellt klar, daß unsere Berufung nichts zu tun hat mit unseren äußeren Lebensumständen; wir können sie in jeder Art Arbeit verwirklichen, denn sie betrifft unser Verhältnis zu Christus.

Nun gibt es ein Pauluswort, das hier große Probleme bereitet hat. Den Römern schreibt er nämlich, daß Gott seine Berufung nie zurücknimmt (Röm 11,29). Dieser Vers hat unzählige Berufschristen, die um ihre Lebensaufgabe rangen, verfolgt. Sie sind aus irgendwelchen Gründen nicht mehr zufrieden mit ihrer Aufgabe. Das kann eine körperliche oder seelische Erkrankung sein, der Ehepartner oder die Kinder, das Leiden an der eigenen Kirche oder Gemeinde oder der Zweifel, ob diese Arbeit überhaupt die richtige ist für ihre Persönlichkeit und Gaben. Aber die Überzeugung, daß Gott sie doch unwiderruflich berufen hat, hält diese armen Menschen jahraus, jahrein in einem eisernen Griff gefangen.

Es gibt verschiedene Wege zu dieser Fehlauffassung. Bei den einen ist es ein früheres Berufungserlebnis: »Damals hat Gott mich doch zum Pastor berufen«, oder sogar: »Damals hat Gott dem Bruder X gezeigt, daß er mich als Missionar haben will.« Andere sind so von der allgemeinen Gleichsetzung Berufung = Aufgabe geprägt, daß sie es fast schon gotteslästerlich finden, sie in Frage zu stellen. Und jetzt noch dieser Betonklotz aus Römer 11: »Gottes Gaben und Berufung können ihn nicht gereuen.« Umsatteln – das hieße doch, meine Berufung verraten . . .

Aber hat Paulus das wirklich so gemeint? Dann stünde dies in radikalem Gegensatz zum übrigen biblischen Sprachgebrauch. Nun, ein einfaches Durchlesen des Kontextes zeigt uns bald, daß Paulus es nicht so meinte. In Kapitel 9–11 des Römerbriefs geht es um die Juden und ihr Verhältnis zu Gott und dem Neuen Bund in Christus. In Römer 9,23–26 erklärt Paulus klipp und klar: ». . . und um an den Gefäßen des Erbarmens, die er zur Herrlichkeit vorherbestimmt hat, den Reichtum seiner Herrlichkeit zu erweisen, hat er uns berufen, nicht allein aus den Juden, sondern auch aus den Heiden. So spricht er auch bei Hosea: Ich werde als mein Volk berufen, was nicht mein Volk war, und als Geliebte jene, die nicht geliebt war. Und dort, wo ihnen gesagt wurde: Ihr seid nicht mein Volk,

dort werden sie Söhne des lebendigen Gottes genannt werden.«
(Einh.)

»Hat er uns berufen« – die Berufung, die Gott nicht zurücknimmt, ist nicht ein Auftrag, bestimmte Dinge für ihn zu erledigen,
sondern die Einladung in eine Gemeinschaft, wo wir »mein Volk«,
»Geliebte«, »Söhne des lebendigen Gottes« genannt werden. Es
könnte sein, daß manche von uns sogar mit ihrer Aufgabe aufhören
müssen, um *nicht* ihre Berufung zu verraten! Wie schon gesagt:
Wir können uns so total festfahren in unseren Rollen, daß wir Gott
und uns selber darüber verlieren – und dann ist unsere Berufung
wirklich in Gefahr.

Aber spricht Paulus nicht immer wieder davon, daß er zum Apostel Jesu Christi »berufen« ist? Zeigt das nicht, daß es doch nicht so
einfach ist? Es stimmt: Das Wort »Berufung« kommt rein technisch
auch in anderen Bedeutungen vor. Bei der ersten Missionsreise des
Paulus und Barnabas heißt es, daß der Heilige Geist sie zu diesem
»Werk« »berufen« hat (Apg 13,2). Doch zwei Verse später steht,
daß sie »ausgesandt waren vom heiligen Geist«, womit der Verfasser den Sprachgebrauch wieder aufnimmt, der der übliche für Aufgaben in Gottes Reich ist: die *Sendung.* Und in seinen Briefanfän-
gen wechselt Paulus zwischen »berufen zum Apostel« (Röm 1,1),
»ein Apostel Jesu Christi durch den Willen Gottes« (2. Kor 1,1)
und »ein Apostel nicht von Menschen, auch nicht durch einen
Menschen, sondern durch Jesus Christus« (Gal 1,1).

Das letzte Zitat erklärt vielleicht am deutlichsten, warum Paulus
sein Apostelamt immer so betonte. Es ging ihm nicht darum, seine
Identität zu zeigen; wo die lag, haben wir schon im Philipperbrief
gesehen. Es war für ihn vielmehr wichtig, seine *Autorität* zu erklären. In einer Situation, wo es in den Gemeinden diverse Scheinapo-
stel mit höchst unterschiedlichen Lehren gab, war es lebenswichtig,
klarzustellen, welche Lehre von Gott kam und welche lediglich Eigeninteressen diente. Darum also benutzt Paulus ein so starkes
Wort wie »berufen«, was ihn nicht daran hindert, das Wort im gleichen Brief ansonsten in seiner normalen biblischen Bedeutung zu
gebrauchen.

Mein Ja zu Gott

Und damit sind wir wieder bei dem einfachen Inhalt der Berufung:
»Folge mir nach.« Kein Mensch braucht darüber zu grübeln, wozu
Gott ihn berufen hat. Er hat uns zu Christus gerufen. Ich brauche
nicht nervös darauf zu warten, was Gott wohl mit meinem Leben
vorhat. Gott ist nicht in einer abstrakten »Berufung« zehn Meter
weiter vorne, er ist hier bei mir. Die ganze Zeit, die ich herumge-
sprungen bin und meine Berufung gesucht habe, ist er schon dage-
wesen. Er hat geduldig darauf gewartet, daß ich endlich auch da
bin, damit er mir in die Augen sehen kann und nicht nur auf den
Rücken. Für den Menschen, der bewußt oder unbewußt Gott als
»Projekt« betrachtet hat, ist es eine umwerfende Erfahrung, ihm
von Angesicht zu Angesicht zu begegnen. Welche Vereinfachung!
Welche Erleichterung!

Aber in die Erleichterung kann sich ein tieferer Schmerz mi-
schen: Bin ich denn wirklich bereit, Gott zu begegnen? Dietrich
Bonhoeffer schreibt in seinem Buch *Nachfolge*: »Jeder ist allein gerufen. Er muß allein folgen. In der Furcht vor diesem Alleinsein
sucht der Mensch Schutz bei den Menschen und Dingen um ihn
herum. Er entdeckt auf einmal alle seine Verantwortlichkeiten und
klammert sich an sie. In ihrer Deckung will er seine Entscheidung
fällen, aber er will Jesus nicht allein gegenüberstehen, mit dem
Blick auf ihn allein sich entscheiden müssen. Aber nicht Vater und
Mutter, nicht Weib und Kind, nicht Volk und Geschichte decken
den Gerufenen in dieser Stunde. Christus will den Menschen einsam machen, er soll nichts sehen als den, der ihn rief.«[6]

Dies ist der wichtigste Augenblick des Lebens, und genau wie bei
Petrus kann es ihn mehrere Male geben: Am Anfang, wenn alles
noch unausprobiert ist und die Seele vor Hunger nach dieser neuen
Wirklichkeit vibriert. Und dann nach vielen Jahren, wenn die eigenen Leistungsillusionen zu Asche geworden sind und ich erst jetzt
wirklich vor Jesus zu stehen vermeine. Aber egal, wann der Ruf
mich trifft, er stellt mich vor eine entscheidende Wahl. Zu Jesus nein
sagen bedeutet den Tod: All meine Versuche, mein Leben zu schützen, werden es nur nach und nach ersticken. Und ja sagen bedeutet

auch den Tod: Ich verliere meine mühsam aufgebauten Sicherheiten und falle wie ein Weizenkorn in Jesu bodenlose Gnade. Der Unterschied ist, daß das Sterben mit Christus zum Leben führt.

Ginge es hier darum, etwas für Gott zu leisten, wäre die Wahl leichter. Vor allem für Männer, die ja oft eher als Frauen ihre Identität in ihrer Arbeit suchen und nicht in ihrem Sein. Aber Jesus fragt nicht nach meinen Leistungen, sondern nach mir selber. Es gibt viele Methoden, sich an diesem Punkt vorbeizudrücken und sein Heil in fieberhafter Aktivität für Gott zu suchen. Dies haben schon viele christliche Mitarbeiter versucht, und ihre Arbeit war entsprechend. Aber ein einziger Mensch, der sein Leben vom Ruf Jesu umprägen läßt, wiegt mehr als hundert, die ihn sich vom Leib halten. Deswegen sind die Heiligen die wirklichen geistlichen Führer der Kirche. Ihr Kampf mit Gott war zuweilen unfaßbar schwer, aber irgendwo sagten sie endlich ja zu ihm, und wieder schoß die göttliche Druckwelle in die Geschichte hinein: *Ich bin, der ich bin.*

Das Ja ist gegenseitig. Der Mensch gibt alles – Gott gibt alles. Meister Eckhart drückt es in seiner »Rede der Unterscheidungen« so aus: »Gott gab sich nie noch gibt sich nimmer in einen fremden Willen. Nicht gibt er sich denn in seines selbes Willen. Doch wo Gott seinen Willen findet, da gibt er sich hinein und läßt sich in den mit allem dem, das er ist.«[7]

Wenn ein Mensch ja zu Jesus gesagt hat, kommt eine neue Freiheit in sein Leben. Die unerhörten Energien, die er gebraucht hat, um sein Leben selbst zu kontrollieren und zu verteidigen und selbst seinen Wert aufzubauen, werden freigesetzt. Es ist, als wenn ein erstickender Kalkpanzer, der sich um die Seele gelegt hatte, endlich zerspringt und abfällt. Der Prozeß kann sich über mehrere Jahre erstrecken, aber die Zielrichtung bleibt: mehr Freiheit. Die Umstände sind nicht mehr eine Bedrohung, vor der man sich ständig schützen oder die man in seine wohlgeordnete Welt einbauen muß. Meine Arbeit muß nicht mehr die unerträgliche Bürde meiner Selbstverwirklichung tragen. Meine Mitmenschen sind nicht mehr Konkurrenten oder Rohmaterial für mein Selbstwertgefühl.

Im Grunde ist all dies ein Hauch der ursprünglichen Freiheit, für die Gott den Menschen schuf und die im Sündenfall verlorenging.

Ignatius von Loyola hat diese Freiheit in der Einleitung zu seinen *Geistlichen Übungen* zusammengefaßt, die seit ihrer Abfassung im 16. Jahrhundert einen großen Einfluß auf die Heranbildung geistlicher Leiter gehabt haben:

»Der Mensch ist geschaffen dazu hin, Gott Unseren Herrn zu loben, Ihm Ehrfurcht zu erweisen und zu dienen, und damit seine Seele zu retten. Die andern Dinge auf der Oberfläche der Erde sind zum Menschen hin geschaffen, und zwar damit sie ihm bei der Verfolgung des Zieles helfen, zu dem hin er geschaffen ist. Hieraus folgt, daß der Mensch dieselben soweit zu gebrauchen hat, als sie ihm auf sein Ziel hin helfen, und sie soweit lassen muß, als sie ihn daran hindern. Darum ist es notwendig, uns allen geschaffenen Dingen gegenüber gleichmütig zu verhalten in allem, was der Freiheit unseres freien Willens überlassen und nicht verboten ist. Auf diese Weise sollen wir von unserer Seite Gesundheit nicht mehr verlangen als Krankheit, Reichtum nicht mehr als Armut, Ehre nicht mehr als Schmach, langes Leben nicht mehr als kurzes, und folgerichtig so in allen übrigen Dingen. Einzig das sollen wir ersehnen und erwählen, was uns mehr zum Ziele hinführt, auf das hin wir geschaffen sind.«[8]

Die Beweglichkeit und Aufbruchbereitschaft, die dies einschließt, muß unvermeidlich auch für unser Verhältnis zum Tod gelten. Dag Hammarskjöld sah dies schon früh in seinem Leben, und sein Nachdenken über den Tod und seine entscheidende Bedeutung für den Menschen, der führen will, zieht sich wie ein roter Faden durch seine Tagebuchaufzeichnungen. Er schreibt: »Es gibt nur einen Weg aus dem dunstigen, verfilzten Dschungel, in dem der Kampf um Ehre, Macht und Vorteil geführt wird – aus den dich umstrickenden Hindernissen, die du selbst geschaffen. Und dieser Weg heißt: zum Tod *ja* sagen.«[9]

Aber wie kann man ja zum Tod sagen, diesem ständigen Schatten und Feind des Menschen? Vielleicht geht es hier im tiefsten um die gleiche Grundfrage: die Berufung. Daß man das Recht auf sein eigenes Leben aufgibt, daß man zum Aufbruch bereit ist, daß ich willig komme, wenn der Herr mich heim zu sich holt. Als Jesus davon spricht, daß wir bereit sein sollen für sein Kommen, verwendet er zwei Bilder. Im ersten warten die Diener eines Haushalts auf ihren Herrn: »Seid wie Menschen, die auf die Rückkehr ihres Herrn warten, der auf einer Hochzeit ist, und die ihm öffnen, sobald er kommt und anklopft« (Lk 12,36). Im zweiten Bild wacht ein Hausherr über sein Eigentum: »Das sollt ihr aber wissen: Wenn ein Hausherr wüßte, zu welcher Stunde der Dieb kommt, so ließe er nicht in sein Haus einbrechen« (Lk 12,39).

Wer besitzt mein Leben? Wenn ich es besitze, muß ich es gegen alle Angriffe verteidigen; dann ist Jesus der Dieb, der mir das stehlen will, was mein ist. Aber wenn Jesus mein Leben besitzt, dann warte ich als sein Diener auf ihn, bereit, ihm die Tür zu öffnen. Diese Grundhaltung meint sowohl Jesu Wiederkunft am Ende der Geschichte als auch sein Kommen in unserem Tod, und sie meint auch die Einstellung zur Zeit. Wir messen die Zeit mit Uhren und Kalendern; Gott mißt sie in Leben, Reife und Frucht.

Bedenken wir auch, daß die Berufung nicht mit unserem Tod abbricht. Die Nachfolge, in die Jesus mich ruft, hört buchstäblich nie auf. Sie erstreckt sich hinein in die Ewigkeit, ja sie *ist* das ewige Leben: »Das ist aber das ewige Leben: daß sie dich, der du allein wahrer Gott bist, und den du gesandt hast, Jesus Christus, erkennen« (Joh 17,3). Wenn Christus das Leben und Sterben ein Gewinn ist (Phil 1,21), kann der Tod nur noch mehr von Christus bringen – was sonst könnte ein Gewinn sein? In der unsichtbaren Welt wird unsere Berufung noch tiefer weitergehen, auf eine Art, die wir in den Bildern der Offenbarung nur dunkel ahnen können: »Und der Thron Gottes und des Lammes wird in der Stadt sein, und seine Knechte werden ihm dienen und sein Angesicht sehen, und sein Name wird an ihren Stirnen sein« (Offb 22,3–4).

In diesem Licht besehen, geht es für den Christen bei der Todesangst im tiefsten darum, daß ich wieder Anspruch erhebe auf Gottes Eigentum: auf mein Leben. Dies ist so meilenweit entfernt von der gängigen Sicht von Leben und Tod, daß wir viel Zeit aufwenden müssen, einander zu trösten, zu helfen und aufzumuntern in dieser Freiheit. Es schlägt uns wie ein himmlischer Frühlingswind entgegen, wenn wir von den christlichen Märtyrern lesen. In den ersten Jahrhunderten war der Märtyrertod oft eine sehr naheliegende

Möglichkeit für den Christen. Einer der frühesten Märtyrer war Bischof Ignatius von Antiochien. Auf seiner langen Reise von Antiochien nach Rom, wo er den wilden Tieren vorgeworfen werden sollte, schrieb er einen Brief an die Gemeinde. Seine Freiheit ließ sich nicht fesseln: »Denn lebend schreibe ich euch, voll Sehnsucht nach dem Tode. Meine Liebe zur Welt ist gekreuzigt, und in mir ist kein Feuer, das nach Sinnlichem glüht, wohl aber lebendiges Wasser, das in mir redet und im Inneren zu mir spricht: Auf, zum Vater!«[10]

Und Gott zögert nicht, sich dieser Freiheit zu bedienen. Nicht, um sie auszunutzen und uns das Leben zu versauern, wie ich das so oft denke, solange ich mich gegen seinen Ruf stelle. Sondern um mich aufbrechen zu lassen, mich zutiefst freizumachen und nach seinem Bild umzugestalten. Hier öffnen sich Türen und Möglichkeiten, die wir uns kaum vorstellen können. Ignatius von Loyola schreibt: »Wenige Menschen ahnen, was Gott aus ihnen machen könnte, wenn sie sich nur ohne Vorbehalt der Führung der Gnade überlassen würden; wenn sie Abstand zu sich selbst bekämen und sich ganz dem göttlichen Meister überließen, so daß er ihre Seelen mit seinen Händen formen könnte.«[11]

Den Punkt der Wahrheit finden

Sämtliche Führungsambitionen stehen und fallen letztlich mit der eigenen Persönlichkeit. Die glänzendsten Theorien und Theologien werden früher oder später übertönt vom eigenen Leben. Bei guten geistlichen Leitern findet man zuweilen eine Übereinstimmung von Wort und Leben, die Lust zur Nachahmung macht. Aber nur zu oft macht die Persönlichkeit die schönen Worte wieder zunichte.

Oft beruht dies schlicht darauf, daß man es für unwichtig hält, sich mit der eigenen Persönlichkeit zu befassen. Wir betrachten es vielfach geradezu als erstrebenswertes Ideal, unser eigenes Leben zugunsten des »großen Auftrags« beiseite zu schieben. Sich Zeit für

56

sein Privatleben nehmen und eine Gemeinde führen – das paßt doch wohl nicht zusammen. Es ist doch wohl Ehrensache, daß ich meine Eigenbedürfnisse auf ein Minimum reduziere, um den anderen noch besser dienen zu können. Familie, Freizeit – ist das nicht Egoismus, gewissermaßen Diebstahl an meinen Mitmenschen? In Wirklichkeit ist es natürlich gerade umgekehrt: Nur was ich mir selber aneigne, wird zu einem Schatz für andere. Nur was ich in mein eigenes Leben aufgenommen habe, kann ich an andere weitergeben.

Unsere Umgebung sieht diesen Zusammenhang viel eher als wir selber. Sie beobachtet genau, was der Pastor mit seinem Leben sagt, und vergleicht es mit seinen Worten. Im günstigsten Fall kümmert sie sich, wie Jesus das gegenüber den Pharisäern empfahl (Mt 23,3), nicht um das, was sie sieht, und befolgt das Gute in den Worten. Aber das Normale ist, daß man nicht auf die Worte achtet, sondern auf das Leben, wie jeder Vater und jede Mutter nur zu gut weiß!

Wo ein Mensch Jesu Ruf annimmt, fängt der Meister daher sofort an, seine Persönlichkeit umzugestalten. Genau das ist ja die Arbeitsteilung: »Folgt mir nach; *ich* will euch zu Menschenfischern machen.« Und so gibt Jesus jedem Jünger einen persönlichen Lehrer und Seelsorger: »Wenn aber jener, der Geist der Wahrheit, kommen wird, wird er euch in alle Wahrheit leiten« (Joh 16,13). Bei meiner Berufung tritt der Geist der Wahrheit in ein persönliches Verhältnis zu mir als Jünger ein und beginnt eine lebenslange Zusammenarbeit, bei der er meinen Willen sorgsam respektiert. Er macht sich ganz davon abhängig, daß ich ihn einlasse und ihn mich lehren lasse. Sobald ich nein sage und einen Bereich meines Lebens vor ihm verschließe, unterbricht er sein Werk und wartet. Er wartet mit göttlicher Geduld, jahrelang, aber nie drängt er sich auf. Sobald ich wieder ja zu ihm sage und ihn bitte, weiterzumachen, nimmt er seine Arbeit wieder auf, willig und ohne Vorwürfe. So ist der Geist der Wahrheit.

Sein Ziel ist, mich zu befreien, und dies ist nur möglich durch die Wahrheit. Jesus zeigt das in einem spannungsgeladenen Gespräch mit einigen Juden, die an ihn glaubten. Er beginnt mit einem Prinzip der Jüngerschaft: »Wenn ihr bleiben werdet an meinem Wort, so seid ihr wahrhaftig meine Jünger und werdet die Wahrheit erkennen, und die Wahrheit wird euch frei machen« (Joh 8,31-32). Die Reaktion ist heftig: »Wir sind Abrahams Kinder und sind niemals jemandes Knecht gewesen. Wie sprichst du dann: Ihr sollt frei werden?« (V. 33). Es entspinnt sich ein Gespräch, in welchem die Juden Jesu Worte immer wieder mit dem Hinweis auf ihren religiösen Hintergrund zurückweisen. Von der Macht der Sünde in die Freiheit der Gotteskinder kommen? Aber wir sind doch Abrahams Nachkommen, wir sind doch keine Menschen zweiter Klasse! Zum Schluß wollen sie Jesus steinigen.

Warum diese wütende Reaktion, wo er sie doch nur befreien wollte? Nun, sie zeigt, daß dieser Befreiungsprozeß nie ganz schmerzfrei abgeht. Wir haben diverse Interessen zu verteidigen, wenn der Geist der Wahrheit zu uns zu reden beginnt, und es kann lange dauern, bis wir begreifen, wie wir in unsere fromme Sklaverei hineingeraten sind. Die Ursachen unserer Unfreiheit können sehr verborgen sein, während ihre Auswirkungen unseren Mitmenschen sofort ins Auge stechen. Aber wenn sie uns darauf ansprechen, fühlen wir uns womöglich nur gekränkt: *Ich* und unfrei sein?

Mit der Präzision eines Laserstrahls legt der Geist die Wahrheit über mein Leben frei. Das mag uns wie das genaue Gegenteil der Frömmigkeit erscheinen, mit der wir aufgewachsen sind und die uns die ganze Zeit eingetrichtert hat, wie wir sein *sollten*. Ein Christ hat glaubensgewiß, liebevoll, hilfsbereit, bibelkundig, betend, bereit zur Hingabe zu sein usw. Am Ende bin ich so vollgepackt mit diesen »Du sollst«, daß ich zu glauben beginne, daß ich wirklich so *bin*. Und an diesem Punkt verlasse ich die Wahrheit, und die Sklaverei beginnt mich mit unsichtbaren Ketten zu binden. Die Unwirklichkeit wird zu meinem frommen Gefängnis.

Da fragt mich zum Beispiel der Geist der Wahrheit, ob Gott an erster Stelle in meinem Leben kommt, und ich antworte, was ich gelernt habe: »Ja, natürlich.« Geduldig und ruhig fragt der Geist weiter: »Nein, ich habe dich nicht gefragt, ob er bei dir an erster Stelle kommen *sollte,* sondern ob er das wirklich tut.« Langes Schweigen. Ich kämpfe innerlich mit einem Gegner, den ich ganz vergessen hatte. Dieser Unbekannte steht auf und rüttelt an dem frommen Schema, das da sagt, daß ich Gott stets an die erste Stelle setzen sollte. Wie ist es nun wirklich?

Der Geist der Wahrheit interessiert sich überhaupt nicht dafür, was ich alles fühlen, glauben, denken und tun *sollte*. Er fragt nur nach der Wahrheit: Wie *ist* es wirklich? Er weiß, daß ich nur durch die Wahrheit je ein freier Mensch werden kann. Das angelernte »Du solltest« kann mich nur versklaven. Oft ist das fromme Denkmuster der größte Feind des Geistes der Wahrheit. Dies mußte Jesus bitter erfahren, und das erleben viele Christen, die auf den Geist der Wahrheit hören wollen.

Aber dieses Hören setzt Stille, Schweigen, Abgeschiedenheit voraus. Solange wir in unserer religiösen Tretmühle strampeln, ist es einfach, die Wahrheit über uns zu verdrängen. Wir können so sehr nach all diesen »Du solltest« hetzen, daß wir völlig blind werden für die Grenze zwischen Wahrheit und Lüge, zwischen Wirklichkeit und Schein. So entsteht jene religiöse Scheinwelt, die viele Nichtchristen so bizarr und wirklichkeitsfremd finden. Der Mensch, der den Kontakt mit seinem eigenen Inneren verloren hat, kann nicht mehr glaubwürdig mit der Wahrheit umgehen. Er wird zu einer Sprechblase, einem Ballon, der hoch über der Wirklichkeit schwebt und irgendwann entweder mit lautem Getöse platzt oder als verschrumpeltes Nichts fortgeworfen wird.

Die Fähigkeit zur Ichflucht teilen wir mit allen Menschen, egal welche Religion sie haben. Aber hat ein Christ nicht andere Startchancen, diese Flucht abzubrechen? Dag Hammarskjöld schreibt: »Wenn es still um dich wird und du in Schreck erstarrst: erkenne, daß Arbeit eine Flucht vor der Angst und der Verantwortung geworden ist und Altruismus eine mühsam verkappte Selbstquälerei. Wenn du des Steppenwolfs schadenfrohen, grausamen Herzschlag hörst – dann betäube dich nicht damit, daß du die Hetze wieder suchst. Sondern halte das Bild fest, bis du ihm auf den Grund gekommen bist.«[12]

Und in diesem Prozeß bin ich nicht allein. Je mehr ich mich von der Wahrheit entferne, um so mehr isoliere ich mich von Gott, von mir selber und von den Mitmenschen. Öffne ich mich aber neu dem Geist der Wahrheit, so bedeutet das, daß ich nicht mehr allein bin.

Dieser Prozeß ist also das genaue Gegenteil der Nabelschau, für die die Menschen, die Angst vor ihm haben, ihn manchmal halten. Nabelschau – das ist ein hoffnungslos einsames Herumwühlen im eigenen Leben, ohne Distanz und Perspektive. Mit dem Geist der Wahrheit zusammenarbeiten dagegen ist eine Gemeinschaft: Mein Leben spiegelt sich in Gottes Angesicht; ich lasse jemanden, der größer ist als ich, mein Inneres erforschen und freilegen. Ich werde endlich frei von meinem Ich-Gefängnis und wage die ersten Schritte hinaus in eine größere Freiheit.

Es mag hier hilfreich sein, unser Leben mit einem Haus zu vergleichen. Bei manchen Menschen ist dieses Haus grundsolide gebaut, mit stabilem Fundament und ohne jeden Pfusch. Dies sind die Heilen, die Heiligen. Aber bei vielen von uns haben sich im Laufe der Zeit Baufehler eingeschlichen. Vielleicht spüren wir sie an dem kalten Zweifelsdurchzug, der durch unseren wohlgeplanten Alltag streicht. Oder wir stellen hochschockiert fest, daß die Wände kurz vor dem Einsturz stehen. Wir schieben die Reparaturen so weit wie möglich hinaus, aber die Lage wird immer kritischer, und wir können das Problem nicht mehr verbergen, noch nicht einmal vor uns selber. Was nun?

Ein Haus hat ein Fundament und einen Überbau, und so ist es auch mit dem Leben des Christen. Das Fundament ist Gott und sein Wort, der Überbau die Überzeugung und das Leben, das mit der Zeit auf diesem Grund entsteht. Nun gilt es, zu entdecken, wo ich schief zu bauen begann. Ich fing vielleicht gut an, mit erwartungsvollem Vertrauen zu dem Gott, der mich gerufen hatte. Ich nahm sein Brot mit offenem Sinn entgegen, ich wuchs im Glauben und Gehorsam. Ich erzählte anderen Menschen von meinem Glauben, ich bekam Aufgaben und Verantwortung in der Gemeinde.

Aber irgendwo auf diesem Weg passierte etwas. Ich sagte etwas, das nicht durch meinen Glauben oder Wissen gedeckt war, um die Erwartungen zu befriedigen, die Gott und die Mitmenschen an mich zu haben schienen. Ich übernahm eine Verantwortung und eine Rolle, für die ich, wie ich wohl spürte, nicht reif war, die aber die anderen von mir erwarteten. Und was erst nur eine kleine Ausnahme sein sollte, wurde unmerklich zu einem festen Muster. Zwischen dem ursprünglichen Fundament und dem Bild von mir, das ich meiner Umgebung vermittelte, öffnete sich unmerklich eine Kluft. Die massiven Mauern der Wahrheit wichen einer Fassade der Unwirklichkeit, und diese Unwirklichkeit bekam ein Eigenleben, das mich fortzog, in eine Richtung, in die ich in meinem Innersten gar nicht wollte.

Und jetzt will der Geist der Wahrheit mir helfen, zurückzugehen zu dem Punkt der Wahrheit. Dies ist der Punkt, wo das stabile Fundament aufhörte – wo ich aufhörte, ehrlich zu mir selbst und meinen Überzeugungen zu sein, und mich gleichsam zu überbieten begann, mit Worten und Taten, die mehr von dem Wunsch getrieben waren, ja niemanden zu enttäuschen, als von der Wahrheit. Um diesen Wahrheitspunkt geht es dem Geist der Wahrheit – leidenschaftlich. Hier, *und nirgendwo anders,* muß Gottes Werk geschehen, wenn ich heil werden soll. Ob er mich heilen kann, hängt also daran, ob ich bereit bin, mich von ihm zu diesem Punkt zurückführen und mir zeigen zu lassen, was dort geschah – egal, wie weh das tun mag. Andraé Crouch singt: »Bring mich zurück dahin, wo ich dich annahm.« Es kann hier nicht um eine Wiederholung meiner damaligen Gefühle und Erlebnisse gehen, die natürlich unwiederholbar sind; aber ich muß mich zurückführen lassen zu der Aufrichtigkeit und Wahrhaftigkeit, die ich in den alten Zeiten gegenüber Gott und mir selber hatte.

Das Pharisäer-Syndrom

Hier müssen wir leider noch einmal den schmerzlichen Vergleich zu den Pharisäern ziehen. Sie verkörpern nämlich genau dieses Problem. Ursprünglich voller Hingabe und Leidenschaft für Gottes Wahrheit, glitten sie unmerklich hinein in eine religiöse Scheinwelt äußerer Rollen, die sie unter Aufbietung aller Kräfte durchspielten, um die Erwartungen ihrer Umgebung zufriedenzustellen: »Ihr Pharisäer, ihr haltet die Becher und Schüsseln außen rein; aber euer Inneres ist voll Raubgier und Bosheit. Ihr Narren, hat nicht der, der das Äußere geschaffen hat, auch das Innere geschaffen?«

(Lk 11,39–40). Zuerst wollten sie vielleicht nur ein wenig mehr glänzen als die anderen. Aber je mehr ihre Umwelt darauf einging, um so mehr entartete dieses Glänzen zu nackter Unbarmherzigkeit und Rücksichtslosigkeit, bis aus dem Pharisäer ein religiöses Monster geworden war, das sich schier zu Tode gequält hatte und jetzt das gleiche mit seinen Mitmenschen machte: »Ihr beladet die Menschen mit unerträglichen Lasten, und ihr selbst rührt sie nicht mit einem Finger an« (Lk 11,46).

Man beachte hier den Zusammenhang. Es beginnt damit, daß ich die Ohren vor meinen inneren Warnsignalen – Müdigkeit, Zweifel, verschiedene Bedürfnisse – verschließe. Ich unterdrücke mein Inneres und baue statt dessen eine religiöse Fassade auf, die Gott und meinen Mitmenschen imponieren soll. Ich mache den verhängnisvollen Unterschied zwischen meinem eigenen Leben (= nur im Weg, unwichtig) und dem Dienst für Gott (= das öffentliche, eigentlich wichtige Leben). Das Äußere wird wichtiger als das Innere.

Dieses Muster übertrage ich nun auf meine Mitmenschen. Anstatt sie aus meinen eigenen menschlichen Schwächen heraus zutiefst zu verstehen und ihre Probleme zu teilen, verlange ich von ihnen, gefälligst das zu tun, was ich selber so gut beherrsche – nämlich ihre Bedürfnisse zu unterdrücken. Ohne es zu merken, verbreite ich eine graue, verurteilende Bedrücktheit um mich, die den anderen jede Kraft und Lebenslust nimmt. Ich habe in meinem Leben das aufrichtige »Ich will« durch das falsche »Ich sollte« ersetzt, und folglich gebe ich genau dies an die anderen weiter. An die Stelle der Lust am Dienst für Gott tritt ein gesetzliches »Strengt euch an und tut eure Pflicht«. Es gibt in unseren Gemeinden unzählige Beispiele für diesen Mechanismus. Der Mitarbeiter, der nicht mehr auf seine innere Stimme hört, stellt seine eigentliche Aufgabe auf den Kopf: Anstatt Menschen zu helfen, ihre Lasten zu tragen, legt er ihnen noch neue auf.

Man vergleiche dies mit der warmen Barmherzigkeit, mit der Jesus den Menschen begegnet. Die schwächsten und gebrechlichsten fühlen sich unmittelbar von ihm angezogen, in Scharen kommen sie zu ihm. Endlich jemand, der sie versteht! Der Apostel Johannes erklärt das damit, daß Jesus »wußte, was im Menschen war« (Joh 2,25). Jesus war ein wahrer Mensch, der nie sein Inneres betäubt hatte. Darum konnte er das Menschliche bei den anderen sofort erkennen, aus seinem eigenen Inneren heraus. Er trat ihnen als ihresgleichen gegenüber, und da er auch wahrer Gott war, konnte er sie aus dem, was sie gebunden hielt, herausheben. Deshalb nannte man ja seine Botschaft »Evangelium« (»Gute Nachricht«) – weil sie so unmittelbar befreiend und erleichternd wirkte!

Aber für den, der sich daran gewöhnt hat, seine Seele zu verstopfen, werden die Mitmenschen immer merkwürdiger, ihre Bedürfnisse unnötiger, ihre Reaktionen und ihr ganzes Verhalten unpassender. Sie stören die geistliche Atmosphäre, die religiösen Strukturen, die man mit so viel Mühe aufzubauen versucht. Kein Wunder, daß sie sich nicht geliebt und angenommen fühlen – sie sind es ja auch nicht! Und so ziehen sie sich zurück. Und dies ist das Schlimmste, was einem christlichen Leiter passieren kann: daß er durch sein Leben andere Menschen von Gott wegtreibt. So verschließt man anderen Menschen die Himmelstüren und zieht das strengste Urteil auf sich, das Jesus je ausgesprochen hat: »Ihr Schlangen, ihr Otternbrut! Wie wollt ihr der höllischen Verdammnis entrinnen?« (Mt 23,33)

Der schwedische Lyriker Tomas Tranströmer malt in seinem Gedicht »Goldwespe« ein Bild von diesem Pharisäersyndrom. Er schreibt von »einem gutgeschneiderten jungen Mann mit einem Lachen, einengend wie ein Knebel« und fährt später fort[13]:

Die niemals anderswo als auf ihrer Vorderseite verweilen können,
die niemals zerstreut sind,
die niemals die falsche Tür öffnen und einen Schimmer des Unidentifizierten zu sehen bekommen.
Geh an ihnen vorbei!

Aber der Geist der Wahrheit geht nicht an ihnen vorbei! Geduldig wartet er darauf, daß sie endlich »die falsche Tür öffnen« und hinausgehen in eine neue Freiheit. Solange wir leben, ist es nie zu spät, zu unserer Berufung zurückzufinden. Jesu Verdammungsurteil gilt den Verstockten, die sich in ihrer Rolle festgebissen haben. Für den, der umkehrt und sich neu vom Geist der Wahrheit führen läßt, hat Gott nur lauter Erbarmen und Trost. Es ist, als ob ich endlich nach Hause komme – und genau das tue ich ja!

Vielleicht fängt der Geist damit an, daß er mir zeigt, wie es zu meinem Elend kommen konnte. Wie ich so gerne geliebt, geschätzt, bewundert sein, ein geistliches Vorbild werden wollte, mit dem die anderen sich identifizieren und zu dem sie aufsehen konnten. So nach und nach lernte ich, welche Ausdrücke und Ansichten und Verhaltensmuster am meisten Beifall weckten. Ich benutzte die richtigen Worte, hielt die Predigten, die man hören wollte, machte mich beliebt. Und die anderen bezahlten es willig mit ihrer Bewunderung und Wertschätzung. Vielleicht ahnten sie gar nicht, daß sie Lügen applaudierten, daß ich den Boden der Wahrheit schon längst verlassen hatte. Und da ich ihren Beifall so dringend brauchte für mein Selbstgefühl, klammerte ich mich immer mehr an meine Rolle. Zum Schluß verschwamm die Grenze zwischen Wahrheit und Schein so sehr, daß ich allmählich glaubte, wirklich dieser Superchrist zu sein. Ich sah nicht mehr, daß er nur von außen aufgeklebt war. Was Wunder, daß ich mir selber, meinen Mitmenschen und Gott entfremdet wurde.

Vielleicht ist das das nächste Thema des Geistes der Wahrheit: wie man selber ist. Jesus war das, voll und ganz; er mußte und wollte keine Rollen spielen. Damit war er eins mit dem Geist der Wahrheit, und dieses Einssein hatte eine enorm befreiende Wirkung auf seine Umgebung. Entsprechend ist es absolut notwendig, daß wir wir selber sind, wenn Gottes Geist uns benutzen soll. Sobald ich ein wenig geistlicher tue, als ich bin – vielleicht jemandem zu gleichen versuche, zu dem ich aufsehe und der wirklich von Gott gebraucht wird –, verlasse ich den Punkt der Wahrheit und überschreite die Grenze zwischen Wirklichkeit und Schein. Und dann zieht sich der Geist der Wahrheit zurück und läßt mich allein in einer immer erstickenderen Frömmigkeit. Wo ein solches Scheinchristentum um sich greift, kommt schließlich der Punkt, wo man schmerzlich rebellieren und sich distanzieren muß von dem ganzen Enkelkinder-Gottes-Unwesen.

Der Schein zeigt sich nicht zuletzt in der Verkündigung. Ein Mensch, der den Kontakt mit seiner Seele verloren hat und nur noch ein bis zur Sterilität reines »Wort Gottes« verkündigen will, ist lebensgefährlich auf der Kanzel. Sehr wahrscheinlich werden die Menschen sich nicht von ihm angesprochen fühlen, sondern sich nach den ersten Sätzen sanft auf das fromme Phrasenkissen betten. Damit gibt der Verkündiger seine eigene Unwirklichkeit an die ganze Gemeinde weiter, bis sie gegen die Wahrheit immun und unfähig ist, Gottes Stimme zu hören. Gunnel Vallquist schreibt dazu:

»Zuweilen hat man den Eindruck, daß Predigen die Kunst ist, sich am Wort Gottes vorbeizuschlängeln, damit man ihm nicht von Angesicht zu Angesicht begegnen muß. Nichts ist leerer und steriler als eine elegante Predigt – eine Predigt, in der man keine Spur davon findet, daß der Verkündiger auf Leben und Tod mit dem Wort gerungen hat und vor allen anderen selber von ihm getroffen wurde. Nichts sät heimtückischere Zweifelskörner in die Seele des Hörers als der Eindruck, daß Probleme geglättet, ausgebügelt, vereinfacht werden. Es gibt nicht einen Evangelientext, der nicht erschütternde, furchtbare Fragen stellt – tiefere als die, die die fromme Beredsamkeit zu wälzen pflegt. Wenn der Prediger nicht selber erschüttert, entsetzt, vernichtet ist, sollte er im Namen des Anstandes schweigen; dann würde er wenigstens nicht die Sünde begehen, daß er Gottes Wort seinen Stachel nimmt.«[14]

Eine Faustregel

Im 4. und 5. Jahrhundert n. Chr. zogen Männer und manchmal auch Frauen in die ägyptische Wüste, um als Einsiedler oder in kleinen klosterähnlichen Gruppen Gott radikal im Gebet zu suchen, nachdem eine verweltlichte Kirche ihnen keinen Raum dazu zu geben schien. Diese Menschen, die als »Wüstenväter« in die Nachwelt eingingen, waren in vieler Hinsicht die Pioniere der Innerlichkeit in der christlichen Kirche. Ein literarisches Zeugnis dieser kompromißlosen Suche nach dem geistlichen Leben ist die »Weisung der Väter«. In dieser Textsammlung findet sich unter anderem folgende einfache und zeitlose Faustregel, der jeder, der in irgendeiner Form geistlich führen will, folgen sollte:

»Abbas Poimen sprach: ›Lehre deinen Mund sagen, was dein Herz hat.‹«[15]

Nur so kann der gefährliche Riß zwischen Schein und Sein zuheilen, so daß wir wieder ganz, heil, geheiligt werden. Für diejenigen unter uns, die es längst gewöhnt sind, eine religiöse Geschäftigkeit zu zeigen, die nicht durch das Herz gedeckt ist, ist dieser Heilungsprozeß schmerzlich. Da sind die Worte in meinem Mund meilenweit entfernt von meinem Herzen – so weit, daß ich vielleicht gar nicht mehr ahne, was in meinem Herzen ist! Ich bewege mich nur noch in den frommen Worten und Begriffen.

Aber mit jedem kleinen Schritt zurück zu meinem Herzen gewinnen meine Worte etwas zurück von ihrem ursprünglichen Gewicht. Statt daß ich um jeden Preis versuche, mein Eigenleben auf Abstand von meinem »geistlichen Dienst« zu halten, wird es mehr und mehr das Fleisch und Blut, das noch immer das Markenzeichen echten Christentums war. Je mehr ich mich weigere, meine Seele weiter dem Götzen der Beliebtheit zu verkaufen und mich weiter bei gängigen Theologien und ausgeliehenen Autoritäten zu bedienen, um so mehr wird mein Leben und meine Verkündigung geprägt von jener urchristlichen Schwere: »Ihr habt gehört, daß gesagt ist . . . Ich aber sage euch . . .« (Mt 5,21–48)

Dies kostet Zeit und Kraft, Status, Bequemlichkeit und Ansehen. Aber diese Dinge haben ja überhaupt nie zu Christi Ruf gehört! Der erste Schritt besteht darin, daß ich Schluß mache mit der Teufelslüge: »The show must go on.« Gottes Gemeinde ist keine Show, in der wir um jeden Preis weiter unsere Rollen spielen müssen. Sie ist eine Werkstatt der Wahrheit, in der der Geist der Wahrheit uns heilschmieden will. Dieser Aufbruch ist natürlich besonders schmerzlich für uns, die wir unser ganzes Leben in die Rolle des »Berufschristen« investiert haben. Es tut jedem Christen weh, sich zum Punkt der Wahrheit zurückführen zu lassen, ganz besonders jedoch dem, der geistliche Führungsverantwortung hat. Im Grunde haben wir alle die gleichen Wahlmöglichkeiten, aber für einen Leiter sind die Konsequenzen immer schmerzlicher, da er ja so viele andere Menschen beeinflussen und verletzen kann. Wenn ich an dem Punkt der Wahrheit stehe und mein Dilemma einsehe, habe ich eigentlich nur zwei Möglichkeiten:

Ich kann mein Doppelleben fortsetzen: »Gut, ich sehe, was schiefgelaufen ist, aber ich muß nun einmal Rücksicht nehmen auf meine Anstellung, meine Familie, meine Gemeinde, meine Kollegen, meine Kirche. Der Preis ist zu hoch. Ich mache lieber weiter und sage und tue, was man von mir erwartet, vielleicht hilft es jemandem.« Damit verhärtet mein Herz sich noch mehr, denn jetzt weiß ich ja, was ich tue. Ich entferne mich weiter von Gott, mir selbst und den anderen und öffne gleichzeitig immer weiter eine Tür für den Teufel, der ungebeten durch sie hineinkommen und mir seine eigenen Vorschläge machen wird, wie ich mein Leben ein bißchen wirklicher machen kann. Das Endergebnis ist, daß ich langsam aber sicher eine tödliche Unwirklichkeit und Verhärtung in die Gemeinde ausstrahle.

Oder aber ich lasse mich vom Geist der Wahrheit heilen. Deckt er Zweifel und Glaubenskrisen auf, muß ich mir die Zeit und Kraft nehmen, sie ans Licht zu heben und mit den Werkzeugen zu bearbeiten, die wir alle zur Verfügung haben: Seelsorge, Bibelstudium, Einkehrfreizeiten, Ruhe usw. Ich darf nicht lockerlassen, bis ich wieder ein Minimum an echtem Glauben habe, der kein ungedeckter Seelenscheck mehr ist. Habe ich unter meiner »Oberflächenspannung« ungestillte Bedürfnisse entdeckt, ist es Zeit, sie anzusehen, zu sortieren und auf eine echte, gute Art zu stillen. Es kann hier um Ausruhen gehen, um Freunde, Hobbies, sexuelle Gemeinschaft, handwerkliche Arbeiten, Sport, Kunst, Bildung und anderes.

All dies kann durchaus bedeuten, daß ich – ganz oder teilweise oder vorübergehend – meinen Dienst quittiere. Lasse ich ihn während meiner Heilungszeit weiterlaufen, empfiehlt es sich, kleinere Brötchen zu backen. Wo ich es gewohnt war, mein Gewissen ständig mit den einstudierten Phrasen zu überfahren, braucht es Zeit, meine innere Sensibilität wieder einzuüben und »meinen Mund sagen zu lassen, was mein Herz hat«. Hier ist der Geist der Wahrheit mehr als bereit, uns zu helfen auf dem schmalen Weg zwischen ungesundem Sichübernehmen und den Mindestanforderungen, die mein Dienst nun einmal mit sich bringt.

Ich kann erst gehen, wenn ich festen Boden unter den Füßen habe. Ich kann Christus erst dann folgen, wenn ich weiß, daß ich in der Wahrheit wurzele.

Frei zur Nachfolge?

Wer sich aus seinem Inneren in äußerliche geistliche Geschäftigkeit flüchtet, lernt schnell, alle Probleme auf seine Umgebung zu schieben. Das ist die pharisäische Masche: dem Urteil ausweichen, damit es andere trifft. Die Schuld liegt bei den anderen, die nicht gut genug sind. Habe ich nicht den Mut, meinen inneren Feinden ins Auge zu blicken, muß ich statt dessen die Mitmenschen und die Umstände als meine Feinde sehen. Was ich nicht bei mir selber bekämpfe, bedroht mich ständig durch die anderen.

Das braucht bei einem Christen nicht so zu sein. Jesus nachfolgen bedeutet ja, daß ich das Urteilen ganz ihm überlasse. Die Perspektive wird wiederhergestellt, der Blick klar: Jetzt stehe ich selber unter dem Gericht, um die anderen wird Gott sich schon selbst kümmern. Wenn der Geist der Wahrheit mein Inneres freizulegen beginnt, kann ich nicht mehr die Schuld auf die anderen schieben. Habe ich früher die geistliche Dürre in meiner Gemeinde mit der Trägheit der anderen erklärt, so geht mir jetzt auf, daß das größte Hindernis ich selber bin. Jesus hilft mir hier mit einem Bild:

»Kann ein Blinder einen Blinden führen? Werden nicht beide in eine Grube fallen? Der Jünger steht nicht über seinem Meister; jeder aber, der alles gelernt hat, wird wie sein Meister sein. Warum siehst du den Splitter im Auge deines Bruders, aber den Balken in deinem eigenen Auge bemerkst du nicht? Wie kannst du zu deinem Bruder sagen: Bruder, laß mich den Splitter aus deinem Auge herausziehen!, während du den Balken in deinem eigenen Auge nicht siehst? Du Heuchler! Zieh zuerst den Balken aus deinem Auge;

dann kannst du versuchen, den Splitter aus dem Auge deines Bruders herauszuziehen.« (Lk 6,39–42 – Einh.)

Ein klarsichtiger Leiter ist also jemand, der sich selbst klar sieht. Solange er nicht ein gewisses Maß an Selbsterkenntnis hat, ist er ein blinder Blindenführer, der ständig in Sackgassen landet. Und umgekehrt: Jesus sagt, daß jemand, der seine eigenen Probleme einsieht und angeht, ein großer Gewinn für die anderen ist und ihnen die Augen öffnen kann. Wie wir alle wissen, bedeutet ein Führungsamt nicht immer einen klaren Blick, aber klarsichtige Menschen können immer führen. Will ich sehen, wie es mit den anderen steht, muß ich zuerst den Dreck aus meinen Augen loswerden.

Ich merke doch selber, daß es bei mir Dinge gibt, die mich daran hindern, Christus so von ganzem Herzen zu sehen und nachzufolgen, wie ich eigentlich möchte. Ich lese die Bibel, ich nehme gute Unterweisung und die verschiedensten geistlichen Impulse in mich auf, und meine Erwartungen steigen. Ich setze mir Ziele für mein Leben und das der anderen, baue Visionen, erwarte, daß Gott helfen wird. Aber irgendwo sitzen unsichtbare Sperren in meinem Leben, die mich die ganze Zeit zurückhalten und behindern. Ich bitte Gott, mich zu gebrauchen, aber er schweigt.

Er schweigt? Antwortet er vielleicht nur deswegen nicht auf meine Fragen, weil er darauf wartet, daß ich seine beantworte? Wie wir Gottes Schweigen erleben, hängt ja oft mit unseren Erwartungen zusammen. Wir richten unseren Blick auf ein bestimmtes Ziel – oft eines außerhalb unserer selbst – und erwarten, daß Gott sich dort offenbaren wird. In Wirklichkeit ist er mir viel näher, als ich selber das bin, und wartet geduldig darauf, mir *hier* zu zeigen, was meinen Zielen im Wege steht. »Dort ist das Problem«, sage ich Gott und zeige mit meinem Finger. »Nein, Kind, hier sitzt der Knoten«, sagt er und zeigt auf meinen wunden Punkt. »Aber ich will doch *dich* kennenlernen!« wende ich ein. »Das sollst du auch«, sagt Gott. »Aber jetzt muß ich dir zuerst ein paar Dinge in deinem eigenen Leben zeigen.«

Es gibt viele solche wunden Punkte. Sie sind Hindernisse für meine Nachfolge und damit auch für die meiner Mitmenschen, und deshalb will Jesus mich mehr als gern von ihnen befreien. Als ersten

69

Schritt will er das für mich so verzwickte Knäuel der Probleme entwirren. Dabei schält er drei große Bereiche heraus, die vielfältig untereinander zusammenhängen, aber doch sehr verschieden sind
und verschieden angegangen werden müssen: Sünden, Verletzungen und Bindungen. Wenn die Seele ein einziges graues Knäuel zu
sein scheint, kann es ja richtig befreiend sein, die Sache ein wenig
systematisch anzugehen. (In Theorie und Praxis habe ich übrigens
große Hilfe von einer ökumenischen Seelsorgebewegung erfahren,
die in Schweden unter dem Namen »Helhet genom Kristus«
[»Durch Christus heil werden«] arbeitet.)

Schauen wir uns die drei Bereiche der Reihe nach an:

1. Sünden

Ein Leiter hat durchaus die gleiche *Neigung* zur Sünde wie andere
Christen, aber er sollte ein größeres Sünden*bewußtsein* haben. Als
die Pharisäer und Schriftgelehrten eine auf frischer Tat beim Ehebruch ertappte Frau vor Jesus schleppen, um sie zu verurteilen, antwortet Jesus ihnen: »Wer unter euch ohne Sünde ist, der werfe den
ersten Stein auf sie.« Worauf sie betroffen schweigen und weggehen, »einer nach dem anderen, *die Ältesten zuerst*; und Jesus blieb
allein mit der Frau« (Joh 8,1-11).

Diese Szene lehrt uns mindestens zweierlei: daß Alter und Reife
normalerweise mit wachsendem Sündenbewußtsein einhergehen,
und daß allein Jesus frei von Sünde ist. Paulus eröffnet seinen Brief-
wechsel mit seinem jungen Freund Timotheus mit der gleichen herben Selbsterkenntnis: »Jesus Christus kam in die Welt, um die Sünder zu retten. Ich bin der schlimmste unter ihnen« (1. Tim 1,15 -
GN). Man beachte die Präsensform: Paulus spricht hier nicht über
sein früheres Leben als Christenverfolger; er meint den gereiften
Apostel. Nicht restlose Ausrottung der eigenen Sünden ist also das
Markenzeichen des geistlichen Leiters, sondern eher die wachsen-
de Einsicht, ein Sünder zu sein, und außerdem, daß man vor Gott
Wege gefunden hat, damit umzugehen. Die Sünde äußert sich auf
zwei Arten:

A. Konkrete Sünden. Wer sich dem Geist der Wahrheit öffnet, merkt bald, daß er sich vielfach versündigt hat. Die Liste der Beispiele ist schier endlos: finanzielle Unehrlichkeit, Verletzung anderer Menschen, sexuelle Fehltritte, okkulte Handlungen, Diebstahl und Betrug, Gewalt, große und kleine Intrigen usw. Es ist ein Mythos, daß diese Dinge mit der Zeit aus meinem Leben verschwinden und daß ich sie damit schönreden kann, daß »ich so etwas doch nicht mehr mache«. Ein nicht minder gefährlicher Mythos ist die Vorstellung, man könne begangene Sünden dadurch ausgleichen, daß man um so eifriger für Gott arbeitet. Beide Mythen sind hinterlistige Kunstgriffe, mit denen unser Stolz sich um das herumzumanövrieren versucht, das einzig Befreiung bringen kann: die Sünde mit Namen zu nennen, Gott um Vergebung zu bitten und mit ihr zu brechen.

Wenn ich versuche, meine Sünden einfach zu »vergessen« oder durch Leistungen zu kompensieren, werde ich erstens nie frei von ihnen, und zweitens wird alles, was ich tue, vergiftet: Statt nach dem frischen Wind Christi riecht meine Arbeit nach muffiger Selbstrechtfertigung. Solange ich meine Sünden verdränge und so tue, als seien sie nicht geschehen, sind sie eine unüberwindbare Barriere, die verhindert, daß Gott mich gebrauchen kann. Sie verdunkeln meine Seele und damit mein Vermögen, zu hören, was der Geist sagt. Aber wie schon gesagt: Der Geist der Wahrheit hat eine göttliche Geduld. Er kann jahrzehntealte Sünden ans Licht heben, so daß Jesus sie endlich wegnehmen kann.

B. Die Neigung zur Sünde. Hier handelt es sich nicht um konkrete Handlungen, die ich begangen habe, sondern um eine falsche Schlagseite in meinem Inneren – etwas, das in Gottes ursprünglicher Schöpfung richtig ausgerichtet war, aber durch die Sünde in die falsche Richtung kippte. Hier brechen sämtliche Podeste zusammen: »Alle haben gesündigt und die Herrlichkeit Gottes verloren« (Röm 3,23 – Einh.). Selbstverständlich hat ein christlicher Leiter die gleichen bösen Neigungen wie alle anderen Menschen auch. Um nur drei Bereiche zu nennen, die in Bibel und Alltag ständig wieder auftreten: die Gier nach Geld, der Hang zu egoistischer Sexualität und der Hunger nach Macht.

Die Vorstellung, daß man als Pastor usw. von diesen Neigungen frei sei, ist lebensgefährlich. Erstens hindert sie uns daran, selber zu erfahren, was Gnade ist, denn wer ohne Sünde ist, braucht ja keine Gnade. Zweitens macht sie uns unfähig, die Menschen zu verstehen, die vielleicht gerade besonders heftig mit diesen Sünden kämpfen, und ihnen wirklich Gottes Gnade zu vermitteln. Und drittens macht sie uns völlig schutzlos, wenn die Stunde kommt, wo diese Neigungen in unserem eigenen Leben auf konkrete Versuchungen stoßen. Viele haben es bitter erfahren müssen: Je sicherer ich bin, immun gegen eine bestimmte Art Sünde zu sein, um so wahrscheinlicher werde ich genau dort Probleme bekommen. Wenn alle Christen hier wachsam sein müssen, um wieviel mehr dann die, die eine Verantwortung als Leiter und Vorbilder haben!

Da die Wurzel aller Sünde der Hochmut ist, der Wille, sich über seine Begrenzungen zu erheben und »wie Gott« zu werden (1. Mose 3,4–5), ist es offensichtlich, daß man als Berufschrist mehr und nicht weniger gefährdet ist. Die folgende ernste Checkliste sollte zum täglichen Beichtspiegel jedes christlichen Leiters gehören. Sie läßt sich leicht verlängern, aber die folgenden Punkte sollen hier genügen, um die Richtung anzudeuten:

◇ *Neid auf die Erfolge von Kollegen.* Dag Hammarskjölds Tagebuch ist ein ausgezeichnetes Vorbild für die schonungslose Selbstprüfung, die eine der Lebensbedingungen des christlichen Leiters ist. Hier nur ein Beispiel: »Als Streber hast du ein reiches Tätigkeitsfeld, auch nachdem du dein Ziel erreicht hast. Noch immer kannst du versuchen, andere daran zu hindern, befähigter zu werden.«[16] Und umgekehrt haben die Leistungen und Ergebnisse anderer Berufschristen eine bemerkenswerte Fähigkeit, uns gegen sie aufzubringen – auf eine Art, die wir hinterher mit tausend theologischen Kniffen hinter »wichtigen Grundsatzfragen« verstecken. Wie oft ist nicht der Kampf um die »richtige« Theologie eigentlich ein persönlicher Machtkampf? Wie oft besteht das »Dominieren« der anderen nicht ganz einfach darin, daß sie beliebter sind als ich?

◇ *Dominanz und Unterdrückung.* Als geistlicher Leiter habe ich zu dem Vertrauen und der Verletzbarkeit der Menschen einen Zugang, der mich dazu versuchen kann, sie zu beherrschen und auszunutzen. Diese Neigung kann verschieden stark ausgeprägt sein, aber es ist ein gefährlicher Fehler, zu glauben, daß auch nur einer von uns frei von ihr ist. Zu den erwähnten drei klassischen Bereichen Geld, Sex und Macht kommt eine Legion »feinerer« Arten, sich im Namen der Frömmigkeit Einfluß auf Menschen zu verschaffen und auf Kosten ihrer persönlichen Freiheit und Integrität sein eigenes kleines Imperium zu bauen. Auch hier haben in der Kirchengeschichte oft theologische Positionen als Fassade für die primitivsten Macht- und Stargelüste (»Ich bin der Größte«) herhalten müssen.

◇ *Verachtung für die Schwachen.* Da ein Führungsamt immer mit irgendeiner Form von Stärke einhergeht, öffnet sich damit die Versuchung, auf die Schwachen und Irrenden verächtlich herabzusehen. Wie alle Haltungen beginnt auch diese bei uns selber: Wir stellen uns unserer eigenen Schwäche nicht, sondern verachten sie und versuchen tapfer, sie zu verstecken. Tauchen nun ähnliche Schwächen bei anderen auf, tritt sofort der gleiche Verachtungsmechanismus in Aktion, auf daß wir ja nicht an unsere eigene Schwäche erinnert werden. Auch Menschen, die anders denken als ich und sich damit die unverschämte »Schwäche« erlauben, nicht nach meiner Pfeife zu tanzen, begegne ich leicht mit Verachtung. Die Verachtung dient als Peitsche für meine eigene Schwäche und als Geißel für die der anderen.

◇ *Ehrsucht.* Sie ist leider schon ein urchristliches Erbe, war sie doch ein häufiges Gesprächsthema unter Jesu Jüngern: »Und sie kamen nach Kapernaum, und als er im Hause war, fragte er sie: Was habt ihr unterwegs besprochen? Sie aber schwiegen, denn sie hatten sich auf dem Weg untereinander besprochen, wer der Größte sei« (Mk 9,33–34 – Elbf.). Ein Kapitel später beschreibt Markus, wie zwei der Jünger den Nerv haben, Jesus darum zu bitten, die Ehrenplätze neben ihm zu bekommen, worauf die anderen natürlich hell empört sind. Das Klettern nach Prestige und Ruhm, der Wunsch, der Gemeinde und den Kollegen zu imponieren, folgt allen christlichen Leitern wie eine geduldige Giftschlange auf den Fersen.

Zusammengenommen bilden diese vier Punkte die Grundstruktur der Sünde ab: daß ich selber Gottes Platz und Ehre einnehmen will. Und je mehr ein christlicher Leiter Gott Ehre und Macht stiehlt, um so verheerender die Folgen. Von allen Problemen des Berufschristen kann keines größer sein als dieses. Niemand von uns kann sich hier aus der Affäre ziehen und sagen: »Das betrifft mich nicht«, oder: »Ich sehe das zu schwarz mit meinen Problemen auf diesem Gebiet.« Der amerikanische Evangelist Charles Finney schrieb: »Nie hat ein Sünder seine Sünden so schlimm angesehen. Im Gegenteil, keiner macht sich einen Begriff von der Größe seiner Schuld, denn ich glaube, kein Mensch könnte den Anblick der ganzen Greulichkeit seiner Sünden ertragen. Gott hat seinen Geschöpfen in seinem Erbarmen den schrecklichsten aller Anblicke – das Menschenherz in seiner ganzen Abscheulichkeit – erspart.«[17]

Wie gehe ich nun damit um? Einige Klärungen helfen hier weiter. Zunächst einmal müssen wir lernen, zu unterscheiden zwischen *Urteil* und *Verachtung*. Gott verurteilt den Sünder, aber niemals verachtet er einen Menschen. Der Teufel dagegen, der nicht weiß, was Gerechtigkeit ist, kann nicht urteilen, sondern nur verachten. Ein Urteil basiert auf der Anerkennung der Würde und Verantwortung des Menschen und ist immer konkret. Es unterscheidet zwischen der Sünde und dem Sünder. Verachtung dagegen leugnet die Würde und Persönlichkeit des Menschen total. Sie übergießt mein ganzes Leben mit einem pechschwarzen »Nein« und unterscheidet nie zwischen der Sünde und dem Sünder. Ein Urteil eröffnet dem Verurteilten die Möglichkeit zu Buße und Befreiung; Verachtung führt in den Selbsthaß und in tote Bitterkeit.

Zu dem Ergebnis zu kommen, daß ich »ein total unbrauchbarer Pastor« oder »als Jugendleiter eine Niete« bin, hat also nichts mit Sündenerkenntnis zu tun. Sündenerkenntnis führt für gewöhnlich dazu, daß ich einen konkreten, scharf umrissenen Mißstand in meinem Leben sehe, den ich bekennen und von dem ich anschließend frei werden kann. Aber wie soll ich die totale Selbstverachtung bekennen und lassen? Nein, hier handelt es sich um Löcher im Selbstvertrauen, die andere Ursachen haben als meine Sünde und die Heilung brauchen. Mehr darüber weiter unten!

Wir berühren hier eine weitere wichtige Unterscheidung: die zwischen *wirklicher* und *eingebildeter* Schuld. Die Unterscheidung

74

ist heute, wo die Normen so fließend geworden sind und wir unsere Gewissenssignale nicht mehr so leicht deuten können, schwieriger als früher. Wie Fredrik Brosché vom Seelsorgezentrum Göteborg sagt: »Das große Problem heute ist nicht das angefochtene Gewissen, sondern das verwirrte Gewissen.« Nehmen wir nur die Frage: Tue ich genug für meine alten Eltern? Wann habe ich wirklich genug getan? Wann habe ich sie im Stich gelassen? Hier können die ausgesprochenen oder unausgesprochenen Forderungen von Menschen sich in einem empfindlichen Gewissen festhaken und uns in ein erstickendes Spinnennetz aus Schuldgefühlen einsperren, die mit der Wirklichkeit überhaupt nichts zu tun haben müssen. Sich von einem guten Seelsorger zeigen zu lassen, was wirkliche und was nur eingebildete Sünde ist, kann eine unerläßliche Hilfe sein, um aus dem grauen Eisnebel der Schuldgefühle herauszufinden. Ein wichtiger Unterscheidungstest ist, daß die Sündenvergebung bei nur eingebildeter Schuld nicht greift; die Selbstverachtung will nicht weggehen. Bekennt man dagegen eine wirkliche Sünde, fühlt man sich nach der Vergebung befreit.

Drittens ist es wichtig, zwischen *Reue* und *Gram* zu unterscheiden. Paulus drückt das so aus: »Jetzt freue ich mich, nicht weil ihr traurig geworden seid, sondern weil die Traurigkeit euch zur Sinnesänderung geführt hat. Denn es war eine gottgewollte Traurigkeit; so ist euch durch uns kein Nachteil erwachsen. Die gottgewollte Traurigkeit verursacht nämlich Sinnesänderung zum Heil, die nicht bereut zu werden braucht; die weltliche Traurigkeit aber führt zum Tod« (2. Kor 7,9.10 – Einh.). Dies ist ein ähnlicher Unterschied wie der zwischen Urteil und Verachtung. Reue ist eine Bearbeitung einer spezifischen Sache, die zutiefst schmerzen kann, bei der aber immer eine Tür hin zu Gottes neuschaffender Gnade offensteht. Gram dagegen ist ein endloses Hin- und Herwälzen des Unglücks, und die Tür zur Vergebung und Änderung ist mit dem Riegel der Bitterkeit verschlossen. Kurz nach seinem 73. Geburtstag vermerkte John Wesley in seinem Tagebuch, woher es kam, daß er immer noch so rüstig war. Er zählt verschiedene Dinge auf, zum Schluß dieses: »Darf ich zuletzt noch die Gleichmäßigkeit der Gemütsverfassung nennen? Ich habe auch Gefühle und empfinde

Schmerzen, aber durch Gottes Gnade zerquäle ich mich über nichts.«[18]

In den Evangelien gibt es ein unter die Haut gehendes Beispiel für diesen Unterschied. Nachdem Judas Jesus verraten hatte, kam er offenbar zur Besinnung; aber er gab sich keine Chance, Buße zu tun, sondern grämte sich buchstäblich zu Tode. Petrus hingegen zeigt die gewaltigen Möglichkeiten der Sündenerkenntnis. Er, der von Jesus erwählte Fels der Gemeinde, der immer der Aktive und Glaubensstarke unter den Jüngern gewesen war, hatte feige gekniffen, als man ihm ein paar unangenehme Fragen stellte. Nicht genug, daß Jesus in die Hände seiner Feinde gefallen war – jetzt löschte Petrus auch noch seine eigene kleine Flamme der Selbstachtung aus. Der sengende Schmerz in seiner Seele schneidet noch nach zwei Jahrtausenden wie ein Messer durch uns: »Und er ging hinaus und weinte bitterlich« (Mt 26,75).

Wir sehen diese Szene oft einäugig, als eine einzige große Katastrophe. Aber dem Gott, der die Toten auferweckt, mußte selbst diese Niederlage dazu dienen, sein Ziel mit Petrus zu erreichen. Die Bedeutung, die diese Erfahrung der eigenen Sünde für das weitere Leben des Petrus und sein Apostelamt haben sollte, kann man überhaupt nicht überschätzen. Jesus hatte dies schon vor seiner Verleugnung angedeutet: »Aber ich habe für dich gebetet, damit du den Glauben nicht verlierst. Wenn du dann zu mir zurückkehrst, so stärke den Glauben deiner Brüder!« (Lk 22,32 – Hoffnung für alle). Aber wie sollte er, der seinen Herrn verleugnet hatte, andere stärken können?

Ja, womit kann ein christlicher Leiter andere Menschen stärken? Sicher nicht mit seiner großen Supergeistlichkeit; dergleichen drückt nur nach unten. Das einzige, was einen Menschen tief drinnen stärken kann, ist Gottes Gnade. Und die kann nur jemand vermitteln, der selber seine bodenlose Bedürftigkeit eingesehen und in seinem Leben angenommen hat. Wer selber nie Barmherzigkeit erfahren hat, kann sie auch nicht an andere weitergeben. Und daher ist die Erkenntnis der eigenen Sündhaftigkeit nicht irgendein Randproblem des Leiteramtes, sondern trifft seinen Kern: Gott anderen Menschen vermitteln.

Und wie geht man nun also mit seiner Sünde um? Bei Petrus können wir nachlesen, wie das war, als er zu Jesus zurückkam. Aber wie geht dieses »Zurückkommen« bei uns, die wir doch keinen physischen Jesus haben, vor dem wir auf die Knie fallen können? Wie werden wir frei von einem Zwangsschema, das wir vielleicht gerade erst eingesehen haben oder – schlimmer – gegen das wir seit Jahren schon schmerzlich ankämpfen? Im Schweden der 70er Jahre war Björn Donobauer ein bekannter Evangelist, ein Mann von echtem Schrot und Korn, der großen Einfluß vor allem auf junge Christen ausübte. Dieser Einfluß fand ein jähes Ende, als seine Untreue seine Ehe und seinen Gemeindedienst zerbrach. Jahre später berichtete er in einem Interview:

»Sechzehn Jahre lang bat ich Gott, mir bei meinen Versuchungen und Problemen zu helfen. So kam es mir jedenfalls vor, ehrlich. Aber die Hilfe kam nicht . . . Und daß ich von außen, von meinen geistlichen Vätern, keine Hilfe bekam, das ist ja kein Wunder. Ich war ja der starke Einzelkämpfer, der nie seine Gefühle und sein Inneres hinausließ. Das einzige, was ich hinausließ, war meine Vision für Schweden. Was hatte ich nicht alles vor, für das ganze Land! Daß es dem Menschen Björn Donobauer dabei immer schlechter ging, das sagte ich niemandem. Nur ich selber wußte, daß ich es nicht schaffte, den hohen Idealen zu entsprechen, über die ich dauernd redete und schrieb.«[19]

Die Tragik in Björn Donobauers Geschichte müssen wir Gottes Barmherzigkeit überlassen. Aber kann Gott uns nicht gerade mit diesem Bekenntnis zeigen, daß die Sache mit der persönlichen Seelsorge absolut überlebenswichtig für jeden einzelnen christlichen Leiter ist? Es wäre zynisch und dumm, Seelsorge als Notnagel für schwere Sünden beiseite zu schieben. Es ist ja gerade jenes jahrelange sture »Ich schaffe es schon selber«, das den Zusammenbruch heraufbeschwört!

Der Apostel Jakobus zeigt den zeitlosen Weg für jeden Christen: »Bekennt also einander eure Sünden und betet füreinander, daß ihr gesund werdet« (Jak 5,16). Es gab Zeiten, da verstand man diesen Vers so, daß die einzelnen Gemeindeglieder ihre Sünde vor der versammelten Gemeinde bekennen sollten. Die Wunden, die dies geschlagen hat, brauche ich wohl nicht anzudeuten. Die Form dagegen, die sich die ganze Kirchengeschichte hindurch als wunderbar befreiend erwiesen hat, ist die, daß ich vor einem anderen erfahrenen Christen meine Sünden bekenne und aus seinem Mund das Wort der Vergebung entgegennehme. Man nennt das Beichte.

Ein kurzes Wort hier über die verschiedenen Traditionen beim Sündenbekenntnis. In den Freikirchen sind solche Traditionen äußerst schwach ausgeprägt, was unter anderem mit einer alten Abwehrreaktion gegen »Schema F«-Routinebeichten zusammenhängt. Man scheut hier oft davor zurück, ein eigenes Sündenbekenntnis zu formulieren, und das kann im Seelsorgegespräch Probleme schaffen. Anstatt konkret zu sagen: »Vor dir, o Gott, bekenne ich, daß . . .«, wählt man in den Freikirchen gerne den Weg des geringsten Schmerzes und sagt: »Danke, Jesus, daß du mir alle meine Sünden vergeben hast.« Aber erst wenn mein Bekenntnis konkret wird, wird auch die Vergebung konkret.

Ein entsprechendes Problem in den liturgischen Kirchen ist, daß man sich vor dem persönlichen Sündenbekenntnis drückt und nur das allgemeine Sündenbekenntnis im Gottesdienst anonym mitmurmelt. Dieses allgemeine Bekenntnis hat großen Wert und wird oft unterschätzt. Aber es war niemals als Ersatz für die Beichte im persönlichen Seelsorgegespräch gedacht.

Und da der Kampf mit der Sünde nie aufhört, kann die Beichte kein geistlicher Notfalldienst sein, sondern sollte regelmäßig stattfinden, mehrere Male im Jahr. Daß ich mir so bald wie möglich einen Seelsorger beschaffe, der mir durch solche Beichten regelmäßig in meinem geistlichen Wachstum hilft, ist zunächst einmal eine Überlebensstrategie für mich selber. Für den Christen, der andere geistlich zu führen hat, kommt noch das hinzu, was wir bei Petrus schon sahen: daß Seelsorger nur sein kann, wer selber für seine Seele sorgen läßt. Nur wer selber zum Seelsorger geht, kann erwarten, daß andere das auch tun. Nur wer selber mindestens einen Menschen hat, dem er sich öffnet, kann selber offen und echt vor den anderen sein.

Die düstere Wahrheit ist indessen, daß heute viele Berufschristen keinen eigenen Seelsorger haben. Der Ursachen sind viele: Man weiß nicht, an wen man sich wenden soll. Man hält es nicht für wichtig – oder erst, wenn man in einer groben Sünde oder schweren Glaubenskrise gelandet ist. Man wehrt sich gegen die Demütigung, hilfesuchend zu einem anderen Christen zu gehen. Man hat es ja einmal versucht, aber der Seelsorger nahm einen nicht ernst; vielleicht brach er sogar seine Schweigepflicht. Manchmal versucht man, der tieferen Seelsorge damit auszuweichen, daß man sagt: »Ich habe doch gute Freunde, mit denen ich reden kann.« Und das Sichaussprechen vor Freunden hat einen unschätzbaren Wert. Aber wenn es zu einem Vorwand dafür wird, die Probleme in seinem Leben nicht ernsthaft anzugehen, dann stimmt etwas nicht! Der erste Schritt ist, daß ich mir fest vornehme, diesen befreienden Weg zu gehen. Der zweite ist, daß ich Gott bitte, mir einen guten Seelsorger zu zeigen. Vielleicht liegt die Lösung näher, als ich glaubte. Vielleicht muß ich auch etwas warten oder eine längere Reise auf mich nehmen – etwas so Lebenswichtiges ist wohl etwas Mühe wert.

Dietrich Bonhoeffer hat in seinem Buch *Gemeinsames Leben,* das aus seinen Erfahrungen in der Pastorenausbildung der Bekennenden Kirche der 30er Jahre erwuchs, eine klassische Unterweisung über die Beichte gegeben. Er beschreibt unter anderem, wie wir uns vor der Beichte drücken, weil sie die Wurzel unserer Sünde, nämlich den Hochmut, anpackt: »Die Beichte vor dem Bruder ist tiefste Demütigung, sie tut weh, sie macht gering, sie schlägt den Hochmut furchtbar nieder. Vor dem Bruder als Sünder dazustehen, ist kaum zu ertragende Schmach. Im Bekenntnis konkreter Sünden stirbt der alte Mensch unter Schmerzen einen schmachvollen Tod vor den Augen des Bruders. Weil diese Demütigung so schwer ist, meinen wir immer wieder, der Beichte vor dem Bruder ausweichen zu können. Unsere Augen sind so verblendet, daß sie die Verheißung und die Herrlichkeit solcher Erniedrigung nicht mehr sehen.«[20]

Welche Verheißung? Welche Herrlichkeit? Das Unfaßbare: »Wenn wir aber unsre Sünden bekennen, so ist er treu und gerecht, daß er uns die Sünden vergibt und reinigt uns von aller Ungerechtigkeit« (1. Joh 1,9). Aber kann Gott das nicht auch, wenn ich allein zu ihm bete? Warum muß ich einen anderen Menschen da hineinziehen? Hier stellt Bonhoeffer uns eine Gegenfrage: Was für ein Gottesbild hast du eigentlich, wenn du lieber zu ihm, dem Heiligen, gehen willst als zu einem anderen Menschen, der auch nur ein Sünder ist? Könnte es sein, daß du nur ein Alibi brauchst, um weiter sündigen zu können – daß nämlich dein Sündenbekenntnis vor Gott in Wirklichkeit ein Bekenntnis vor dir selber ist und daß du dir selber vergibst? Bonhoeffer fährt fort: »Und haben nicht die unzähligen Rückfälle, hat nicht die Kraftlosigkeit unseres christlichen Gehorsams vielleicht eben darin ihren Grund, daß wir aus einer Selbstvergebung und nicht aus der wirklichen Vergebung unserer Sünde leben? Selbstvergebung kann niemals zum Bruch mit der Sünde führen, das kann nur das richtende und begnadigende Wort Gottes selbst. Wer schafft uns hier Gewißheit, daß wir es im Bekenntnis und in der Vergebung unserer Sünden nicht mit uns selbst zu tun haben, sondern mit dem lebendigen Gott? Diese Gewißheit schenkt uns Gott durch den Bruder. Der Bruder zerreißt den Kreis der Selbsttäuschung. Wer vor dem Bruder seine Sünden bekennt, der weiß, daß er hier nicht mehr bei sich selbst ist, der erfährt in der Wirklichkeit des Andern die Gegenwart Gottes.«[21]

Wir werden unsere Sünde also nicht dadurch los, daß wir uns selber vergeben, sondern nur durch Gottes Vergebung. Doch andererseits können wir Gottes Vergebung auch dadurch blockieren, daß wir uns *weigern,* uns selber zu vergeben. Wie Margarete Melin es ausdrückt: »Wer sich nicht selber vergeben kann, der blockiert den Kraftfluß zwischen seinem eigenen Herzen und Gottes Herz. Wer sich nicht selbst vergibt, kann nicht mit der Sünde brechen.«

Und ähnlich hat unser Entgegennehmen von Gottes Vergebung direkte Folgen für unser Vermögen, anderen zu vergeben. So wie die Sünde in uns sich oft in Verurteilungen und Anklagen gegen andere Luft macht, macht uns die Gnade, die wir empfangen haben, duldsamer und vergebensbereiter. Die Sünde meines Mitmenschen ruft jetzt nicht mehr nur meinen Zorn des Gerechten hervor, sondern auch die barmherzige Einsicht, daß ich ja zu der gleichen Sünde fähig bin. Dies ist der Grundstein der gegenseitigen Vergebung, die eine christliche Gemeinschaft so stark macht. Dies ist etwas anderes als jenes kokette Gemauschele, wo ich die Sünden des anderen willig unter seinen Teppich kehre, damit er nicht unter meinen schaut. Es ist auch etwas anderes als jene frommen Moralzirkel, wo man auf die kleinsten Fehltritte der anderen herabstößt wie der Habicht auf die Maus. Nein: Hier stehen alle unter dem gleichen Urteil, leben von derselben Gnade und teilen diese Gnade als Brüder und Schwestern.

Wo das Gift der Unversöhnlichkeit verschwunden ist, kommt eine Gemeinde geistlich zu Kräften. So war es Paulus äußerst wichtig, daß die Gemeinde in Korinth einem ihrer Glieder, das gesündigt hatte und zurechtgewiesen worden war, vergab: »Damit wir nicht vom Satan überlistet werden; wir kennen seine Absichten nur zu gut« (2. Kor 2,11 – Einh.). Und eine seiner Absichten ist, uns in unserer eigenen Sünde zu isolieren, so daß wir Gottes Gnade versäumen. Der Feind weiß genau, daß wir dann unversöhnlich gegeneinander werden und anfällig für alle mögliche Boshaftigkeit und üble Nachrede. Daher ist das Sündenbekenntnis niemals eine Niederlage im geistlichen Krieg, sondern ein triumphierendes Bekenntnis zu Christus dem Erlöser.

2. Verletzungen

Der zweite große Bereich ist wie ein Spiegel des ersten. Wir sind nicht nur selber Sünder, wir sind auch Opfer der Sünden anderer. Für unsere eigenen Sünden sind wir selber verantwortlich; hier werden wir erst frei, wenn wir unsere Schuld einsehen und bekennen und Vergebung empfangen. Aber wo es um die Wunden geht, die andere Menschen und schmerzliche Umstände uns zugefügt haben, geht der Weg zur Befreiung nicht über das Sündenbekenntnis, sondern über die innere Heilung.

Daß »die Zeit alle Wunden heilt«, ist ein gefährlicher Mythos, der schon oft als Vorwand herhalten mußte, seine Verletzungen nicht zu verarbeiten, sondern zu verdrängen, in der Hoffnung, daß sie mit der Zeit schon von alleine weggehen werden. Aber eine infizierte Wunde heilt nicht, sondern eitert vor sich hin und vergiftet meine Persönlichkeit, meine Wertungen, meine Beziehungen und meine Arbeit auf tausend Arten. Viele unserer grundlegenden Einstellungen und Handlungsweisen wurzeln in alten Verletzungen. Wie oft ist zum Beispiel die unter Berufschristen so häufige Arbeitssucht ein lebenslanger Versuch, meinen Eltern, Lehrern oder Schulkameraden zu beweisen, daß sie voll daneben lagen, als sie sagten: »Aus dir wird ja nie etwas.« Wie viele sexuelle Sünden wurzeln eigentlich in tiefen Kindheitsverletzungen, in einem Aufwachsen ohne Liebe und Zuwendung?

Es gibt also Zusammenhänge zwischen Sünden und Wunden, die oft übersehen werden. Es gibt eine *Ursache* dafür, daß wir sündigen, und das ist unsere eigene Sündhaftigkeit, aber auch die Sünden anderer Menschen, die uns verletzt haben. Diese dunklen Triebkräfte sind für jeden Menschen eine ernste Gefahr – noch viel mehr aber für den geistlichen Leiter, der ja Einfluß auf so viele andere Menschen hat. Wenn er Wunden hat, die unversorgt vor sich hin eitern, werden diese unweigerlich seine Arbeit infizieren. Ohne daß er es merkt, bestimmen sie sein Denken und Handeln. Die Schmerzen, die sie ihm bereiten, hindern ihn daran, Christus wirklich frei zu folgen, denn ständig ist er bemüht, sich vor noch mehr Schmerzen zu schützen.

Und gleichzeitig ist gerade für den »Berufschristen« die Versuchung groß, nicht nur vor seiner nicht bekannten Sünde, sondern auch vor seinen Verletzungen davonzulaufen und sie durch dies und das zu kompensieren. Es gibt tragische Beispiele dafür, wie christliche Leiter ihre Stellung dazu mißbrauchen, öffentlich ihre Verletzungen wiederzukäuen, anstatt den Weg der persönlichen Seelsorge und Heilung zu beschreiten, der allein Befreiung bringt. Es versteht sich von selbst, daß die Arbeit eines solchen geistlichen Führers Früchte mit bitterem Geschmack trägt. »An ihren Früchten sollt ihr sie erkennen. Kann man denn Trauben lesen von den Dornen oder Feigen von den Disteln?« (Mt 7,16)

Was also machen mit unseren Verletzungen? Genau wie bei unseren Sünden haben wir eine Wahl. Entweder wir versuchen angestrengt, unsere Wunden zu leugnen und zu verbergen. Oder aber wir stellen uns der Diagnose und holen unsere Wunden in Gottes Licht, damit er sie heilen kann. Wir tragen nicht die Verantwortung dafür, was andere Menschen uns angetan haben; das ist ihre Sache. Aber es ist unsere Sache, was wir mit den Wunden, die sie uns zugefügt haben, machen. Dies gilt doppelt für jemanden, der als geistlicher Leiter anderen Menschen Gottes Heilung vermitteln soll! Auch hier ist es wichtig, die Hilfe eines guten Seelsorgers in Anspruch zu nehmen, der, vom Geist der Wahrheit geführt, Gottes Licht in meine schmerzende Dunkelheit hineinleuchten läßt, so daß Gott mich heilen kann.

Zur persönlichen Selbstprüfung kann es hilfreich sein, sich einmal einige der gängigeren Verletzungen anzuschauen. Wie bei der Sünde, so kann auch hier niemand sich ausnehmen und sagen: »Das geht mich nichts an.« So durchsäuert ist unsere Welt von der Sünde, daß niemand von uns ohne Wunden durchs Leben kommt. Bei den einen sind die Wunden relativ leicht, bei den anderen bluten sie heftig, und um überhaupt fähig zu sein, unsere Schmerzpunkte bloßzulegen, müssen wir uns still und lauschend unter das warme, heilende Licht von Gottes Angesicht legen. Er ist wie ein guter Chirurg. Auch wo es weh tut, will er mir nichts Böses, sondern nur trösten und heilen. »Er heilt, die zerbrochenen Herzens sind, und verbindet ihre Wunden« (Ps 147,3). Und wenn ich zu ahnen beginne, daß die Wunden zusammenhängen und ein so komplexes Muster bilden, daß ich es gar nicht selber überblicken kann, dann ist es ein Trost, zu wissen, daß der Vater im Himmel weiß, wie alles zusammenhängt, und seinen Heiligen Geist weit über meine eigene Einsicht hinaus wirken läßt. Hier also einige der üblicheren Wunden:

◇ *Als Kind nicht geliebt.* Oder vielleicht liebten meine Eltern mich doch, aber sie konnten es nicht zeigen. Das einzige, was ich erlebte, waren Forderungen und Kritik, vielleicht noch verschärft dadurch, daß einer von meinen Geschwistern vorgezogen wurde. Diese Erfahrung, nicht wirklich erwünscht zu sein, nichts zu taugen, nicht geliebt zu sein, ist die schlimmste und fundamentalste Wunde, die ein Mensch mit sich ins Leben nehmen kann. Sie zerkratzt das Selbstwertgefühl wie kaum etwas anderes. Sie frißt ein Loch in meine Seele, durch das alles, was ich später an Wertschätzung und Zuneigung bekomme, glatt wieder hinausrinnt. Die Seele leckt. Ein solcher Mensch kann nie zufrieden werden, wie sehr seine Umgebung ihn auch aufzumuntern und zu trösten versucht. Solange diese Wunde nicht geheilt ist, saugt sie ständig von neuem die Liebe fort und hinterläßt ein nagendes Loch.

Und dieses Loch versuche ich auf tausend Arten zu füllen. Ich möchte hier nur die speziellen Versuchungen des christlichen Leiters ansprechen: daß er sein mangelndes Urselbstvertrauen durch einen unersättlichen Hunger danach kompensiert, im Mittelpunkt der allgemeinen Bewunderung oder – im schlimmsten Fall – Angst zu stehen. Dies kann sich auf zweierlei Art äußern: Entweder man wird zu einer Wetterfahne, die allen Konflikten, die einen seine Beliebtheit, diesen einzigen Lebensinhalt, kosten könnte, ängstlich aus dem Wege geht. Oder man wird autoritär und versucht krampfhaft, seine Umgebung zu einem hingegebenen Fanclub zu machen. Solange ich diesen Seelenschaden mit mir herumschleppe, ist es bestenfalls eine schöne Redensart, daß Gott mein Tröster ist; in der Praxis prallt seine Liebe ständig an meiner Grunderfahrung, verlassen zu sein, ab.

◇ *Ungesunder religiöser Hintergrund.* Hier gibt es so viele Varianten frommer Unterdrückung, wie es Traditionen und Kirchen gibt. Vielleicht bin ich in einer Religiosität der hochgepeitschten Gefühle aufgewachsen, wo bestimmte Erfahrungen ständig hochgelobt und als die Norm verkauft wurden und wo es gleichzeitig als Sünde galt, selbständig zu denken. Ich erlebte Gott als eine Art Zirkusdirektor, der mich zu akrobatischen Höchstleistungen anspornte, und nicht als Vater, der mich so liebt, wie ich bin. Ich lernte auch, Denken und geistliche Erfahrungen als Feinde zu betrachten, so daß ich schließlich rebellierte und bei der Theologie Schutz vor geistlichen Erfahrungen suchte.

Das andere Extrem ist natürlich ein Christentum des bloßen Intellekts und der klugen Lehrpredigten. Alles spielte sich auf einer hochtheoretischen Ebene ab, die die Gebildeten und Wohlartikulierten bevorzugte und über jegliche Gefühlsäußerungen und geistlichen Erlebnisse einen frostigen Deckel legte. Hier führte der Gegensatz zwischen Denken und Erfahrung mich in die umgekehrte Richtung: Ich sprang mit Haut und Haaren in Bewegungen hinein, die Atmosphäre und Erlebnisse versprachen, und betrachtete alles Studieren und vernünftige Überlegen als Blendwerk des Teufels. Dieses unglückselige Hin und Her hat im Laufe der Jahrhunderte schwere Verwüstungen in der Kirchenlandschaft angerichtet. Seine Wurzeln hat es im Leben einzelner geistlicher Leiter, deren mitgebrachte Wunden nie in Christus heilen konnten, sondern der Motor für bittere Überreaktionen, Distanzierungen und Parteibildungen wurden.

◇ *Schmerzliche Zusammenstöße im Dienst.* Ein junger Pastor hat oft hochgespannte Erwartungen in Richtung Veränderung und Erneuerung und glaubt nichts anderes, als daß alle freudig mitziehen werden. Diese Zuversicht kann bitter verletzt werden durch Menschen, die sich bedroht fühlen und mit wenig Feingefühl ihr Revier verteidigen. Das können Mitarbeiter und Gemeindeälteste sein oder ganz normale Gemeindeglieder. Die Wunden tun weh, und die natürliche Reaktion ist, sich um sie zusammenzuziehen, damit sie nicht noch mehr bluten und schmerzen. Können solche Wunden nicht durch die Salbe der Versöhnung ausheilen, führen sie zu einer Verbitterung, die weitere Visionen nicht mehr gedeihen läßt und die Mitmenschen auf Distanz hält. Die Wunden können einem auch durch Vorgesetzte in der Kirche zugefügt werden oder durch Kollegen in der gleichen oder in anderen Gemeinden. Intrigen, üble Nachrede, Übergehen bei Stellenbesetzungen, Kritik an der Arbeit, Hinterfragen der Motive usw. können tief verletzen.

Wie immer verletzt dabei das bloß Angedeutete oder Unausgesprochene mehr als das, was einem offen gesagt wird. Stellt ein Leiter sich – bewußt oder unbewußt – als Respektsperson dar, erhöht sich das Risiko der Nadelstiche von hinten noch. Hier schafft das Leiteramt eine Kluft zwischen dem äußeren Image des Robusten, der unbegrenzt Kritik verträgt, und der persönlichen Empfindlichkeit, die jeden Leiter genauso verwundbar macht wie alle anderen Menschen. Und wo man Dienste oder Gemeinden ohne die nötige Versöhnung und Heilung verläßt und sich womöglich neuen Aufgaben zuwendet in der Hoffnung, daß sie die erlittenen Wunden wenn nicht heilen, so doch kaschieren werden, da kann das Ergebnis nur ein kraft- und lebloser Dienst sein.

◇ »*Von Gott verwundet.*« Dies sind Wunden, die man nicht auf das Handeln eines anderen Menschen zurückführen kann, sondern die direkt von dem zu kommen scheinen, der unser Leben lenkt: »Ich habe so lange und mit solchem Glauben um die Heilung meiner Mutter gebetet, aber sie ist an ihrem Krebs gestorben.« – »Ich hatte solche Erweckungsvisionen für diese Gemeinde und habe alles darangesetzt, sie zu verwirklichen, aber nichts ist es geworden, alles ist zerronnen wie Wassertropfen im Wüstensand.« Der Schmerz ist brennend: Gott, warum? Wie konntest du mich so im Stich lassen? Aber einen anderen Schuldigen als Gott kann ich beim besten Willen nicht ausmachen, und so steht er für die tiefste Wunde in meinem Leben.

Dies ist schon für einen normalen Menschen tragisch genug. Für einen christlichen Leiter, der sich von seinem Auftraggeber so schmählich behandelt fühlt, ist es noch unerträglicher und führt, wo nicht zu einer massiven Glaubenskrise, bei der ich Gott schließlich absage, so doch oft zu einer Vertrauenskrise, die es mir immer schwerer macht, Gottes Nähe zu suchen. Wie soll man denn Trost suchen bei jemandem, der einen so behandelt hat? Noch nicht einmal auf Gott ist Verlaß. Ich fühle mich mutterseelenallein, verraten und verlassen. Wo aber meine Seelenwurzeln nicht mehr offenliegen für Gottes Lebenswasser, dauert es nicht lange, und der Baum vertrocknet. Ich schraube meinen Glauben und Dienst auf ein so niedriges Niveau herunter, daß ich garantiert nie mehr enttäuscht werden kann. Ich flüchte mich vielleicht in eine Theologie, die ein vages, abstraktes Gottesbild hat – einen Philosophengott, von dem man nichts erwartet und der einen daher auch nicht enttäuschen kann.

Für keine dieser Wunden und für nichts, womit wir sonst kämpfen mögen, ist Gottes Barmherzigkeit und Heilungskraft zu klein. Ich und unzählige andere haben es erfahren: Die innere Heilung durch Christus eröffnet Möglichkeiten, die unendlich weiter und tiefer gehen als alle Therapiegespräche der Welt. Sicher ist es nötig, einen Begriff davon zu bekommen, wo die Knoten in meinem Leben liegen, und schon in dieser Einsicht und in dem bloßen Gespräch über meine Verletzungen liegt etwas Heilendes. Aber dann die Schleusentore der Fürbitte öffnen dürfen für einen Gnadenstrom jenseits aller Worte und Erklärungen – das gibt mir eine Erfahrung von Gottes Heilungskraft, die nicht nur meine eigenen Wunden versorgt, sondern mich auch ausrüstet, anderen besser zu dienen.

Hier berühren wir das gleiche Geheimnis des Kreuzes wie bei der Sündenvergebung. Unser Vermögen, Vergebung und Heilung zu vermitteln, steht in direktem Verhältnis dazu, wie sehr wir unser eigenes Leben für diese Erfahrung geöffnet haben. Ein Mensch, der nie seine Maske abgenommen, der nie seine Wunden zugegeben und sie in Gottes heilendes Licht gelegt hat, kann andere Verletzte weder verstehen noch ihnen helfen. Und umgekehrt gibt es keine Grenzen und Schranken für den göttlichen Barmherzigkeitsstrom, der sich uns durch die Menschen öffnet, die ihre eigenen Wunden Gott zur Heilung hingehalten haben. Dies ist ein Mysterium, das den innersten Kern des Christentums berührt: unsere Verbundenheit mit dem gekreuzigten Christus, der »um unsrer Missetat willen verwundet und um unsrer Sünden willen zerschlagen« ist. »Die Strafe liegt auf ihm, auf daß wir Frieden hätten, und durch seine Wunden sind wir geheilt« (Jes 53,5).

Die einzige wirkliche Bedingung dafür, daß Gottes Heilungsprozeß in meinem Leben beginnen und weitergehen kann, ist, daß ich bereit bin, denen zu vergeben, die mich verletzt haben. Aber diese Bedingung ist absolut. Wenn ich nicht bereit bin, zu vergeben – und sei es mit jenem kleinen Funken an gutem Willen, daß ich »vergeben wollen will« –, bleibt die Tür zur Heilung verschlossen. Der bittere Stachel bleibt stecken, die Wunde eitert weiter, wie sehr ich auch versuchen mag, sie auf andere Weise zu reinigen. Aber sobald ich Gott meinen Willen, zu vergeben, hinlege, nimmt er ihn sofort entgegen und beginnt mit seinem Heilungswerk. Zuweilen kann es nötig sein, daß ich mich direkt an den betreffenden Menschen wende, damit die Versöhnung von Grund auf geschieht. Ist dies aus irgendeinem Grund nicht möglich, kann ich statt dessen vor einem Seelsorger Gott sagen, daß ich bereit bin, zu vergeben.

Ich sagte oben, daß es ein gefährlicher Irrtum ist, daß die Zeit alle Wunden heilt und daß eine infizierte Wunde niemals von allein heilt. Erst wenn Gott die Wunde von Bitterkeit und anderen Bakterien geheilt hat, kann die eigentliche Heilung beginnen. Sie kann lange dauern. Daß manchmal eine längere »Trauerarbeit« nötig ist, kann für jemanden, der sich fragt, warum der Schmerz nicht beim ersten Gebet verschwunden ist, durchaus eine frohe Botschaft sein. Es gibt auch bei den Krankenheilungen Jesu Beispiele für Heilungen, die allmählich, Schritt für Schritt, geschahen – so bei dem Blinden in Betsaida (Mk 8,22–26). Unser Beitrag zum Heilungsprozeß besteht darin, daß wir unsere Wunden durch täglich neues Vergeben rein halten und sie nicht aufreißen, wenn sie verschorfen. Gottes Werk ist, die Wunden mit seiner Heilungskraft anzurühren, über all unser eigenes Vermögen hinaus.

3. Bindungen

Den dritten großen Bereich, der meine Christusnachfolge behindert, nennt man Bindungen. Es handelt sich hier nicht um Sünden, die man bekennen kann, auch nicht um Wunden, die heilen können, sondern um unsichtbare »Fäden« zu Personen und Faktoren, die mich fesseln und daran hindern, das zu tun, was ich eigentlich will. Und wie bei den Sünden und Wunden, so können wir auch mit diesen unsichtbaren Bindungen jahrelang kämpfen, ohne von ihnen loszukommen.

Bei den Bindungen ist dieser Kampf vielleicht sogar am allerschwersten. Sie sind ja so unsichtbar und unbewußt, daß ich gar nicht merke, wie sie mich beeinflussen. Sie sind durch oft sehr komplexe Ursachen so eng mit meinem Leben verwachsen, daß ich sie gar nicht mehr als Fremdkörper empfinde. Sie gehören zu mir; es würde mir etwas fehlen, wenn ich sie nicht hätte.

Sie haben zwei Gesichter, die Bindungen. Es ist ähnlich wie bei dem Verhältnis des mittelalterlichen Untertanen zu seinem Feudalherren: einerseits ein Stück Schutz und Geborgenheit, andererseits ständige Knechtschaft. Es handelt sich nicht um eine freiwillige Zusammenarbeit, sondern um eine Gefangenschaft, aus der ich nicht ausbrechen kann. So ist die Haßliebe oft typisch für die Bindung:

hemmungslose, unkritische Bewunderung und dann gleich wieder blind drauflohackende Kritik. Das Hin und Her zwischen diesen Polen kann heftig sein, was den springenden Punkt nur verstärkt: Ich sitze hoffnungslos fest. Verschiedene Seiten meiner Persönlichkeit werden in Mitleidenschaft gezogen: Mein Denken ist ein ständiges Kreisen und Wiederkäuen, das mich auf der Stelle treten läßt. Mein Wille wird auf ein paar hoffnungslos begrenzte Alternativen zurechtgestutzt, die keine eigentlichen Veränderungen zulassen. Meine Gefühle verengen sich auf einige ausgeleierte Muster zwischen Anhänglichkeit und aggressivem Aufbegehren. Die Erinnerung verdunkelt sich, so daß ich die Freiheit, die ich vielleicht vor meiner Bindung hatte, nicht mehr sehen kann.

Daß dergleichen auf jedes geistliche Führen lähmend wirkt, versteht sich von selbst. Wer nicht Hilfe für seine eigenen Sünden gefunden hat, kann anderen Sündern nicht helfen. Wer nicht Heilung seiner eigenen Wunden bekommen hat, kann anderen nicht zur Heilung helfen. Und wer selber in Bindungen festsitzt, kann andere nicht in die Freiheit führen. Auch hier geht der Weg der Gnade durch das persönliche Gespräch mit einem Seelsorger, der mir hilft, mich dem Geist der Wahrheit zu öffnen. Nirgends wenn nicht hier gilt, daß nur die Wahrheit mich frei machen kann. Der eine Mythos und die eine Lebenslüge nach der anderen muß fallen, damit ich frei werden kann. Hier einige gängigere Arten von Bindungen:

◇ *Eltern.* Wohl die häufigste und fundamentalste aller Bindungen. Anstatt ihre Kinder loszulassen und als selbständige Menschen ihren eigenen Weg gehen zu lassen, binden viele Eltern ihre Kinder aus unterschiedlichen Gründen an sich, oft noch lange, nachdem sie das Elternhaus verlassen haben. Es gibt erschütternde Beispiele dafür, wie Menschen bis ins Alter hinein von Mama und/oder Papa gegängelt werden und kein einziges Mal ihr Leben selber gestalten können. Die Methoden sind ebenso raffiniert wie vielfältig und bewegen sich zwischen den klassischen Extremen der nackten Dominanz (»Du tust, was ich dir sage«) und des weinerlichen Selbstmitleids (»Du kümmerst dich nicht um deine eigene Mutter«). Wirkt der eine Zügel nicht, zieht man flugs am anderen. Alles kann dem elterlichen Diktat unterliegen, von der Schlipsfarbe bis zur Wahl von Lebenspartner, Wohnort und Beruf. Welche Fesseln dies einem christlichen Leiter anlegt, kann man sich leicht ausmalen!

◇ *Ehepartner.* Wo eine Ehe nicht wirklich freiwillig geschlossen wurde und sich nie zu einem Bund zweier selbständiger Individuen entwickeln konnte, sondern von einem ungesunden Abhängigkeitsverhältnis geprägt ist, entstehen Bindungen in beiden Richtungen. In unterschiedlichem Gewand kommt es zu einem Sichfestklammern: Partner A »braucht« ständig Partner B, während B permanent die Rolle des »Kindermädchens« für A spielt. Das klassische Pantoffelheldsyndrom hat viele Varianten und kümmert sich nicht viel um die Geschlechterrollen. Dabei ist der dominierende Partner im Grunde genauso unfrei wie der dominierte. Die beiden bauen sich ein gegenseitiges Gefängnis, aus dem es kein Entrinnen gibt. Dergleichen verkrüppelt nicht nur unweigerlich die Persönlichkeit der Betroffenen, es beschneidet auch kräftig ihr Vermögen, außerhalb des trauten Heims kreativ und befreiend zu wirken. Das ganze Leben verläuft in der penibel abgezirkelten Bahn der »Vereinbarkeit mit der ehelichen Harmonie«. Der Egoismus, der in dieser Struktur gedeiht, versteckt sich gerne unter Schuldzuweisungen vom Typ »Was habe ich nicht alles für dich getan«.

◇ *Geistliche Vorbilder.* Der Bedarf an guten geistlichen Vorbildern ist gigantisch, und oft müssen wir mit dem Vorlieb nehmen, was wir finden. Dies kann den ichschwachen christlichen Leiter in eine unwiderstehliche Versuchung führen, »Jünger« an sich zu binden, die ganz von ihrem geistlichen Vater / ihrer geistlichen Mutter abhängig werden. Während ein guter geistlicher Führer seine Schüler immer zur Selbständigkeit hin erzieht, wird hier dem »Jünger« das Reifen verwehrt. Das Vorbild bindet ihn, bewußt oder unbewußt, mit unsichtbaren Fäden an sich: Wenn du mir deine ständige Bewunderung und Gehorsam gibst, leihe ich dir meinen Glanz und Status. Die Schuld an einer solchen Bindung kann primär beim Vorbild liegen, aber auch beim Jünger. Manchmal beruht sie weniger auf dem Bedürfnis des Vorbilds, Jasager um sich zu scharen, als vielmehr auf der Angst des Jüngers davor, ein erwachsener Mensch mit eigener Identität zu werden.

◇ *Geistliche Heimat.* Es ist eine Sache, ein geistliches Zuhause zu haben, wo man mit offenen Augen dient, die sowohl den Schatz als auch den Mangel sehen. Es ist eine andere Sache, diesem Zuhause »Besitzrechte« auf meine Persönlichkeit und meinen Dienst zuzugestehen. Auch hier beruht die Bindung auf einer schwer identifizierbaren Wechselwirkung zwischen Ansprüchen und Schuldgefühlen: Ich muß ja nun wirklich dankbar sein für all das, was mir in dieser Gemeinde/Gruppe/Bewegung gegeben wurde; dann ist es doch wohl nur recht und billig, daß ich mit meinem lebenslangen, loyalen Dienst antworte . . . Meine innere wie äußere Bewegungsfreiheit wird an ein Lehr- und Verhaltensmuster gekettet, das sorgsam darauf ausgerichtet ist, ja nicht die »Balance« und »Zusammengehörigkeit« zu stören. (Man beachte, daß diese Art Bindung in ganz unterschiedlichen Strukturen vorkommt; sie ist in »freien« Gruppen und Bewegungen nicht weniger häufig als in den »etablierten« Kirchen.)

◇ »*Die Arbeit.*« So merkwürdig ist unsere Welt, daß etwas, das wir mit den besten Absichten schufen und das lange Zeit hindurch Großes ausrichtete, mit der Zeit ein Eigenleben bekommen kann, das es weit über seine ursprünglichen Ziele hinaus verewigt. Dieses Phänomen findet man in allen organisierten Formen menschlicher Tätigkeit, und die christliche Gemeinde ist – leider – keine Ausnahme. Wohl jeder einsichtige Politiker kann von gewissen Beschlüssen berichten, die »sich von selber fassen«, die wie ein herrenloses Auto daherrollen und für die sich eigentlich niemand zuständig fühlt. Dergleichen Strukturen sind nicht ungewöhnlich in der Gemeinde und können Mitarbeiter, die die Gemeinde voranbringen wollen, massiv binden. Ein Knäuel aus Forderungen und Schuldgefühlen, Dankbarkeit und Kritik usw., das uns aus den anderen Bindungen bereits wohlbekannt ist, hindert die Leiter daran, wirklich das zu tun, was ihrer inneren Sehnsucht und den faktischen Bedürfnissen der Menschen entspricht.

Man könnte hier noch weitere Bindungen aufzählen, z.B. politische Parteien und ökonomische Loyalitäten, aber die Beispiele dürften das Schema, um das es hier geht, hinreichend angedeutet haben. Man beachte dabei, daß die Befreiung aus diesen Bindungen keineswegs bedeuten muß, daß man aus der infizierten Beziehung ausbrechen muß. Viele haben sich übereilt in Scheidungen, Gemeindeaustritte usw. gestürzt, weil sie aus der Schädlichkeit der Bindung auf die Schädlichkeit der ganzen Beziehung schlossen. Von einer Bindung frei werden bedeutet nicht, von der entsprechenden Beziehung frei zu werden, sondern von dem, was die Beziehung *behindert!* Die Bindung vergiftet ja die Beziehung, so daß sie sich nicht auf gesunde, kreative Art entwickeln kann. Erst wenn die Bindung weicht, können die Menschen aufstehen und Strukturen schaffen, die das Leben befreien und fördern, anstatt es zu binden und zu ersticken. Oft bedeutet ein Ausbrechen aus der ehelichen oder gemeindlichen Beziehung nur, daß ich das alte Bindungsmuster aus der alten in eine neue Beziehung hineintransportiere.

Wie kappen wir nun diese Seile, die uns binden? Hier ist es wichtig, alle drei Bereiche, die wir angesprochen haben – Sünden, Verletzungen, Bindungen –, zusammen zu sehen. Sie sind eng miteinander verwandt und müssen gemeinsam bearbeitet werden. Vergebung, Heilung und Befreiung setzen einander voraus. Erst wenn ich meine Sünde und meine eigene Verantwortung für meine Probleme bekannt habe, kann ich Vergebung und Heilung empfangen. Erst wenn ich den festen Boden der Heilung und der gesunden Stillung meines inneren Hungers unter den Füßen zu spüren beginne, kann ich anfangen, die Bindungen zu sehen und zu kappen, die bisher die Leere in meinem Inneren ausfüllen wollten. Im seelsorgerlichen Gespräch können wir auch diese Einsichten in die direkte Fürbitte einmünden lassen, so daß Gottes Wort, das schärfer ist als ein zweischneidiges Schwert (Hebr 4,12), die unsichtbaren Seile durchtrennen kann. Die Erfahrung lehrt uns, niemals die befreiende Kraft des Evangeliums zu unterschätzen, bis in die kompliziertesten psychologischen Verwicklungen hinein. »Wenn euch der Sohn frei macht, so seid ihr wirklich frei« (Joh 8,36).

Ich möchte zusammenfassen: Wenn unsere Berufung ein Ruf hin zu Gott ist, dann geht es bei dieser inneren Arbeit in höchstem Grad um unseren Gehorsam zu unserer Berufung. Die Berufung ist ein lebenslanger Heilungsprozeß. Es geht darum, daß ich den Geist der Wahrheit all das, was meine Nachfolge behindern will, bloßlegen lasse. Es geht darum, daß ich Jesus meinen Erlöser sein lasse, der mir persönlich vergibt, mich heilt und mich befreit. Und es geht darum, immer tiefer den Vater kennenzulernen, der nicht nur »in der Höhe und im Heiligtum« wohnt, sondern auch »bei denen, die zerschlagen und demütigen Geistes sind« (Jes 57,15).

Die Hauptaufgabe

Petrus war wieder zurück. Es war alles wie früher: die tausend Sonnenspiegel auf dem Wasser, die einen blinzeln ließen, der gleichmäßige Schlag der Ruder. Nur die Wortkargheit des Petrus läßt uns ahnen, daß eine ganze Welt zusammengebrochen ist: »Ich will fischen gehen« (Joh 21,3).

Und dann kommt die Wiederholung der Berufung. Die gleiche Szene wie beim ersten Mal. Nichts gefangen. Jesus am Strand, der den Jüngern sagt, wo sie das Netz auswerfen sollen. Das Netz will bersten vor Fischen. Aber dann kommt der Unterschied zum ersten Mal. Damals hatte Petrus sich Jesus vor die Füße geworfen und sich einen Sünder *genannt*. Jetzt *weiß* er aus bitterer Erfahrung, daß er einer ist. Das Kohlenfeuer am Strand beißt in sein Gedächtnis. Er sieht zur Seite. Wie hat Jesus so einen wie mich jemals berufen können? Und in dieser Situation, wo sämtliche supergeistlichen Ambitionen und glänzenden Führungsträume für Petrus zu Asche geworden sind, kommt es zu folgendem Gespräch:

»Als sie nun das Mahl gehalten hatten, spricht Jesus zu Simon Petrus: Simon, Sohn des Johannes, hast du mich lieber, als mich diese haben? Er spricht zu ihm: Ja, Herr, du weißt, daß ich dich liebhabe. Spricht Jesus zu ihm: Weide meine Lämmer! Spricht er zum zweiten Mal zu ihm: Simon, Sohn des Johannes, hast du mich lieb? Er spricht zu ihm: Ja, Herr, du weißt, daß ich dich liebhabe. Spricht Jesus zu ihm: Weide meine Schafe! Spricht er zum dritten Mal zu ihm: Simon, Sohn des Johannes, hast du mich lieb? Petrus wurde traurig, weil er zum dritten Mal zu ihm sagte: Hast du mich lieb?, und sprach zu ihm: Herr, du weißt alle Dinge, du weißt, daß ich dich liebhabe. Spricht Jesus zu ihm: Weide meine Schafe!« (Joh 21,15–17)

Daß Jesus so ausdrücklich bekräftigt, daß Petrus nach wie vor eine geistliche Führungsverantwortung hat, muß für Zeit und Ewigkeit unsere sämtlichen Vorstellungen, daß das geistliche Leiten auf unserer Tüchtigkeit beruht, zunichte machen. Jesus fragt nicht nach Petrus' Qualifikationen oder nach seinen Zukunftsvisionen. Statt dessen stellt er die Frage aller Fragen für den christlichen Leiter: »Hast du mich lieb?« Und in dieser Situation ist es Petrus nicht mehr möglich, Dinge zu behaupten, für die er keine Deckung hat. Er kann nur bekräftigen, was Jesus schon weiß: Daß er Jesus tiefer liebt als je. Und als Jesus schließlich die Berufungsworte »Folge mir nach!« wiederholt, da begreift Petrus, wie alles zusammenhängt: *Das ist ja das, wozu ich berufen bin!*

Nie und nirgends kann für einen leitenden Christen etwas wichtiger sein, als Jesus zu lieben. Alles andere ist dieser Liebe untergeordnet und eine Frucht von ihr. In dieser Liebesbeziehung zu Jesus finden wir den Schlüssel zu der Führungsrolle des Petrus in der Urgemeinde. Er durfte den Zusammenhang, den Jesus ihm dort am Seeufer gezeigt hatte, praktizieren: den Zusammenhang zwischen seiner Liebe zum Meister und seinem Vermögen, andere zu führen. Aus diesem Liebesverhältnis bezog er die Weide für kleine Lämmer, reife Mutterschafe und störrische Böcke. Weder eine Schafherde noch eine christliche Gemeinde kann von Prinzipien, Idealen und Theorien leben. Um leben zu können, braucht man frische Speise. Und diese Speise, dieses verborgene Manna, bekommen wir nur von Jesus, in einer persönlichen Liebesbeziehung zu ihm. Wer diese Liebe selber nicht erfahren hat, der kann anderen nur Steine statt Brot geben.

Aber wir dürfen diese Liebe auch nicht entgegennehmen, *damit* wir anderen Nahrung geben, *damit* wir gute Leiter werden usw. Solches Nützlichkeitsdenken ist dem Wesen der Liebe fremd. Liebe bleibt bei dem Geliebten, kreist ständig um ihn, ohne sich darum zu bekümmern, »wohin das führt« oder »wofür das gut ist«. *Der Geliebte selber* ist das Ziel meiner Berufung.

Und hier sehen wir wieder, daß die Berufung eines Leiters eigentlich nichts anderes ist als die Berufung jedes normalen Christen. Es ist nicht die *Art* der Berufung, die einem Menschen ein Leiteramt für seine Umgebung gibt, es ist die *Tiefe* seiner Berufung. Genauso wie ein geistlicher Leiter sich von anderen Sündern durch sein tieferes Sündenbewußtsein unterscheidet, so unterscheidet er sich von anderen, die Jesus lieben, nur durch die größere Tiefe seiner Liebe. Wir ahnen hier auch etwas von dem verborgenen Leiteramt, das Gottes treue, stille Beter auf der Erde ausüben.

Gottes Berufung gilt für alle. Ein Leitungsamt bedeutet lediglich, daß man einen oder mehrere Schritte weiter in diese Berufung hineingegangen ist, so daß man anderen den Weg zeigen kann. Und mitten in dem Getöse von Prioritäten und Aktivitäten und Diskussionen und Strömungen muß sich zeigen, ob der Leiter darum weiß, was das Wichtigste ist:

»Und es trat zu ihm einer von den Schriftgelehrten, der ihnen zugehört hatte, wie sie miteinander stritten. Und als er sah, daß er ihnen gut geantwortet hatte, fragte er ihn: Welches ist das höchste Gebot von allen? Jesus aber antwortete ihm: Das höchste Gebot ist das: ›Höre, Israel, der Herr, unser Gott, ist der Herr allein, und du sollst den Herrn, deinen Gott, lieben von ganzem Herzen, von ganzer Seele, von ganzem Gemüt und von allen deinen Kräften!‹« (Mk 12,28–30). Hier zeigt Jesus, daß die Berufung im Alten wie im Neuen Bund eigentlich die gleiche ist: Gott lieben. Und nachdem er zweitens das Gebot der Nächstenliebe zitiert hat, zieht er die Folgerung: »In diesen beiden Geboten hängt das ganze Gesetz und die Propheten« (Mt 22,40).

Also wieder die gleiche Reihenfolge wie dort bei Petrus am Seeufer. Aus der Liebe zu Gott folgt alles andere: Bekenntnis, Ethik, Lebensstil, Beziehungen, Ökonomie, Arbeit, Mission, Politik, Kunst usw. Wo die Liebe zu Gott nicht mehr da ist, wird alles zu einem religiösen Kartenhaus, das bald einstürzt. Oder noch schlimmer: zu einem Kalkpanzer steinharter Prinzipien, der alles Leben erstickt und zum Schluß als leeres Denkmal menschlichen Ehrgeizes dasteht.

Aber ist dies nicht eine gefährliche Verinnerlichung unserer Verantwortung in der Welt? Verlangt die heutige Gesellschaft mit ihren gigantischen Problemen nicht eine realistischere Haltung, wo das Handeln höchste Priorität hat? Bedeutet eine solche an und für sich ja lobenswerte Spiritualität nicht, daß die Menschen der Wirklichkeit den Rücken zukehren, um ein religiöses Rosenbeet im Hinterhof des Lebens zu pflegen? Muß eine christliche Botschaft sich nicht offensiv an die Welt wenden und ausbrechen aus dem rein Geistlichen, das schon viel zu lange das Ghetto der Kirche war?

Dieser Einwand beruht auf mindestens zwei ernsten Mißverständnissen. Teils setzt er ein Gleichheitszeichen zwischen einer in sich gekehrten Kirchenfrömmigkeit und der Liebe zu Jesus, was einfach nicht stimmt. Die Nabelschau der Kirche rührt eher daher, daß Christen ihre persönliche Sicherheit vor die Liebe zu Jesus gesetzt haben. Und zum anderen beruht er auf einem äußerst verkümmerten Christusbild. Christus ist ja eben nicht ein Anhängsel am Rande des Lebens, er ist der eine Punkt im Universum, wo das ganze Leben zusammenhängt. Ihn suchen bedeutet, daß ich meine eigenen kümmerlichen Versuche, das Dasein zu heilen, aufgebe, um durch die Gemeinschaft mit ihm in ein Heilwerden und eine Ganzheit geführt zu werden, die sich über alle Dimensionen des Daseins erstrecken. Im Kolosserbrief sprengt Paulus unsere fromme Idylle mit einem schier schwindelerregenden Christusporträt: »Denn in ihm ist alles geschaffen, was im Himmel und auf Erden ist, das Sichtbare und das Unsichtbare, es seien Throne oder Herrschaften oder Mächte oder Gewalten; es ist alles durch ihn und zu ihm geschaffen. Und er ist vor allem, und es besteht alles in ihm« (Kol 1,16–17). Christus ist der, »in welchem verborgen liegen alle Schätze der Weisheit und der Erkenntnis« (Kol 2,3). »Denn in ihm wohnt die ganze Fülle der Gottheit leibhaftig, und an dieser Fülle habt ihr teil in ihm, der das Haupt aller Mächte und Gewalten ist« (Kol 2,9–10).

Jede Behauptung, daß eine tiefere Liebe zu Jesus Realitätsflucht sei, ist also eine Verleugnung des Christus, den die Bibel bezeugt. Näher zu Christus kommen bedeutet nicht, daß ich mich von der Wirklichkeit entferne, sondern gerade umgekehrt: daß ich mich aufmache zum Lichtfeuer ihrer Mitte, wo das Herz schlägt, das einst am Kreuz brach, um die Welt mit Gott zu versöhnen. Wie könnte irgend etwas wichtiger sein, als daß ich meine ganze Aufmerksamkeit und Liebe auf Christus richte?

Und doch ist die Kirchengeschichte ein jämmerlicher Katalog aller möglichen anderen Prioritäten. Schon im Neuen Testament treffen wir dieses kaum auszurottende Unkraut des Machthungers, Intrigenspiels und Karrieredenkens, der Revierverteidigung und der Gier an, das zweitausend Jahre hindurch immer wieder versucht hat, die Führer der Kirche ihrer Berufung zu entfremden. In den ersten paar Jahrhunderten wurden diese Tendenzen noch von der römischen Kultur in Schach gehalten, die die Christen oft in die Katakomben zwang und keine größeren Machthierarchien unter ihnen zuließ. Doch als im 4. Jahrhundert die konstantinische Wende dem Christentum den Status einer anerkannten Religion, kurz darauf gar der Staatsreligion bescherte, war der Machthunger bald nicht mehr zu bremsen. Aus den ehemals Verfolgten wurden selber Verfolger. Kirchliche Ämter wurden begehrte Beute für die Reichen und Gebildeten, und die Folgen dieser neuen Art der Kirchenführung ließen nicht lange auf sich warten. Aus der bluterfüllten Märtyrerkirche wurde ein glänzender Marmorpalast.

Der Protest gegen diese Entwicklung war es, der im 4. und 5. Jahrhundert Männer und Frauen aus den Städten in die Einsamkeit der Wüste aufbrechen ließ. Sie fanden es unvereinbar mit dem Ruf zur Gottesliebe, mitansehen zu müssen, wie weltlicher Ehrgeiz die Leiter der Kirche anfraß und verdarb und damit das Leben der ganzen Gemeinde befleckte. Die »Wüstenväter« sahen sich vor die Wahl gestellt zwischen Führerschaft und Treue zur Berufung, und ihre Wahl war klar. »Der Mönch fliehe Weiber und Bischöfe«, schrieb einer der frühen Verfasser von Schriften über das innere Leben, Kassianos.[22] Die Ansicht, daß Frauen grundsätzlich schädlich für das geistliche Leben seien, müssen wir der platonischen Philosophie zuschreiben, die damals großen Einfluß auf die Kirche hatte. Aber daß das Innehaben einer kirchlichen Machtposition ein Risiko für die Ausübung der Berufung Christi bedeutet, kann nur ein Heuchler verneinen. Jedes Kind kann sich ausrechnen, daß eine gefährliche Spannung besteht zwischen dem Ruf, Gott über alles zu lieben, und einer öffentlichen Rolle, die zu Macht und eigener Ehre einlädt.

Es liegt eine zeitlose Logik in dem zuweilen erbitterten Konflikt zwischen den Wüstenvätern und der offiziellen Kirchenführung. Der Konflikt wurde nicht geringer dadurch, daß diese Einsiedler denn auch schon bald die eigentlichen geistlichen Führer der Kirche wurden, zu denen Tausende von Menschen aus dem ganzen Mittelmeerraum strömten, um innere Wegweisung zu erbitten. Aber so hartnäckig war ihr Kampf gegen jede Art von Ruhm, daß einer von ihnen sich sogar eine unterirdische Höhle gegraben haben soll, um seine Ruhe vor seinen vielen Jüngern zu haben! Wir können aus ihrer Lebensausrichtung eine Kardinalregel für alle christlichen Leiter ableiten: *Suche nicht Einfluß, suche Gott!*

Es hätte durchaus zur völligen Trennung zwischen dieser Bewegung und der etablierten Kirche kommen können, und man kann lang und breit spekulieren, welcher der beiden Zweige dann überlebt hätte. Aber so weit kam es nicht, da geistlich hellsichtige Menschen in der Kirche rechtzeitig die Bedeutung der Wüstenväter für die Erneuerung der Kirche erkannten. Mehrere der großen Kirchenväter, so Augustinus und Hieronymus, machten persönliche Erfahrungen mit dieser tiefen Spiritualität und verschafften den Wüstenvätern Respekt und vermehrten Einfluß. Und als zu Beginn des 5. Jahrhunderts in Frankreich die ersten Klöster gegründet wurden, wurden sie zu Schulen der geistlichen Führung der wachsenden Kirche. Jahrhundertelang sollte der Mönch-Bischof eine Zentralfigur in der Kirche und ihrer Ausbreitung über ganz Europa sein – Männer, die in ihrer eigenen Person um eine Vereinigung des mönchischen Zugs zur Innerlichkeit mit der öffentlichen Führungsrolle des Bischofs kämpften. In der Praxis pendelte ihr Leben oft zwischen Zeiten der Einsamkeit und der Öffentlichkeit.

Hätten die ersten Wüstenväter geahnt, welch einen riesigen Baum ihr kleines Senfkorn wachsen lassen sollte, sie hätten mit beiden Händen abgewehrt: »Das ist doch nicht möglich!« Einfluß haben war ja das letzte, woran sie dachten! Aber die Klosterbewegung wurde eine welthistorische Größe, das Netzwerk, das die ganze mittelalterliche Kirche und damit das Abendland zusammenhielt. Ihre Leistungen sind schwer zu überblicken und betreffen praktisch alle Aspekte des menschlichen Lebens, vom Gebet bis zur Wissenschaft, von der Krankenpflege bis zur Bildhauerei, von der Mission bis zur Architektur, vom Ackerbau bis zur Liturgie.

Freilich kam schon bald das bekannte Unkraut zurück, mit seinen bitteren Früchten der Macht und der Gier. Die Klosterbewegung bietet eine groteske Mustersammlung von Fallbeispielen für falsche Prioritäten. Aber wie störrische Schößlinge aus einem alten Stamm brachen immer wieder Erneuerungsbewegungen hervor, in denen das frische Leben der Wurzel pulsierte: die Liebe zu Gott. Und dann strömten jedesmal neue Männer und Frauen herbei, um mit ganzer Hingabe und Kraft und Leidenschaft den lebendigen Gott kennenzulernen und sich in ihm zu verlieren. Und es ist durchaus kein Zufall, daß viele ehemalige Soldaten sich mit solch einer Opferbereitschaft in das Mönchsleben warfen. Sie hatten ja schon gelernt, ihre Bequemlichkeit für ein größeres Ziel zu opfern – warum also nicht alles geben, um Gott zu lieben?

Gott ist keine Vorbereitung

Nun haben wir im hohen Norden von Kind auf gelernt, daß dies eine gefährliche Werkgerechtigkeit war, bei der der Mensch seine Seligkeit auf seiner eigenen Frömmigkeit gründete und nicht auf Gottes Gnade. Doch dann kam zum Glück Luther mit seiner Reformation und rief uns ins Gedächtnis zurück, daß der Mensch ja durch das Versöhnungswerk Christi gerettet wird und nicht durch seine eigenen Leistungen. Und selbstverständlich liegt hierin eine grundlegende biblische Wahrheit, die die Kirche unbedingt verteidigen muß, wenn sie sich noch christlich nennen will. Aber ist dies die ganze Wahrheit? Könnte es nicht sein, daß in der Reformation etwas geschah, das auf lange Sicht ernste Folgen für unser Berufungsverständnis haben sollte?

Es scheint nämlich eine Art zu geben, Christi vollkommenes Versöhnungswerk zu verkündigen, die das Wirken der Gnade im Menschen geradezu blockiert. Stellen wir uns eine Gruppe junger Männer vor (die es ja oft eher als Frauen zu anstrengenden Einsätzen und sichtbaren Ergebnissen hinzieht). Sie hören, daß Jesus sie in die Nachfolge ruft, in eine Liebe, die alles kostet. Der Ruf spricht ihren guten Willen zur völligen Hingabe an, und sie rennen eifrig zur Kirche. An der Tür stehen ein paar gesetzte protestantische Türwächter, die ihnen kopfschüttelnd sagen: »Sorry, Jungs, es gibt keine Arbeit für euch. Jesus hat schon alles getan, ihr braucht es nur noch anzunehmen.«

Ein protestantischer Theologe würde hier einflechten, daß die Einsicht in ihr Unvermögen, sich selber zu erlösen, doch genau das ist, was diese Männer brauchen, um vor Gott gerechtfertigt zu werden. Und diese Wahrheit ist in der Tat wichtig. Aber ist es so sicher, daß es wirklich diese Wahrheit ist, die diese Männer in sich aufnehmen? Stehen sie nicht in akuter Gefahr, einen Eimer kaltes Wasser über ihre Hingabe zu bekommen, so daß sie nie mehr richtig warm wird?

Man kann also nichts mehr hinzutun, wenn der geistliche Weg durch Jesu Versöhnungswerk schon total gebahnt und fertig ist. Das innere Leben ist etwas, das wir gleichsam als fertiges Startpaket mitgeliefert bekommen, wenn wir der Gemeinde beitreten. Aber unsere jungen Männer schaffen es nicht, ihre Opferbereitschaft gänzlich abzuwürgen, und so richten sie sie auf äußere Dinge. Wenn nicht mehr meine Beziehung zu Gott die zentrale Herausforderung ist, wird meine Energie gleichsam umgelenkt, hinein in Verkündigung, theologische Studien, Organisation, Soziales, Gemeindeaufbau usw.

Darum liegt bei den protestantischen Kirchen auch das Schwergewicht so sehr auf Predigt und Tätigkeit, und weniger auf Gebet und Stille. Das innere Leben gilt nicht mehr als eine mögliche, ja wünschenswerte Berufung. Die Berufung wird etwas, was man tut, eine Anstellung in der Kirche, eine Arbeit für andere Menschen.

An diesem Punkt müssen wir die tiefste Ursache dafür suchen, daß das innere Leben unter den Mitarbeitern so an den Rand gedrückt worden ist. Solange wir es nicht als den *Inhalt* unserer Berufung sehen, sondern lediglich als ihre *Vorbereitung*, werden wir nie zurechtkommen mit unserem inneren Leben, werden wir es ständig an die dritte oder vierte Stelle setzen, unter »ferner liefen« hinter all der sichtbaren, effektiven Arbeit, die wir und unsere Mitmenschen für so viel wichtiger halten. Das Dilemma wird schmerzlich deutlich in einem Leserbrief, den ein Jugendleiter an ein Gemeindeblatt schickte:

»Dauernd merke ich, wie die Gemeindeglieder und auch der Pastor von mir erwarten, daß ich alles mögliche mache. Es hat keine Gefahr, daß ich arbeitslos werde, aber wenn jemand mich fragt, was ich denn so während der Woche gemacht habe, ist es schwer, zu antworten. Manchmal fühle ich mich richtig unter Leistungsdruck. Ich soll ja etwas tun für mein Geld. Es ist schwierig, mit jemandem aus der Gemeinde darüber zu reden; ich glaube, die verstehen das gar nicht. Der Pastor steckt auch bis über die Ohren in Arbeit, da will ich vor ihm schon gar nicht klagen. Eigentlich würde ich gerne neue Kontakte mit den Menschen in der Stadt knüpfen, aber wenn ich mich bei einer Tasse Kaffee mit jemandem unterhalte und ihn nicht gleich ›anpredige‹, das gilt ja nicht als Arbeit. Ich weiß auch nicht, ob ich während der Arbeitszeit beten und in der Bibel lesen kann, falls es nicht gerade zur Vorbereitung für eine Bibelstunde ist.«[23]

Es ist schon schlimm genug, wenn die Gemeinschaft mit Nichtchristen unter dem frommen Bienenfleiß leidet. Wenn aber selbst die Gemeinschaft mit Gott auf ein Minimum an »Vorbereitungsarbeit« gekappt wird, ist dies der Anfang vom Ende christlichen Führens. Da ich meine Berufung als das definiere, was ich unter den Menschen tue, kreist mein Gebet mehr und mehr um dieses Tun – und immer weniger um Gott selbst. Ich bitte Gott um Hilfe und Kraft für meine Arbeit. Ich bete für die Problemmenschen in meinem Verantwortungsbereich, für Sitzungen und neue Projekte, um neue Visionen und Gedanken für meine Arbeit.

Und mein Bibellesen? Da zerfällt jeder Abschnitt gleich in drei Punkte für die nächste Predigt oder Bibelstunde. Ich lese immer weniger mit meinen eigenen Fragen, suche ständig nur Stoff zum Weitergeben an andere. Mein ganzes geistliches Leben wird zum bloßen Erfüllungsgehilfen meiner Arbeit, was unweigerlich bedeutet, daß mein Gottesverhältnis verzerrt wird: Statt daß meine Arbeit immer mehr um Gott kreist, kreist Gott immer mehr um meine Arbeit.

Wir bekommen vielleicht einen Begriff davon, wie ernst dies ist, wenn wir es mit der Abgötterei im Alten Testament vergleichen. Daß die Israeliten sich immer wieder dazu verführen ließen, Baal, Astarte und anderen Götzen zu opfern, lag nicht daran, daß sie diese als *in sich selbst* der Anbetung für würdig gehalten hätten. Nein, zu diesen Götzen ging man, um praktische Alltagshilfen zu bekommen: bessere Ernten, größere Fruchtbarkeit, Kriegsglück usw. – also der uralte Dreiklang Geld, Sex, Macht. In allerschärfstem Kontrast zu diesen Göttern offenbarte Jahwe sich als der »Ich bin, der ich bin«. Gott lieben heißt, ihn um seiner selbst willen lieben und nicht wegen der Vorteile und Segnungen, die er uns gibt. Sobald wir in unserem Zusammensein mit Gott auf Nützlichkeit spekulieren, betrüben wir sein Herz und rutschen in gefährliche Nähe zur Abgötterei. Die Folgen lassen selten lange auf sich warten: Müdigkeit, innere Dürre, Rastlosigkeit, Mutlosigkeit, Spaltungen, Gleichgültigkeit usw.

Mein inneres Leben ständig als Vorbereitung für meine Arbeit zu benutzen, bedeutet, daß ich zum Schluß nie mehr allein mit Gott bin. Zu jedem Gespräch mit ihm bringe ich alle meine Bedürfnisse und Probleme und Projekte mit. Gott sieht immer weniger von meinem Angesicht und ich immer weniger von seinem, weil all diese anderen guten und frommen Dinge sich wie ein Nebel zwischen uns schieben. Ich mauere mich gleichsam in eine Burg aus Aufgaben und Pflichten ein. Bin ich »draußen« in meiner Arbeit, werde ich ständig gefordert, und trete ich vor Gott, schleppe ich den ganzen Sack mit. Schließlich ist Gott nur noch ein Teil meiner Arbeit. Was Wunder, daß dann, wenn Krisen kommen, viele Christen sich gezwungen sehen, sowohl die Arbeit als auch Gott fallenzulassen – die beiden sind ja nicht mehr voneinander zu trennen!

Wenn ich aber nicht mehr wirklich dabei bin, wenn ich im stillen Kämmerlein vor Gott trete, wie will ich dann meinen Mitmenschen begegnen können? Wenn ich nicht einmal mehr vor Gott, der mich kennt wie ein aufgeschlagenes Buch, meine Bedürfnisse und Sehnsüchte eingestehe, sondern mich ständig hinter meinem »Dienst« verstecke, wie will ich da vor meinen Mitmenschen wahrhaftig und echt sein? Zum Schluß trage ich eine ganze Ritterrüstung von »Du solltest« und »Du mußt« mit mir herum, so daß niemand mehr zu meinem Herzen vorstoßen kann. Genauso wie ich Gott nur noch als Energiequelle für meine Arbeit sehe, sehe ich meine Mitmenschen nur noch als Objekt meiner Arbeit. Mit dem Ergebnis, daß ich beide – Gott und die Mitmenschen – fortstoße und verletze und immer einsamer werde.

Aber der Geist der Liebe hat eine göttliche Geduld. Jahrelang kann er darauf warten, daß wir uns endlich nicht mehr in unsere Arbeit flüchten. Er will unser Inneres zu einem Heim machen und nicht zu einem öffentlichen Arbeitsplatz. Er will den Garten meiner Seele mit schützenden – nicht erstickenden! – Mauern umgeben, so daß nichts in der Welt meine Liebeszwiesprache mit Gott stören kann. Genauso wie manche Ehefrau ihren ehrgeizigen Mann bittet, seine Arbeit nicht mit nach Hause zu bringen, so sehnt unser Herr sich danach, daß wir mit leeren Händen zu ihm kommen – einfach so, weil er es ist. Er will mir »ein starker Hort« sein, »zu dem ich immer fliehen kann« (Ps 71,3) – fliehen auch vor meiner wichtigen Arbeit und all meinen Gebetsanliegen! Wie ein Kind kann ich es hier buchstabieren, das Gebet: »Gott, du bist *mein* Gott« (Ps 63,2) – ich, der bisher immer als Vertreter eines »Wir« kam, ob es nun die Gemeinde, die Gesellschaft oder die Arbeit war. Anfangs fühlt sich das ungewohnt, ja fast egoistisch an. Nur *mein* Gott? »Ja«, antwortet er. »Und du bist mein.«

Einer von den Millionen Unbekannten, die mit ihrem verborgenen Leben in Gott ein Licht in die Welt tragen, hat wiedergegeben, wie Gott auf den sieht, der zögernd und zweifelnd vor der Berufung steht:

»Ich weiß, welches Elend, welcher Kampf, welche Zerrissenheit in deiner Seele ist und wieviel Schwachheit und Mangel in deinem Körper. Ich kenne deine Feigheit, deine Laster und Sünden. Und doch sage ich zu dir: ›Gib mir dein Herz und liebe mich, so wie du bist‹ . . . Liebe mich, so wie du bist. In jedem Augenblick und jeder Lage, in der du gerade bist, mit brennendem Herzen oder mit verdorrtem, in Treue wie in Untreue . . .

Das Lied deines Herzens ist es, was ich suche. Was brauche ich deine Kenntnisse oder Begabungen? Was ich von dir begehre, sind nicht Tugenden, und würde ich dir welche geben, so bist du so schwach, daß deine Eigenliebe sie bald verderben würde. Bekümmere dich also nicht darum. Ich hätte dich zu großen Dingen vorherbestimmen können. Aber du sollst ein unnützer Knecht bleiben; selbst das Wenige, das du noch hast, werde ich noch von dir nehmen, denn für die Liebe, und nur für sie, habe ich dich geschaffen.

Liebe! Liebe, und du wirst das Übrige alles dazutun, ohne es zu bemerken. Suche nichts anderes, als daß du dein Jetzt mit deiner Liebe füllst. Heute stehe ich vor deiner Herzenstür und warte wie ein Bettler – ich, der Herr aller Herren . . .

Du hast mir deine Liebe gegeben. So gebe ich dir die Gnade, lieben zu können auf eine Weise, die all deine Träume weit übersteigt. Aber vergiß dieses nicht: Liebe mich so, wie du bist. Warte nicht mit deiner Liebeshingabe, bis du ein Heiliger geworden bist, sonst wirst du mich nie lieben.«[24]

Der Weg der Liebe

Nun können wir nicht ohne weiteres vom Lieben reden und davon ausgehen, daß wir alle verstehen, was das bedeutet. Wir sind so gründlich vom Zeitgeist angesteckt, daß wir oft meilenweit von dem entfernt sind, was Gott mit »Liebe« meint. In einer Zeit, wo das Wort »Liebe« auf Autos und Erdbeereis angewandt wird und als Synonym für Geschlechtsverkehr und Verknalltsein, ist es nicht weiter merkwürdig, wenn selbst Christenmenschen nicht mehr wissen, was das ist – Liebe. Das Wort hat sich ja um 180 Grad gedreht: von der ursprünglichen Bedeutung, daß man sein Leben für jemanden gibt, hin zu dem Gefühl, das man bekommt, wenn die Bedürfnisse des eigenen Lebens befriedigt werden. Wir werden gefragt, ob wir Gott lieben, und sofort beginnen wir in unserer Gefühlskiste zu wühlen.

So mißverstehen viele auch die Ermahnung an die Gemeinde in Ephesus: »Aber ich habe gegen dich, daß du deine erste Liebe verlassen hast« (Offb 2,4 – Elbf.). Wir halten dieses Bibelwort wie ein Thermometer in unser Gefühlsleben hinein, um es mit dem ständig gleichen deprimierenden Ergebnis wieder herauszuziehen: »Ich hab's doch gewußt, ich fühle nicht mehr dasselbe für Jesus wie früher.« Womit wir neue Schuldgefühle auf unser Haupt häufen und vor lauter Selbstverachtung noch weiter von Jesus wegrücken. Hier können einige Wegweiser helfen, uns zurück zu der Liebe zu bringen, zu der wir geschaffen wurden:

◇ *Meine Liebe zu Gott ist eine Antwort auf seine Liebe.* »Darin besteht die Liebe: nicht, daß wir Gott geliebt haben, sondern daß er uns geliebt hat und gesandt seinen Sohn zur Versöhnung für unsre Sünden« (1. Joh 4,10). Die Liebe ist also nicht ein Gefühl, das ich aus meinem Inneren herauszupressen versuche; sie ist in allererster Linie der Strom aus Gottes Herzen, der sich vom Kreuz zu uns ergießt: »Daran haben wir die Liebe erkannt, daß er [Jesus] sein Leben für uns gelassen hat« (1. Joh 3,16). Je mehr ich um meine eigenen Erfahrungen und mein eigenes Liebesvermögen kreise, um so mehr trocknet meine Liebe aus. Und umgekehrt: Je mehr ich um den Sohn Gottes kreise, der am Kreuz für mich starb, um so mehr wächst meine Liebe.

Der Verfasser dieser beiden Bibelworte über die Liebe ist der Apostel Johannes. Soweit wir wissen, war er der einzige der Apostel, der am Kreuz stand, als Jesus starb. Kein anderer spricht so viel über die Liebe wie Johannes. Sein ganzer erster Brief ist eigentlich nichts als eine lange Meditation über die Liebe, die er aus verschiedenen Winkeln heraus betrachtet. Warum? Kann es sein, daß seine Augen ganz einfach wie geblendet waren von der Liebe, die sie am Kreuz sahen? Daß die Liebe, die er dort mit eigenen Augen sah, alles andere fortbrannte, so daß ihm für den Rest seines Lebens nichts mehr wichtig und wesentlich war als allein sie?

◇ *Die Liebe gründet im Willen, nicht im Gefühl.* Wir finden dies schon im Gesetz des Mose: »Werdet ihr nun auf meine Gebote hören, die ich euch heute gebiete, daß ihr den Herrn, euren Gott liebet und ihm dienet von ganzem Herzen und von ganzer Seele . . .« (5. Mose 11,13). Wir finden es wieder, als Jesus zu seinen Jüngern spricht: »Liebt ihr mich, so werdet ihr meine Gebote halten . . . Wer meine Gebote hat und hält sie, der ist's, der mich liebt« (Joh 14,15.21). Gott fragt hier überhaupt nicht nach Gefühlen. Nicht, weil sie unwichtig wären, sondern weil sie niemals eine bleibende

Liebe tragen können; das kann nur der feste Entschluß, sein Leben für den anderen zu geben.

Jesus lieben – das heißt, unaufhörlich ja sagen zu ihm und seinem Willen. Manchmal schauen wir voll Nostalgie zurück zu den Gefühlen der ersten Stunde, »als ich Gott mein Leben gab«. Aber in der »ersten Liebe« leben heißt nicht, daß ich den gleichen Gefühlstaumel habe wie damals, sondern daß ich tue, was ich damals tat: »Heute gebe ich Jesus wieder mein Leben.« Nirgends in der Bibel finden wir auch nur eine leise Andeutung, daß die Hingabe unseres Lebens in Gottes Augen auch nur ein Gramm mehr wert ist, wenn sie von warmen Gefühlen begleitet wird, als wenn sie staubtrocken geschieht.

◇ *Gott lieben bedeutet, ihn kennenzulernen.* Und wir können ihn nicht kennenlernen, wenn wir ihn nicht er selber sein lassen. Zur Liebe gehört eine gegenseitige Freiheit von allen Rollen und allem So-tun-als-ob. Gott lieben bedeutet, auf alle Versuche zu verzichten, ihn in meine fertigen Theologien, Erwartungen und Wünsche zu pressen. Es bedeutet, daß ich bereit bin, ihm zu begegnen, wie er ist, zu seinen Bedingungen und nicht zu den meinen.

Dazu gehört auch die Bereitschaft, meine Hände zu öffnen und mir von dem Geliebten dienen zu lassen und nicht darauf zu bestehen, immer selber der Gebende zu sein. Diesen Stolz mußte Petrus etliche Male erfahren, so zum Beispiel, als Jesus seine Füße waschen wollte: »Herr, solltest du mir die Füße waschen?« Und Jesu Antwort deutet an, daß dieser Stolz ein Hindernis für den freien Fluß der Liebe ist: »Wenn ich dich nicht wasche, so hast du kein Teil an mir« (Joh 13,5–10). Für alle, die dazu neigen, Jesus ständig in ihre eigenen Rahmen einschließen zu wollen, ist es tröstlich, daß Petrus der erste Führer der Kirche wurde. Daß ausgerechnet er zu solch einer Liebe zu seinem Herrn reifen sollte – er, der so bestimmte Vorstellungen davon hatte, wie alles zuzugehen hatte . . .

◇ *Gott lieben bedeutet, ihn vor mich selbst zu setzen.* »Denn die Liebe Christi drängt uns, da wir zu diesem Urteil gekommen sind, daß einer für alle gestorben ist und somit alle gestorben sind. Und für alle ist er gestorben, damit die, welche leben, nicht mehr sich selbst leben, sondern dem, der für sie gestorben und auferweckt worden ist« (2. Kor 5,14.15 – Elbf.). Dies bedeutet keineswegs, daß ich nun im Namen der Liebe mich verachten und auf mir selbst herumhacken soll. So etwas wäre ja eine direkte Verleugnung des unfaßbaren Wertes, den Gott meinem Leben beigemessen hat, für das er sogar gestorben ist! Dies muß vielmehr bedeuten, daß ich vor ihm zurücktrete, so wie Johannes der Täufer sich voll Freude zurückzog und sagte: »Er muß wachsen, ich aber muß abnehmen« (Joh 3,30).

Jesus lieben bedeutet: Es ist mir wichtiger, daß sein Wille geschieht, als daß meine Wünsche sich erfüllen. Es ist wichtiger, daß er geehrt wird, als daß ich geehrt werde. Es ist wichtiger, daß er sich freut, als daß ich befriedigt werde. Und in diesem Prozeß finden wir wieder jenes Paradox: Was erst wie Verlust des eigenen Lebens aussah, führt in Wirklichkeit dazu, daß ich in Christus all das finde, was ich in meinem tiefsten Inneren suchte.

◇ *Die Liebe zu Jesus wächst mit meiner Sündenerkenntnis.* ◇
Ein weitverbreitetes Schablonendenken ist ja, daß die Liebe bei der Bekehrung am größten ist und sich dann allmählich versachlicht. Die Sünderin im Haus des Pharisäers Simon kann uns eine Tür zu einem ganz anderen Entwicklungsmuster öffnen. Sie hatte sich in diese steifreligiöse Gesellschaft verhärteter Frommer gestohlen, die sich nicht für vergebungsbedürftig hielten und mithin keine Ahnung davon hatten, was es heißt, Gott zu lieben. Als alle Masken der Frau unter ihren Tränen zerbröckeln, sagt Jesus: »Ihre große Schuld ist ihr vergeben; sonst hätte sie mir nicht so viel Liebe zeigen können. Wem wenig vergeben wird, der liebt auch wenig« (Lk 7,47 – Hoffnung für alle). Oder wie der große Theologe Paulus es Jahre später so wunderbar ausdrücken sollte: »Wo aber die Sünde mächtig geworden ist, da ist doch die Gnade noch viel mächtiger geworden« (Röm 5,20). Zwei so ungleiche Menschen wie diese Frau und Paulus – und doch haben sie genau die gleiche Erfahrung gemacht!

Je mehr von meiner Sünde ich sehe, desto unfaßbarer ist es mir, daß Gott mir vergibt. Wie könnte ich einen solchen Gott nicht lieben? Wer seine Sünde nicht sehen will, der muß zwangsläufig von der immer unwirklicheren Erinnerung an seine »erste Liebe« zu Gott zehren. Wer aber den Geist der Wahrheit in sein Leben hineinleuchten läßt, der wird erfahren, wie seine Liebe zu Gott immer tiefer und breiter wird.

◇ *Gott lieben heißt, mit ihm vereinigt werden wollen.* Der Zug zum Einswerden mit dem Geliebten liegt im innersten Wesen der Liebe. So finden wir auch im offenen Schoß des Evangeliums Gottes Willen zur Vereinigung mit uns Menschen. Konkret läßt Gott dies Ausdruck finden in dem, was nach dem Griechischen »Mysterium« heißt und nach dem Lateinischen »Sakrament« – einfache, sichtbare Zeichen einer unfaßbar tiefen geistlichen Wirklichkeit. Ein Sakrament ist die Taufe, deren Wasser die Vereinigung des Täuflings mit Christus in seinem Tod und seiner Auferstehung symbolisiert: »Denn wenn wir mit ihm verbunden und ihm gleichgeworden sind in seinem Tod, so werden wir ihm auch in der Auferstehung gleich sein« (Röm 6,5). Ein anderes Sakrament ist das Abendmahl: »Wer mein Fleisch ißt und mein Blut trinkt, der bleibt in mir und ich in ihm. Wie mich der lebendige Vater gesandt hat und ich lebe um des Vaters willen, so wird auch, wer mich ißt, leben um meinetwillen« (Joh 6,56–57). Unterstützt durch diese äußeren Zeichen, wirkt das Gebet in die gleiche Richtung.

Die Worte versagen einem, will man dies erläutern und fassen. Wünsche und Gebetsanliegen treten stumm zurück, das Licht verdichtet sich zu Christi Antlitz hin. Der Geist der Liebe jubelt über seine herrlichste Aufgabe: einen Menschen zur Liebesvereinigung mit Gott zu führen. Man spürt, wie Paulus schier ins Stolpern gerät, als er dieses Wunder in Worte zu fassen versucht: »Ich bin mit Christus gekreuzigt. Ich lebe, doch nun nicht ich, sondern Christus lebt in mir« (Gal 2,19–20).

◇ *Gott lieben heißt, nach ihm dürsten.* Ein um das andere Mal finden wir diesen Ruf in der Bibel: »Meine Seele dürstet nach Gott, nach dem lebendigen Gott. Wann werde ich dahin kommen, daß ich Gottes Angesicht schaue? ... Es dürstet meine Seele nach dir, mein ganzer Mensch verlangt nach dir aus trockenem, dürrem Land, wo kein Wasser ist« (Ps 42,3; 63,2). Es ist ein Fehler, anzunehmen, daß dieser Durst nur der Ruf eines Menschen vor einem stummen Gott ist, damit dieser ihm seine Quellen öffne. *Bereits im*

Durst wirkt der Geist der Liebe im Menschenherzen, um es zu Gott zu ziehen und vorzubereiten für seine Gabe.

Dieser Durst ist des Geistes Art, uns lebendig und offen für Gott zu halten. Der übersättigte, »fertige« Mensch ist geistlich schon halbtot, unempfindlich für Gottes Stimme und träge, ihm zu gehorchen. Und wer versucht, seinen Durst mit anderen Dingen zu stillen, kann zum Schluß auch nicht mehr Gottes Lebenswasser entgegennehmen. Wollen wir Gottes Geist nicht in den Dürrezeiten erkennen, werden wir ihn schließlich auch nicht mehr im Frühlingsregen finden.

Es ist denn auch ein Irrtum, zu glauben, daß Heilige Menschen sind, die so vollgestopft mit Segnungen sind, daß sie aus dem Vollen schöpfen können. In der Bergpredigt zeichnet Jesus vielmehr dieses Bild von ihnen: »Selig sind, die da geistlich arm sind . . . Selig sind, die da Leid tragen . . . Selig sind, die da hungert und dürstet . . .« (Mt 5,3–12). Die Heiligen sind eher Menschen, die großen inneren Hunger haben und sich weigern, ihn mit etwas anderem zu stillen als mit der Speise, die Gott selber gibt. Frank Mangs berichtet in seinem Tagebuch von einem solchen Menschen:

»Direkt nach der Predigt sah ich einen grauhaarigen Bruder, einen Streiter im Herrn, über den einer der Brüder berichtete: ›Hier ist eine richtige Quelle. Er lebt ein wunderbares Leben in der Gemeinschaft mit Gott. Er hat immer etwas zu geben und hilft uns allen, zu glauben.‹ Kurz danach traf ich den Mann selber. Aber er stand weinend da, sah mich intensiv an und sagte: ›Ja, sieh her, ich bin so ein elender Armer, der nie genug bekommen kann. Ich brauche immer mehr.‹ Darum war er eine Quelle.«[25]

»Suchet mein Angesicht«

Wenn der Kern unserer Berufung die Liebe zu Gott ist, dann muß man ihr eine Form geben können, die sich praktisch verwirklichen läßt. Man kann nicht den Schwerpunkt von der öffentlichen Aufgabe auf das innere Leben verlegen, ohne diesem Leben konkrete Konturen zu geben; sonst bedeutet diese Schwerpunktverlagerung nur, daß man hingegebenes Arbeiten durch verwirrte Leere ersetzt, was sicher keine Verbesserung ist.

Wir haben hier auch mit der zumindest bei Männern ausgeprägten Vorstellung zu kämpfen, daß eine Beziehung etwas ist, das man in den Hintergrund schieben kann, gleichsam als Kulisse für die eigentliche Handlung auf der Bühne. Daß eine Beziehung *in sich selbst* ein lebenswichtiges Projekt sein kann, das all unsere Mühe und Konzentration wert ist, beißt sich total mit unserer gängigen Auffassung davon, was effektiv ist und Ergebnisse bringt. Der gleiche Widerstand erhebt sich gegen die Vorstellung, nicht meine äußere Arbeit, sondern Gott zu meinem großen Lebensziel zu machen. Theoretisch mögen wir das vielleicht sogar bejahen, aber wie soll das in der Praxis aussehen?

Zunächst einmal müssen wir uns darüber klarwerden, daß es hier darum geht, einen anderen Weg zu wählen, und nicht darum, uns für den Weg, den wir bereits gehen, noch mehr Gepäck aufzuladen. Es ist ein großer Fehler, sich das innere Leben als Zusatzpensum zu unserer übrigen Arbeit vorzustellen, als noch ein Eintrag im Terminkalender. Hier prallen zwei unterschiedliche Arten, seinem Leben Sinn zu geben, aufeinander. Die eine, übliche Art besteht darin, daß ich immer mehr Wirklichkeitsbrocken zusammenklaube, immer eifriger versuche, die vielen einander widerstreitenden Seiten des Lebens auszubalancieren und mir *selber* einen Überblick und Sinn zu verschaffen. Der andere Weg geht in die umgekehrte Richtung: hin zu immer größerer Vereinfachung, zu immer mehr Auslassen von Unwichtigem, einer immer tieferen Konzentration auf das Wesentliche, um dort den Sinn als Gabe von Gott *entgegenzunehmen.*

Der erste Weg führt trotz aller guten Absichten unweigerlich in eine innere und äußere Zersplitterung, der zweite bringt Heil und Heiligkeit. Der erste Weg beruht auf Prinzipien, der zweite auf der Liebe. Es liegt im Wesen der Liebe eine Tendenz zu Vereinfachung und Vertiefung, die sehr gut zum Leitstern aller Alltagsgewichtungen werden kann. So weist denn auch Paulus, als er über den rechten Weg durch das Getümmel der Angebote und Anforderungen spricht, auf die Liebe hin: »Und ich bete darum, daß eure Liebe immer noch reicher an Einsicht und Verständnis wird, damit ihr beurteilen könnt, worauf es ankommt« (Phil 1,9-10 - Einh.).

Vielleicht kann uns hier eine Geschichte aus einem japanischen Zenkloster helfen. Ein Mann besuchte dieses Kloster, um mehr über das innere Leben zu erfahren, und überschüttete den Mönch, der ihn durch die Gebäude führte, mit allen möglichen Fragen. Als sie sich nach dem Rundgang, der japanischen Sitte gemäß, zum Teetrinken setzten, fuhr der Mann mit seinen Fragen fort. Der Mönch gab ihm eine Teetasse und begann, ihm einzuschenken. Als die Tasse voll war, sagte der Besucher natürlich: »Danke.« Aber der Mönch fuhr ohne ein Wort fort mit dem Eingießen, so daß der Tee überfloß und auf die Kleider des Mannes lief. Schließlich sagte der Mönch zu seinem befremdeten Gast: »So ist es auch mit dir: Du willst immer mehr und verstehst nicht, daß du erst leer werden mußt, wenn du empfangen willst.«

Wenn die Kirche schweigt, kann Gott durch andere reden! Wenn die Christenheit so fixiert ist auf ihre Jagd nach neuen Trends und Theologien und Projekten, ist es vielleicht nicht sehr verwunderlich, wenn suchende Menschen den Weg in den Osten offener finden. Wie sollen sie denn ahnen, daß die Weisheit des inneren Lebens, die sie suchen, in der Schatzkammer der Kirche liegt, tief begraben unter all der Betriebsamkeit?

Bevor wir anfingen, sie zu zerreden, war jahrtausendelang die Stille das selbstverständliche Milieu für das innere Leben. Wir treffen sie bei sämtlichen Gottesmenschen, die sich in der Bibel in die Wüste oder in die Berge zurückziehen, um sich sammeln zu können, und dort, vielleicht erst nach Jahrzehnten der Stille, endlich Gottes Stimme hören. Wir finden sie bei allen Pionieren der Innerlichkeit, die die Kirchengeschichte weitergebracht haben. Einer der einflußreichsten, Thomas von Kempen, formuliert den einfachen Zusammenhang so: »Es kann niemand sicher unter dem Volke sich sehen lassen, der nicht gern daheim ungesehen lebt. Niemand kann sicher den Mund zum Reden auftun, als der ihn gern wieder schließt und geschlossen hält.«[26]

Sein späterer Schüler Dag Hammarskjöld sagt uns, wie diese Stille sich in ein öffentliches Amt hinein erstrecken kann: »Mitten im Gelärm das innere Schweigen bewahren. Offen, still, feuchter Humus im fruchtbaren Dunkel bleiben, wo Regen fällt und Saat wächst – stapfen auch noch so viele im trockenen Tageslicht über die Erde in wirbelndem Staub.«[27]

Die Hauptaufgabe eines leitenden Christen kann niemals sein, Gottes Wort zu *predigen*. Sie besteht darin, auf Gottes Wort zu *hören*. Je mehr wir im Dienst des Evangeliums mit dem Wort und anderen Kommunikationsformen arbeiten, um so wichtiger wird es, daß wir die Stille suchen und uns frei machen von den vielen Worten; sonst verlieren sie bald ihren inneren Wert, und wir verlieren unsere Sensibilität für sie. Die Stille ist auch die Mutter des Gebets. Dort rufen wir zu Gott, dort ruft Tiefe zu Tiefe, jenseits aller Formulierungskünste.

Manchmal hört man den Einwand, die Stille sei »nur etwas für kontemplativ Veranlagte«. Wer so spricht, weiß nichts von der bunten Personengalerie, die uns in der geistlichen Führerschaft der Kirche begegnet, wo neben klostergewohnten Mönchen ehemalige Zechbrüder, Soldaten und Bauern die gleiche Stille vor Gott gesucht haben. Er weiß auch nicht, daß Stille keineswegs eine neue »Methode« unter anderen ist, sondern vielmehr das Fundament des inneren Lebens, auf dem wir dann erst die für uns richtige Methode und Richtung wählen.

Was die Erde für den Baum, ist die Stille für die Seele. Je größer die Krone, um so wichtiger das weitverzweigte Wurzelwerk im Verborgenen. Je mehr Frucht ein Baum trägt, um so wichtiger die Nahrung, die er aus der Tiefe saugt. Je größere öffentliche Verantwortung und Einfluß wir haben, um so wesentlicher wird ein reiches verborgenes Leben, zu dem nur Gott den Schlüssel hat. Wir werden nie messen können, wieviel dieses Leben »bringt«, aber hier ist der Punkt, wo sich entscheidet, wie unser ganzes übriges Leben sich gestaltet. Ein Baum, der nur aus seinen Früchten und seiner imponierenden Krone besteht, wird bald vertrocknen.

Genau hier liegt ja die Ursache für die vielen Führungsbankrotte, in der Gemeinde wie in Politik und Wirtschaft. Diese Menschen haben ihre Kräfte so völlig auf das äußere Leisten konzentriert, daß sie schließlich identisch sind mit ihrer öffentlichen Rolle. Ein anderes Leben wollten und können sie nicht mehr führen. »Man ist ja gar kein Mensch mehr«, lautet der typische Seufzer. Darf es uns wundern, daß die Versuchung zum Fehltritt unwiderstehlich ist, wenn mir da plötzlich einer als Mensch begegnet, jenseits aller öffentlichen Rollen? Die Versuchung trifft voll in ein gähnendes Loch, das nach Füllung ruft.

Darum hat auch jedes Effektivitätsdenken Hausverbot im Haus der Stille. Ich komme so, wie ich bin, um mit meinem Geliebten zusammenzusein: mit Gott. Einer meiner Freunde, der seit vielen Jahren »Berufschrist« in einflußreicher Position war, sagte nach seiner ersten Einkehrfreizeit angenehm überrascht: »Das ist ja ein Ding: etwas mit Gott erleben, und es niemand weiterzusagen brauchen!« So geprägt sind wir von unserem Leistungskult, daß wir womöglich lange mit der Vorstellung zu kämpfen haben, dies sei doch egoistisch. Aber der Geist der Liebe wartet mit göttlicher Geduld darauf, daß wir die Sehnsucht unseres Herzens spüren. In diesem Prozeß kann ich neu meine Sensibilität üben für die so oft niedergetrampelte Grenze zwischen dem Privaten und dem Öffentlichen, zwischen dem, was Gott mir persönlich gibt, und dem, was ich mit anderen teilen kann.

»Aber für so etwas habe ich keine Zeit.« Diese Ausrede können wir ein Leben lang vorschieben. Sehen wir sie uns daher ruhig einmal genauer an. Erstens ist es nicht wahr, daß wir mehr oder weniger Zeit *haben*. Unser Schöpfer hat uns die gleichen 24 Stunden pro Tag gegeben wie schon Adam und Eva. Es stimmt einfach nicht, daß bestimmte Menschen mehr Zeit »haben« als andere. Die Menge der Zeit ist die gleiche, der Unterschied liegt darin, wie wir sie nutzen. Manche Menschen, zum Beispiel Kinder, Alleinstehende oder Rentner, haben relativ große Wahlmöglichkeiten. Andere haben auf Grund ihrer Lebensumstände – etwa weil sie kleine Kinder haben oder gerade ein Haus bauen – weniger Wahlmöglichkeiten. Aber es gibt immer ein gewisses Maß an Zeit, über das ich frei verfügen kann.

Und hier gilt das schmerzlich einfache Gesetz, daß ich genau das tue, was mir wichtig ist. Für das, was ich wirklich will, habe ich immer Zeit. Einen Hungrigen braucht man nicht lange zu bereden, sich Zeit zum Essen zu nehmen. Ein Verliebter wird sich auch ohne besondere Aufforderung Zeit für sein nächstes Rendezvous nehmen. Liebe Freunde besuchen uns, und wir unterbrechen sofort unsere Arbeit usw. Mein Hauptproblem ist also nicht, Zeit für mein inneres Leben zu finden, sondern einzusehen, daß es so wichtig ist, daß es meine Zeit wert ist.

Hier kommen wir nicht an der Geschichte mit Marta und Maria vorbei. Als Jesus in ihr Heim kommt, nehmen sie sofort die Plätze ein, die ihren inneren Prioritäten entsprechen. Marta will vor allem für Jesus arbeiten und dafür sorgen, daß er es so gut wie möglich hat. Maria will in erster Linie mit Jesus zusammensein und läßt alles andere liegen, um sich zu ihm zu setzen und ihm zu lauschen. Die Freundschaft war so stabil, daß Jesus die Wege, die die beiden gewählt hatten, miteinander vergleichen konnte, ohne verurteilend zu klingen: »Marta, Marta, du hast viel Sorge und Mühe. Eins aber ist not. Maria hat das gute Teil erwählt; das soll nicht von ihr genommen werden.« (Lk 10,38–42)

Der Versuch, erst die halbe Welt in Ordnung zu bringen, bevor ich mich zu Jesu Füßen setzen kann, führt nur dazu, daß ich nie zu ihm komme. Immer und immer wieder werden andere Dinge mir »das gute Teil« wegnehmen. Maria war den umgekehrten Weg gegangen: zuerst die Gemeinschaft mit Jesus. Sie hatte nicht mehr Zeit als ihre Schwester, sie nutzte sie nur auf andere Weise. Und damit konnte ihr niemand das, worauf es wirklich ankam, wegnehmen.

Eine gute Regel ist hier, daß Gott immer das segnet, was mir *möglich* ist. Wir können leicht eine ganze Reihe Optionen aufzählen, die für uns ganz unrealistisch sind: Soll ich morgens zwei Stunden früher aufstehen, um zu beten? Oder mich einen ganzen Tag pro Woche in mein Zimmer einschließen und in der Bibel lesen? Vielleicht aus meinem Beruf aussteigen und in eine einsame Hütte ziehen? Wenn wir die praktischen Konsequenzen durchdenken, die so etwas hätte, kommen wir gewöhnlich zu dem Ergebnis, daß es nicht geht. Und so – tun wir gar nichts, und alles bleibt beim alten.

Wir blockieren unsere innere Entwicklung durch Wunschträume, die nichts mit dem Geist der Wahrheit zu tun haben.

Nein, Gott segnet mich in dem Maße, wie ich die Zeit, die ich tatsächlich zur Verfügung habe, ihm gebe. Habe ich morgens vor dem Frühstück fünf Minuten oder nach dem Mittagessen eine halbe Stunde, die ich vor Gottes Angesicht verbringen könnte, und nutze ich diese Möglichkeit nicht, dann darf ich mich nicht wundern, wenn ich keine anderen Möglichkeiten bekomme. Und umgekehrt ist es verblüffend, wie sehr Gott das bißchen Zeit, das ich ihm geben kann, segnen und mehren kann. Hier gilt das alte Gesetz des treuen Verwaltens, daß ich nur für die Dinge Verantwortung habe, über die ich verfügen kann: »Du bist über wenigem treu gewesen, ich will dich über viel setzen« (Mt 25,21).

Wenn ich dann »Berufschrist« werde, sollte es eine Selbstverständlichkeit sein, daß ich nach wie vor dem inneren Leben Vorrang gewähre. Es wäre ein Verrat an unserer Berufung, zu sagen: »Beten und meditieren ja, aber nicht während der Arbeitszeit.« Womit wir klipp und klar das geistliche Leben zur bloßen »Privatsache« degradiert hätten. Jeglichen Schuldgefühlen, was wohl die anderen von mir denken, wenn ich »nichts tue«, gehört klar die Tür gewiesen. Was wollen die anderen denn aus meiner Arbeit schöpfen können, wenn ich mich nicht füllen darf? Solches Füllen hat die Gemeinde zu unterstützen und nicht in Frage zu stellen.

Wer heute über inneres Leben und Zeiteinteilung spricht, der kommt nicht mehr am Thema »Medien« vorbei. Die Flut von Stimmen und Bildern, die sich über Fernsehen und Video über uns ergießt, ist die vielleicht gefährlichste Konkurrenz zum inneren Leben. Es geht dabei keineswegs nur um die schlechten Sendungen, die uns abstumpfen und beflecken; daß er dergleichen erkennt und aussortiert, ist wohl das Mindeste, was man von Christen, die anderen zu geistlicher Reife verhelfen sollen, erwarten kann. Viel schwerer ist es, all das an und für sich Gute auszusortieren, das mein Leben auf tausend Arten bereichern könnte, mir aber die Zeit für das noch Wichtigere nehmen würde.

Es gilt also nicht nur, das Böse, Zerstörerische auszusortieren, sondern auch das Gute, aber Ablenkende. Es ist daher für jemanden, der seiner Gottesberufung treu sein will, ein unbedingtes Muß, eine Medienstrategie zu entwickeln und eisern einzuhalten. Sonst reißt das Trommelfeuer der Massenmedien mit seinem »Das darfst du nicht verpassen« mich unweigerlich mit.

Aber muß nicht ein christlicher Leiter besser informiert sein als die anderen? Und wie soll er die Menschen verstehen können, wenn er nicht weiß, was sie konsumieren? Ist es nicht weltfremd, den Stecker zu ziehen, damit man nicht in seiner Andacht gestört wird? Klingt überzeugend, nicht wahr? Und zerknirscht schalte ich den Fernseher wieder ein . . .

Aber wenn wir etwas tiefer denken, sehen wir bald, wie unmöglich dieses ganze Argument ist. Zunächst einmal hat der christliche Leiter, was sein Informiertsein betrifft, vor allem die Aufgabe, sich darüber »informiert« zu halten, wer Gott ist und was er will. Und wenn dies so offensichtlich von anderen Informationen bedroht wird, ist es nur natürlich, dieses andere so weit auszuschalten, wie das für die Erfüllung meiner Berufung notwendig ist.

Zweitens basiert *jeder* Gebrauch der Medien auf einer Auswahl. In den Kindertagen des Radios war es vielleicht noch möglich, daß das ganze Land vor dem Apparat saß und dem gleichen Programm lauschte. In der Welt der Satellitenschüssel ist dies unmöglich. Unsere seelische Gesundheit verlangt, daß wir ständig Information, die uns nicht interessiert, abwählen und ausfiltern; sonst würden wir verrückt. Die Frage ist nur, nach welchen Kriterien wir das tun.

Drittens ist es ein Mythos, daß man Informationen so schnell wie möglich und mithin immer in elektronischer Form mitbekommen muß. Der Zwang, ständig »auf dem laufenden zu sein«, ist ein Fluch, der keine tieferen Einsichten und absolut keine Tatkraft bringt, sondern die Seele zu einem Flimmerspiegel sich jagender Neuigkeiten macht. In einer Demokratie ist das Recht auf Informationsabstinenz genauso wichtig wie das Recht auf Information. Für den, der ein offenes Herz hat, gibt es immer Kanäle zu einer *angemessenen Aufnahme* von Neuigkeiten und anderen Informationen. Nicht zuletzt die Presse bietet hier große Möglichkeiten zur Auswahl und Perspektivenbildung.

Hier muß ein leitender Christ entschlossen selber die Grenzen für sein Innenleben festlegen, sonst tun es die Massenmedien. Wenn er die Menschen dazu aufruft, mit Ernst Gott zu suchen, sie aber nicht vor den Konkurrenten dieser Suche warnt, läßt er sie schmählich im Stich. Hat er selber gar nicht die nötige innere Freiheit, läßt er sie doppelt im Stich. Wenn der Pastor nicht Medienabstinenz üben und der Gemeinschaft mit Gott Priorität geben kann, wer soll es dann tun?

Als Ende der 50er Jahre David Wilkerson seinen Fernseher wegstellte, um sich mehr dem Gebet zu widmen, kam die Bewegung in Gang, die zu der phantastischen Arbeit mit den Außenseitern der Gesellschaft in New York führte, zu dem Buch »Das Kreuz und die Messerhelden« und zu einer geistlichen Erneuerung von unschätzbarem Einfluß. Fasten muß nicht nur die Enthaltsamkeit von bestimmten Speisen bedeuten. Kein Gramm ungewöhnlicher und in unserer Zeit mindestens genauso wichtig für unsere innere Reinigung und Konzentration ist es, für kürzere oder längere Zeit ein »Medienfasten« einzulegen.

Drei Schlüsselwörter

Nun stehe ich hier mit der neugewonnenen Freiheit und frage mich, was ich mit ihr machen soll. Schon droht neue Gefahr: Was, wenn ich ein Projekt »Geistliche Übungen« beginne, das nur eine neue Art Leistungszwang wird? Wer garantiert mir denn, daß die Geschichte mit dem inneren Leben nicht eine neue Art von »Gesetzeswerken« wird, die ich ableisten muß, um Gott und mir selbst zu zeigen, daß ich etwas tauge? Das Risiko ist offenbar, und sobald ich mit dem Hintergedanken zu Gott komme, ihm zu zeigen, wie toll ich bin, habe ich die Zwiesprache schon vergiftet. Es ist der sichere Tod des Gebets, wenn ich es zu meiner Selbstrechtfertigung vor Gott benutze; es wird dann genauso steif und ermüdend wie ein Pflichtbesuch bei jemandem, den ich eigentlich nicht mag: Sieh zu, daß du es hinter dich bringst! Man vergleiche dies mit der tiefen Befreiung, die man spürt, wenn man nach einem Arbeitstag heimkommt, die

Schuhe abstreift und sich mit einem Seufzer der Erleichterung auf das Sofa legt. Endlich wieder zu Hause ... So ist das Gebet, zu dem Gott mich ruft.

Paulus drückt das Paradox des inneren Lebens so aus: »Darum, liebe Brüder – ihr wart ja immer gehorsam ... –: müht euch mit Furcht und Zittern um euer Heil! Denn Gott ist es, der in euch das Wollen und das Vollbringen bewirkt, noch über euren guten Willen hinaus« (Phil 2,12–13 – Einh.). Hängt es jetzt an meinem Beten und Bibellesen? Oder an Gott, der in mir wirkt? Paulus weiß, daß wir ärmer würden, wenn wir nur das eine von beiden wählen würden, und deshalb läßt er beides nebeneinander stehen. In dieser Spannung sind wir gerufen, unser Herz Gott zuzuwenden. Vielleicht kann man es so ausdrücken: Ich soll hart daran arbeiten, mich zugänglich für Gottes Wirken in meinem Leben zu machen. Und hier finden wir die drei Schlüsselwörter, die viele Schlösser öffnen:

◇ Das erste lautet *Einfachheit.* Wie gesagt: Im Wesen der Liebe liegt eine natürliche Tendenz zur Vereinfachung. Großangelegte Gebets- und Bibelleseprojekte wurzeln eher in dem Wunsch, Gott und sich selber zu imponieren, als in der Liebe zu Gott und erleiden das gleiche Schicksal wie eine Feuerwerksrakete: Hinauf mit glänzenden Sternen und Farben – hinunter als ausgebranntes, leeres Rohr. Ich fühle mich noch mehr als schlechter, unbrauchbarer Christ und stecke in der nächsten Sackgasse.

Man kann möglicherweise Anregungen aus Büchern über das vorbildliche innere Leben anderer Christen schöpfen, aber der Versuch, Andachtsformen eines anderen Menschen einfach auf mich zu übertragen, ist zum Scheitern verurteilt. Es geht ja hier um *Leben,* und Leben muß von innen wachsen. Die wenigen, die den Sprung in ein ausgeklügeltes Andachtsleben schaffen, stehen in großer Gefahr, hochmütig darüber zu werden – womit Gottes Gnadentür, die ja nur für die geistlich Armen da ist, sich ihnen verschließt. Und abschreckend auf andere wirken sie auch noch! Einfache Gebetsformen funktionieren wesentlich besser. Sie geben keinen Vorwand zum Selbstruhm vor Gott und Menschen und öffnen so Gottes Gnade die Tür, in mir zu wirken – in Treue, nicht in Leistung.

◇ Das zweite Schlüsselwort ist *Flexibilität*. Wenn meine Liebe dem lebendigen Gott gilt, der doch überall ist, dann muß sie sich in einer ganzen Fülle von Formen äußern können. Teils sind wir – durch Geschlecht, Charakter, Bildung usw. – unterschiedliche Persönlichkeiten, teils befinden wir uns in unterschiedlichen äußeren Umständen mit unterschiedlichen Möglichkeiten zur Stille, und teils gehen wir in unserem Leben durch verschiedene Phasen mit unterschiedlichen Bedürfnissen.

Hier müssen wir auf unsere persönliche Andacht das Jesuswort anwenden: »Der Sabbat ist um des Menschen willen gemacht und nicht der Mensch um des Sabbats willen« (Mk 2,27). Wenn meine einzige Möglichkeit, morgens die Bibel zu lesen, beim Frühstück an Stelle der Zeitung ist, sollte ich vielleicht genau das tun – mit einer billigen Bibel, die ein paar Kaffeeflecken verträgt. Wenn ich nicht abends eine Dreiviertelstunde im stillen Kämmerlein sitzen kann, aber auf dem Heimweg vom Büro eine halbe Stunde durch den Park gehe, kann ich diese halbe Stunde zu einem vorzüglichen Gebetsspaziergang machen. Und so weiter. Das Zusammensein mit Gott ist das Wichtige, nicht die Form. Die Formen sind der Berufung untergeordnet; sie sind Werkzeuge, mehr nicht.

◇ Das dritte Stichwort heißt *Beharrlichkeit*. Einer der großen Lehrer des Mittelalters, Thomas von Aquin, hat gesagt: »Heiligkeit ist nichts anderes denn ein fester Vorsatz.« Habe ich Andachtsformen gefunden, die einfach und alltagstauglich sind und mit meiner Persönlichkeit und meinen äußeren Voraussetzungen harmonieren, dann sollte ich mit der Anhänglichkeit eines Blutegels an ihnen festhalten, Gefühle hin, Lust her. Erinnern wir uns: Lieben heißt, ständig neu mein Leben geben, egal in welcher Stimmung und Situation ich bin. Eine Frau, die sich für eine bestimmte Gebetszeit entschieden hatte, berichtete, daß sie sie manchmal so satt war, daß sie sich fast mit den Händen festhalten mußte, um nicht wegzurennen. Später erkannte sie dann, wie tief Gott in ihrer Treue gewirkt hatte – vielleicht am tiefsten in den Stunden, wo ihr Ja zu Gott von nichts anderem als ihrem nackten Willen getragen wurde.

Doch die Eingangspforte zum Gebet ist die Ruhe, nicht die Anstrengung. Es ist viel darüber geschrieben worden, wie das Gebet das entscheidende Schlachtfeld der Gemeinde ist und wie die dort erfochtenen Siege alles andere in Gang setzen. Und das ist buchstäblich wahr. Aber es ist höchst zweifelhaft, ob wir jemals tiefere Gebetserfahrungen machen werden, wenn wir bei diesen Kämpfen beginnen. Sie machen die Schwelle zum Gebet fast unübersteigbar hoch für christliche Leiter, die sowieso schon unter all ihrer Arbeit fast zusammenbrechen. Gleich mit dem »Gebetskampf« beginnen zu wollen, kann der Strohhalm sein, der dem Kamel vollends den Rücken bricht, wie die Engländer das ausdrücken. Dann ist das Gebet nur noch ein schweres »Muß«, und wir beschränken es auf ein Minimum.

Die einzige mögliche Tür zu einem vertieften Gebetsleben kann Gottes große Barmherzigkeit und sein Verlangen nach mir, seinem geliebten Kind, sein. Was er mir vielleicht an Gebets- und Fürbittearbeit auftragen wird, das kommt später. Kern und Wesen des Gebets ist meine Liebesbeziehung zu Gott. Wie Charles de Foucault sagt: »Beten ist: an Jesus denken und ihn gleichzeitig lieben.«

Der Ausgangspunkt ist, daß Gott ja schon bei mir ist: Vater, Sohn und Heiliger Geist. Er lädt mich in seine Gemeinschaft ein. Beten heißt also nicht »Gott anrufen«, in dem Sinne, daß er weit weg ist und erst durch mein Gebet zu mir kommt. Und schon gar nicht sind meine Gebetsanliegen die Tür zu Gott! Man findet manchmal die verrücktesten Ansichten über das Gebet. Frage: »Sollen wir beten?« Antwort: »Nein, ich wüßte nicht, wofür.« Also die Gebetsanliegen als Motivation – kein Wunder, wenn Beten zur Schwerarbeit wird und mich nur noch mehr an all meine Probleme erinnert.

Nein, Gott lädt mich ein, alle meine Lasten abzulegen und mich einfach so zu ihm zu setzen. Das Gebet ändert nichts an Gottes Anwesenheit; es ist eine Antwort auf seine Anwesenheit. Er ist immer bei mir, und im Gebet trete ich vor ihn.

Trete ich vor ihn? Ich schließe meine Augen und versuche, mich zu konzentrieren. Eine Minute geht das ganz gut, aber dann fällt mir heiß ein: Hast du auch den Küchenherd abgestellt? Der Streit, den ich heute morgen mit meinem Kollegen hatte, taucht aus meinem

120

Gedächtnis hoch, und ach ja, die Bahnfahrkarten für Donnerstag darf ich nicht vergessen. Aber jetzt zurück zu Gott! Nach zehn Sekunden kommt die sexy Blondine aus dem Bus vor mein inneres Auge. Und worüber soll ich die nächste Bibelstunde halten? Aufhören, jetzt bete ich! Und ich reiße mich wieder dreißig Sekunden zusammen. Und so weiter und so fort. Jeder Gedankenausflug senkt die Wärme meines Gebets um mindestens ein Grad, und ich werde nervös. Eine Liebesgemeinschaft mit dem lebendigen Gott soll das hier sein? Ich bin doch gar nicht richtig da!

Geduld, Geduld. Erstens *bin* ich ja vor Gott da, wenn auch nur mit meinem Körper. Nach seiner eingehenden Auslegung der Geheimnisse der Erlösung in den ersten elf Kapiteln des Römerbriefs kommt Paulus auf den Leib zu sprechen: »Ich ermahne euch nun, liebe Brüder, durch die Barmherzigkeit Gottes, daß ihr eure Leiber hingebt als ein Opfer, das lebendig, heilig und Gott wohlgefällig ist. Das sei euer vernünftiger Gottesdienst« (Röm 12,1). Größere Ansprüche auf meine Anwesenheit hat Gott also nicht! Daß ich mich rein körperlich hinsetze und zugänglich für Gott bin, ist das Fundament des Gebets und ein Anker für meine flatternden Gedanken.

Von dieser handfesten Gegenwart aus kann ich mich dann entspannen und den guten Hirten an mir arbeiten lassen. Petrus nennt Jesus den »Hirten und Hüter eurer Seelen« (1. Petr 2,25 – Schlachter). Meine Gedanken sind wie eine aufgeregte Schafherde, die hierhin und dorthin rennt. Einige sind vielleicht sogar in einem Dornenstrauch hängengeblieben, und je mehr ich zappele, um so weniger komme ich los. Selber versuchen, den Hirten zu machen und mich vor Jesus zu sammeln, führt mich nur in die Erschöpfung. Nein, ich höre besser auf zu kämpfen und lasse ihn selber geduldig durch meine Seele gehen und die verirrten und müden Schafe, alle meine so wichtigen und anstrengenden Pläne einsammeln und zu sich führen, ja sie auf seine Knie nehmen und heilen, korrigieren, gerademachen. Eine höchst nützliche und befreiende Übung für jemanden, der selber ein Hirte für andere Menschen sein will!

Praktische Ratschläge

Werden wir ganz praktisch. Wie könnte ein Jahr mit Gott bei mir aussehen? Vergessen wir dabei nie die Sache mit der Einfachheit, Flexibilität und Beharrlichkeit. Hüten wir uns vor mechanischem Kopieren, wählen wir, probieren wir aus, ergänzen wir aus dem Schatz der eigenen Erfahrungen. Und jetzt einige bewährte Ratschläge:

◇ Zunächst die jährliche *Einkehrfreizeit*. Nimm dir eine Woche im Jahr, gerne auch mehr, frei dazu. Die Einkehrangebote, die es heute gibt, schöpfen aus vielen Jahrhunderten der Erfahrungen mit dem Zusammenspiel zwischen Gottes Geist und der menschlichen Seele. Sie benutzen, mit verschiedenen Schwerpunkten, einen Tagesrhythmus, der darauf abzielt, Menschen so einfach und konzentriert wie möglich in die Stille vor Gott zu führen. Der Grundstock ist das regelmäßige Stundengebet, das auf den uralten Gebetszeiten der Juden basiert und später in dem ununterbrochenen Gebetsleben der Klöster weiterentwickelt wurde. In die Stille zu gehen und in dem gemeinsamen Gebet zu ruhen, das größtenteils ganz einfach aus dem Psalter und anderen Bibeltexten besteht, ist eine zutiefst heilende Erfahrung für den, der ständig damit ringt, die richtigen und schönen Formulierungen zu finden.

In der Stille der Einkehr begegne ich Gott – und mir selber, was mir manchen harten Augenblick bringen kann! Wie bei aller Gemeinschaft mit Gott suchen wir ihn selber und nicht seinen Segen oder seine Gaben. Mich in der Stille der Einkehr dem Werk der Gnade zu überlassen, führt mich durch Freude und Schmerz. Wie soll ich andere Menschen in größere Tiefen führen können, wenn ich nicht bereit bin, mit der Finsternis in meinem eigenen Leben zu kämpfen? Daß viele christliche Leiter diese Möglichkeit in solch geringem Maß wahrnehmen, zeigt nur, wie gründlich wir die Bedeutung der Führerschaft mißverstanden haben. Es gilt als das Natürlichste von der Welt, daß Gemeinden ihre Jugendleiter und Pastoren auf Fortbildungskurse und Konferenzen schicken. Aber Einkehr? Stille? Gebet? Nun ja, vielleicht um solche Freizeiten zu *leiten*. Aber für sich selber?

Aber muß man denn unbedingt auf eine Einkehrfreizeit fahren, um so etwas zu erleben? Kann man sich nicht einfach eine Woche aufs Land zurückziehen, um allein mit Gott zu sein? Sicher. Aber warte damit besser, bis du deine ersten Einkehrerfahrungen gesammelt hast. Die Erfahrung zeigt nämlich, daß so ein Einsiedlerleben auf eigene Faust uns Impulsen und Gedanken aussetzt, die uns nicht unbedingt zur Konzentration auf Gott helfen. Hier bietet die feste Form der Einkehrfreizeit eine wertvolle Stütze, damit die Stille mich auch wirklich zu Christus bringt und nicht zu meiner eigenen Müdigkeit und Zerrissenheit.

◇ Sodann der einzelne *Gebetstag.* Wir können ihn regelmäßig halten und/oder bei besonderen Anlässen. Die Form kann sehr variieren, je nach den Lokalitäten, meiner Veranlagung, meinen akuten Bedürfnissen usw. Nützlich ist jedoch auf jeden Fall, daß ich eine bestimmte Struktur wähle, die dem Tag – und mir – die nötige Stütze gibt. Ich kann zum Beispiel zu den klassischen Gebetszeiten der Kirche beten: um 6, 9, 12, 15, 18, 21 Uhr. Oder zu einigen dieser Zeiten. Dazwischen kann ich Spaziergänge einschieben, ausruhen, lesen oder was auch immer.

Ich kann dabei die verschiedenen »Gebetsrunden« zu verschiedenen Arten von Gebet nutzen. Ich kann zum Beispiel von den vier Grundformen des Gebets ausgehen: der *Anbetung,* bei der ich um Gott selber kreise, der *Danksagung,* die meine Erinnerung an all sein Wirken in der Schöpfung, in der Geschichte und in meinem eigenen Leben auffrischt, dem *Sündenbekenntnis,* bei dem ich mein Leben prüfe und ins Licht der Gnade stelle, und der *Fürbitte,* bei der ich eigene und fremde Anliegen vor Gott bringe.

Ich kann den Gebetstag auch um die Dreieinigkeit herum strukturieren – zum Beispiel morgens der Vater, mittags der Sohn, nachmittags der Heilige Geist und abends die ganze Dreieinigkeit. Oder ich lasse in meinen Gebeten Gott zuerst mein verflossenes Leben beleuchten, dann meine jetzige Situation und zuletzt meine Zukunft. Und so weiter. Freie Bahn für Kreativität und Experiment! Greife gerne auch zu Papier und Bleistift, die eine gute Hilfe für das innere Leben sind. Ein geistliches Tagebuch, in welchem ich meine Erfahrungen mit Gott und das, was er mir gesagt hat, niederschreibe, kann mir enorm helfen, nichts zu vergessen und ein Muster in Gottes Handeln mit mir zu erkennen.

◇ Sodann die *täglichen Zeiten vor Gottes Angesicht*, in Gebet und Bibellesen, wobei jeder das richtige Verhältnis zwischen beiden selber finden muß. Wieder gilt es, seine Phantasie zu gebrauchen und Fixpunkte zu finden, die mein inneres Leben durch den Tag tragen. Manche von uns sind Morgenmenschen und legen dort den Schwerpunkt. Andere sind Abendmenschen, die »ihren Koffer immer am Vorabend packen«, wie Edin Lövås das ausdrückt. Ich kann die Fahrt zur Arbeit in Auto, Bahn oder Bus zum Bibellesen (am Steuer des Autos bitte Bibel*hören* mit Kassette!) und Beten nutzen. Die Mittagspause bietet weitere Möglichkeiten, ebenso Spaziergänge. Manche Menschen ziehen es vor, pro Woche einen ganzen Abend für Gott zu reservieren, was kein Gramm ungewöhnlicher ist, als einmal in der Woche Tennis zu spielen oder die Volkshochschule zu besuchen. Es kann die Sammlung und Regelmäßigkeit erleichtern, wenn ich mir einen kleinen Raum oder eine Ecke in der Wohnung als »Gebetskammer« einrichte. Warum nicht, wenn wir doch auch Fernseh- oder Hobbyzimmer haben?

Ein Wort hier zu Freiheit und Form im Gebet. Wenn der Heilige Geist uns zu Worten und Formulierungen inspiriert, die uns erheben und vor Gott tragen, ist es gut und aufbauend, frei zu beten. Aber ständig unter dem Druck zu stehen, Gott neue, frische Formulierungen zu bieten, wirkt auf die Dauer ermüdend – besonders bei dem, dessen tägliches Brot es ist, das Evangelium für die Menschen zu formulieren. Zumindest im freikirchlichen Milieu findet man hier zuweilen auch einen gewissen falschen Stolz: Was ich nicht selber aus dem Stegreif formuliere, ist »nicht richtig geistlich«. Dieser Widerstand gegen alles Wiederholte und Bekannte ist nichts als geistlicher Hochmut und um so merkwürdiger, wenn wir bedenken, daß Jesus selber ständig die Gebete im Psalter benutzte.

Paulus schreibt: »Desgleichen hilft auch der Geist unsrer Schwachheit auf. Denn wir wissen nicht, was wir beten sollen, wie sich's gebührt; sondern der Geist selbst vertritt uns mit unaussprechlichem Seufzen. Der aber die Herzen erforscht, der weiß, worauf der Sinn des Geistes gerichtet ist; denn er vertritt die Heiligen, wie es Gott gefällt« (Röm 8,26–27). Praktisch kann das bedeuten, daß ich ganz einfach still vor Gott bin und den Geist im Verborgenen beten lasse. Oder der Geist gibt mir neue Worte, in Form der Zungenrede, als direkte Kommunikation zwischen meinem und Gottes Geist.

Ich kann auch – still oder laut – Gebete benutzen, die der Heilige Geist anderen Menschen eingegeben hat. Dadurch, daß ich sie benutze, werden sie ja nicht weniger inspiriert!

Vor allem der Psalter ist ein unerschöpflicher Schatz von Gebeten, die Gottes Leute durch die Jahrhunderte hindurch als ihre eigenen gebetet haben. Ich kann einen ganzen Psalm beten oder ein paar Verse, die zum Ausdruck bringen, wie es mir ums Herz ist. Auch in anderen biblischen Büchern finden wir viele mögliche Gebete, so die des Paulus in seinen Briefen. Die Gebete der Heiligen Schrift haben ein wunderbares Vermögen, auszudrücken, was wir im Innersten meinen, und sie werden nie langweilig.

Zu meiner Verfügung steht auch der gigantische Gebetsschatz, der im Laufe der langen Geschichte der Kirche gewachsen ist; bedienen wir uns! Es gibt ausgezeichnete Gebets- und Andachtsbücher, mit kostbaren Juwelen aus vergangenen Jahrhunderten oder aus unserem eigenen. Und warum sollte ich nicht auch eigene Tagesgebete schreiben, die meine ganz persönliche Glaubenssehnsucht ausdrücken und mich von dem Zwang entbinden, jedesmal etwas Neues zu formulieren? All dies ist natürlich kein Ersatz für das freie Gebet, sondern das Rückgrat des täglichen Gebets, das ich dann nach Lust und Laune erweitern kann.

◇ Und schließlich das *ständige Beten*. Paulus hat uns ein Bibelwort gegeben, das selbst das schlechteste Gedächtnis auswendig lernen kann: »Betet ohne Unterlaß« (1. Thess 5,17). Wie soll das zugehen? Nun, zunächst einmal muß es wohl möglich sein, sonst hätte Paulus uns nicht dazu aufgefordert. Zum zweiten steckt hinter diesem Satz wohl eine andere Auffassung vom Gebet als unsere übliche, mit Formulierungen, Gebetsanliegen, Einleitung, Schluß usw. Hier spricht Paulus vom Gebet des Herzens, oder anders ausgedrückt: vom Gebet des Geistes.

Jesus gibt uns in der Bergpredigt einen Anhaltspunkt: »Wenn du beten willst, dann geh in dein Zimmer, schließ die Tür zu und bete zu deinem Vater, der im Verborgenen ist. Dein Vater, der auch das Verborgene sieht, wird dich dafür belohnen« (Mt 6,6 – GN). Das mit dem Zimmer (Luther: »Kämmerlein«) ist natürlich in erster Linie buchstäblich zu nehmen: Wir sollen unser Gebet nicht vor den anderen zur Schau stellen, sondern uns zurückziehen. Aber es geht hier auch darum, daß ich mich in meine innerste Seelenkammer zurückziehe, um dort Gemeinschaft mit dem Vater zu haben.

Im griechischen Urtext steht hier für »verborgen« das Wort *kryptos,* das wir heute noch in der *Krypta* wiederfinden, ein kleiner verborgener Raum unter oder hinter dem eigentlichen, öffentlichen Kirchenraum. Wir haben gleichsam eine Krypta in unserer Seele, und dort ist Gott, und dort brennt auf dem Altar ständig die Flamme des Geistes, in Liebe zum Sohn, der den Vater offenbart. Dieses Gottesgebet geht ständig in mir vor sich, Tag und Nacht.

»Ohne Unterlaß beten« ist also in gewisser Weise etwas, das bereits geschieht. Die Ermahnung des Paulus muß mithin bedeuten, daß wir uns, so oft und so einfach wie möglich, bewußt mit dieser Gebetsflamme des Geistes vereinigen, in einem stillen »Ja« zu Gottes Gegenwart. Das kann durch einen wortlosen Seufzer geschehen oder dadurch, daß ich innerlich oder flüsternd den Namen »Jesus« anrufe. Das sogenannte Jesusgebet ist eine uralte Formulierung des Herzens allen christlichen Gebets und für Unzählige Hort und Ruheplatz geworden: »Herr Jesus Christus, erbarme dich meiner.«

Sollen wir hier »Amen« sagen? Aber bitte nicht so, wie das so oft geschieht, als Schere, die den Faden zu Gott abschneidet, bis wir ihn beim nächsten Gebet wieder zusammenknüpfen. Ursprünglich bedeutete das Wort keinen Gebetsabschluß, sondern ein bekräftigendes Einstimmen: »Ja, so soll es sein.« Das »Amen« ist also, recht betrachtet, eher eine Begleitung als ein Abschluß des Gebets. Selbst wenn ich aufgehört habe, bewußt an Gott zu denken oder zu ihm zu beten, ist er ja nach wie vor an meiner Seite. Die Fortsetzung folgt immer.

Durchscheinendes Leben

Früher oder später komme ich als christlicher Leiter an einen Punkt, wo ich mich frage, was für ein Recht ich überhaupt habe, mich Leiter zu nennen. Die Mängel in meinem Leben sind so offenbar, daß ich nicht mehr in den Spiegel schauen kann, ohne mich zu schämen. Wie sollen es da andere mit mir aushalten? Was kann ich ihnen eigentlich geben außer meinen eigenen Unvollkommenheiten? Meine schönen großen Ansprüche prallen ja pausenlos mit meiner jämmerlichen Wirklichkeit zusammen. Meine Ergebnisse sind, gelinde gesagt, bescheiden, und je besser ich mich selber kennenlerne, um so lächerlicher erscheint mir der Gedanke, daß ich – ausgerechnet ich – ein Vorbild für andere sein soll. So schwach und so sündig – und ich will ein christlicher Leiter sein?

Und ich fange an, mich zu fragen, was das eigentlich ist – andere geistlich »führen«. In meiner Position in der Gemeinde kann es doch im Grunde nicht bestehen. Sicherlich, eine gewisse Stellung gibt mir rein formal die Möglichkeit, gewisse Dinge zu sagen oder durchzusetzen, aber in der eigentlichen Bedeutung des Wortes meint »führen« doch ein Beeinflussen, das in die Tiefe geht, und wir wissen doch, daß hier nicht die Stellung zählt, sondern das persönliche Vorbild. Wir reproduzieren uns *immer* in den Menschen, die wir leiten, ob nun zum Guten oder zum Schlechten. Ein oberflächlicher Lehrer formt oberflächliche Schüler, einer mit geistlichem Tiefgang öffnet die Tiefen ihrer Seelen. Der von einem harten Gottesbild Geplagte vermittelt ein Christentum des ständigen »Du mußt«, und wer seine Lust an Gott hat, steckt andere mit dieser Lust an.

Nie können wir anderen weitergeben, was wir selber nicht haben. Eltern, die unsichere Menschen sind, können ihre Kinder noch so sehr behüten und mit Gaben überschütten – das Tiefensignal, das sie ihnen übermitteln, heißt Unsicherheit. Und umgekehrt werden Eltern, die sich sicher und geborgen fühlen, diese Sicherheit unweigerlich ihren Kindern vermitteln, selbst wenn ihr Erziehungsstil und ihre Fürsorge Mängel haben. So ist es auch in der christlichen Gemeinde: Leiten hat mehr damit zu tun, daß man nachahmenswert ist, als daß man »alles richtig macht«.

Aber wenn es also nicht an meiner Stellung liegt, sondern an meinem Vorbild, kann ich da nicht gleich ganz einpacken? Hat dann nicht mein schlechtes Gewissen, das mir die ganze Zeit schon sagt, daß ich es nicht schaffe, recht? Und mal ehrlich – wer in der großen weiten Welt kann dann überhaupt noch ein christlicher Leiter sein? Man zeige mir einen einzigen Menschen, der diese Qualifikationen erfüllt!

Wie kommen wir heraus aus diesem Dilemma? Was tun mit unseren Fehlern und Mängeln, mit all dem, wogegen wir ankämpfen und das sich doch immer wieder festbeißt und unsere besten Vorsätze zunichte macht? Nun, zeichnen wir einmal zwei Porträts und stellen sie nebeneinander. Es sind zwei Menschen, die die große Herausforderung auf ganz unterschiedliche Weise angehen und uns damit zeigen, welches die beiden Hauptwege sind, zwischen denen wir wählen können.

Der erste ist ein Pharisäer. Nennen wir ihn Saulus. Wenn er über sein Leben und seine Leiterrolle nachdenkt, klingt das ungefähr so: »Ich bin ein Gefäß für Gott. Eigentlich ein ganz gutes; ich glaube, Gott ist froh, daß er mich in seinen Dienst gestellt hat. Nun gilt es für mich, in diesem Gefäß so viel von Gott zu sammeln, wie ich kann, so daß ich ein richtig guter Leiter werde. Und wenn ich fertig gesammelt habe, dann habe ich die Aufgabe, all dieses Wertvolle in mir zu bewahren. Ich verschließe also mein Gefäß mit einem festen Schloß und verteidige den Schatz in ihm gegen alle Angriffe. Richtig stark muß ich werden, damit Gott nicht zerbricht. Und schön putzen muß ich mein Gefäß auch; jeder soll sehen können, daß Gott sich meiner nicht zu schämen braucht. Gott soll stolz auf mich sein können.«

So denkt der Pharisäer Saulus. Was tut er nun konkret, um ein guter Leiter zu sein? Nach einer Weile merkt er ja, daß in diesem Gefäß nicht nur Gott steckt, sondern auch eine Menge Dummheit und Schwäche und Sündhaftigkeit, die, wenn sie bekannt würden, Gottes Glaubwürdigkeit schmälern würden. »Was werden die Leute denken, wenn sie sehen, wie es bei mir ist?« denkt Saulus. Und er drückt den ganzen Dreck so tief in das Gefäß hinein wie möglich.

Den Dreck in seinem Leben. Und den in seiner Gemeinde und Kirche. Fort damit, daß es ja keiner sieht! Makellos leuchten muß meine Arbeit, auf daß sie nicht unglaubwürdig und so Gottes Ehre beschmutzt wird.

Und er setzt alles daran, das Gute in seiner Persönlichkeit und all seine Leistungen zu betonen. Und es wirkt: »Auf unseren Pastor ist Verlaß«, sagen die Leute, »der ist voll drauf.« Und mit dem Pastorenvertrauen wächst das Gottvertrauen: Jawohl, Gott ist gut, Gott ist gerecht, Gott macht keine Fehler. Wie unser Pastor. Ein bißchen müde wird der Pharisäer Saulus schon von dem ständigen geistlichen Repräsentieren, aber es hat halt seinen Preis, das geistliche Amt. Und wie sollte Gottes Werk denn weitergehen, wenn Saulus wegen dem bißchen Müdigkeit schlappmachen würde!

Und er lächelt noch breiter und predigt noch erfrischender. Erschöpfung, menschliche Schwächen? Ab in die Ecke damit, ich soll den Menschen doch Gott predigen und nicht mich selbst! Die großen Wahrheiten Gottes wollen sie hören, und nicht, was den Menschen Saulus bewegt . . .

Und so konzentriert der Pharisäer Saulus sich mit aller Kraft auf das Wort. Das geoffenbarte Gotteswort will er verkündigen, objektiv und ohne eigene Zusätze. Und das Wort wird zu einem Schutzschild, den Pastor Saulus vor sich hält, wenn er den Menschen begegnet. So klar wie möglich will er ihnen Gott zeigen, um keinen Preis darf seine eigene Persönlichkeit Gottes reines Bild verfälschen. Dank seiner großen Bibelkenntnis lernt er rasch, welche Bibelworte für welche Lebenssituationen passend sind. Und der Schutzschild funktioniert; er verdeckt Saulus' Persönlichkeit, seine eigenen Gedanken, Schwächen, Reaktionen, Sünden, Interessen usw.

Selbstverständlich schiebt Saulus auch jegliche Freizeitinteressen beiseite, die ja nur Zeit und Kraft binden und die Menschen an der Arbeit für das Eigentliche hindern. Und niemals würde es ihm einfallen, jemandem zu sagen, wie er sich fühlt, wie es ihm geht und dergleichen. Er ist doch ein geistlicher Leiter, er hat Höheres zu tun, als sich über sich selbst auszulassen. Daß die Menschen dem engeren Kontakt mit ihm ausweichen, sieht er als Bestätigung des Jochs der Einsamkeit, das nun einmal jeder Gottesmann erhobenen Hauptes zu tragen hat.

Kurz und gut: Der Pharisäer Saulus baut seine ganze Autorität auf Prinzipien auf. Geistlich führen – das heißt, daß ich erstens Gottes Prinzipien befolge und zweitens zusehe, daß die anderen sie auch befolgen. »Wenn ich gelernt habe, nach diesen Prinzipien zu leben, werden die anderen auch bereit werden, danach zu leben.« Und damit diese lebenswichtige Arbeit auch bestimmt keinen Schaden nimmt, achtet Pastor Saulus mit Argusaugen auf seine geistliche Stellung, stets bereit, seine Autorität sofort zu verteidigen, denn man weiß ja, welche Geister sonst die Herde zerstreuen würden. In Gottes Namen gilt es, die Wahrheit zu verteidigen und jeden zu bestrafen, der sich gegen sie erhebt. Dazu ist man schließlich berufen als geistlicher Leiter!

Das Licht, das in der Schwachheit leuchtet

Der erste Leiter ist einer von der gesetzlichen Art. Der andere ist ein befreiter Christ. Nennen wir ihn Paulus. Wenn er über sein Leben und Amt nachdenkt, klingt das etwa so: »Ich bin eine Glasscheibe für Gott. Er hat mich mit seinem Licht geblendet, und jetzt gilt es, daß andere sein Licht durch mich sehen. Darum muß ich so zugänglich wie möglich für sein Licht sein, und so rein wie möglich, damit ich es nicht behindere. Wenn das Licht auf das Glas trifft, treten alle Flecken und Sprünge hervor, aber das kann ich nicht ändern – Gott wird sein Licht schon um so stärker scheinen lassen. Je stärker ich selber bin, um so weniger Licht lasse ich durch. Also muß ich als geistlicher Leiter immer schwächer und verletzlicher werden, und nicht größer und stärker. Und da so eine Glasscheibe das Licht nicht in sich speichern kann, sondern es nur durchläßt, muß ich so nahe bei Gott leben wie möglich, in ständiger Abhängigkeit von seiner Gegenwart. Und sollte ich zerbrechen, ist das nicht das Ende der Welt – das Licht bleibt ja!«

Was tut nun Paulus, um als Leiter fungieren zu können? Nun, er hat uns ein Selbstporträt gegeben, in seinem zweiten Brief an die

Gemeinde in Korinth. Dort waren starke Persönlichkeiten aufgetaucht, die die Gemeinde beeinflussen wollten – Männer, die ein verdrehtes Evangelium predigten. Auch war die Gemeinde schon seit Jahren durch Intrigen zerrissen, und ihre Kenntnisse darüber, wie man als Christ zu leben hat, waren gelinde gesagt lückenhaft. Eine brisante Situation also, und man kann sich vorstellen, wie vorsichtig und mißtrauisch die Korinther diesen Paulusbrief öffneten: Was macht er jetzt, der große Paulus? Jetzt werden wir sehen, was er als Apostel wert ist!

Ja, was macht Paulus? Schlägt er mit der Faust auf den Tisch? Schreitet er im Namen Gottes und seiner Apostelautorität zu einer gründlichen Säuberung dieser störrischen Gemeinde? Stellt er sich als der starke Mann dar, der die Lage unter Kontrolle hat, läßt er seine geistlichen Muskeln spielen, daß niemand mehr an seinen Führungsqualitäten zweifeln kann? Nein. Er tut so ziemlich das genaue Gegenteil. Er beginnt seinen Brief mit einem Hinweis auf den »Vater der Barmherzigkeit und Gott allen Trostes« (2. Kor 1,3). Und dann berichtet er über sein Ergehen:

»Ihr sollt wissen, Brüder, daß ich in der Provinz Asien in einer ausweglosen Lage war. Die Last, die ich zu tragen hatte, war so groß, daß es über meine Kraft ging. Ich hatte keine Hoffnung mehr, mit dem Leben davonzukommen. Ich fühlte mich wie einer, der sein Todesurteil empfangen hat. Aber das geschah, damit ich nicht auf mich selbst vertraue, sondern mich allein auf Gott verlasse, der die Toten lebendig macht« (2. Kor 1,8.9 – GN). Und damit schlägt Paulus den Grundton des ganzen Briefes an. Anstatt den Korinthern seine Lage zu verschweigen, damit sie ja nicht irre an ihm werden, ist es ihm ein Anliegen, daß sie um sein persönliches Ergehen wissen: »Wir haben uns von aller schimpflichen Arglist losgesagt; wir handeln nicht hinterhältig und verfälschen das Wort Gottes nicht, sondern lehren offen die Wahrheit. So empfehlen wir uns vor dem Angesicht Gottes jedem menschlichen Gewissen« (2. Kor 4,2 – Einh.).

Man beachte: Paulus legt nicht nur Gottes Wort offen dar, sondern auch sein eigenes Leben. Wieder und wieder erwähnt er, was für Schwierigkeiten er durchgemacht hat: »Als wir nach Mazedonien gekommen waren, fanden wir in unserer Schwachheit keine Ruhe. Überall bedrängten uns Schwierigkeiten: von außen Widerspruch und Anfeindung, im Innern Angst und Furcht. Aber Gott, der die Niedergeschlagenen aufrichtet, hat auch uns aufgerichtet, und zwar durch die Ankunft des Titus...« (2. Kor 7,5–6 – Einh.). Ein ständig wiederkehrendes Schlüsselwort ist »Schwachheit« – und zwar die des Paulus und nicht dieser Problemgemeinde! »Denn wir freuen uns, wenn *wir* schwach sind, *ihr* aber mächtig seid; um dieses beten wir auch, um eure Vervollkommnung« (2. Kor 13,9 – Elbf.). Also nicht Paulus soll »vollkommen« werden, sondern die Gemeinde. Und der Weg, auf dem er sie dorthin führen will, geht nicht über Machtausübung, sondern über Offenheit: »Unser Mund hat sich für euch aufgetan, Korinther, unser Herz ist weit geworden. In uns ist es nicht zu eng für euch; eng ist es in eurem Herzen. Laßt doch als Antwort darauf – ich rede wie zu meinen Kindern – auch euer Herz weit aufgehen!« (2. Kor 6,11–13 – Einh.)

Gleichzeitig vermißt man in dem Brief eine Auflistung der Leistungen und Erfolge des Paulus, die ja nicht wenig beeindruckend waren. Seitenweise hätte er darüber schreiben können, wie viele Menschen er zum Glauben geführt hatte, wie viele Kranke durch Gebet geheilt, wie viele Gemeinden gegründet usw. Das hätte doch seine Aktien in Korinth steigen lassen – meinen wir. Aber gerade das spielt er eher herunter. Das einzige, was er aus seinem Leben auflistet, sind die Leiden und Prüfungen, die er durchgemacht hat, all die Probleme in seinem Leben, mit der Obrigkeit und mit den Gemeinden. Mit großer Offenherzigkeit gibt er das Schwache in seinem Leben preis und schweigt über das Starke: »Und wenn ich mich rühmen wollte, wäre ich nicht töricht; denn ich würde die Wahrheit sagen. Ich enthalte mich aber dessen, damit nicht jemand mich höher achte, als er an mir sieht oder von mir hört.« (2. Kor 12,6)

Es ist also nicht so, daß Paulus seine Leistungen ableugnet. Das wäre falsche Demut, die auf der Lüge gründet und nichts mit dem Geist der Wahrheit zu tun hat. Christliche Demut bedeutet nicht, daß ich meine Erfolge geringschätze, sondern daß ich darüber schweige und mich ganz einfach auf andere, wichtigere Dinge konzentriere. Ich leugne nichts ab, ich trete für Christus zur Seite.

Und jetzt beachten wir den entscheidenden Unterschied zwischen diesen beiden Wegen. Saulus wie Paulus sagen: »Nicht ich, sondern Gott«, aber die Folgerungen, die sie daraus ziehen, sind völlig unterschiedlich. Der Pharisäer sieht einen grundlegenden Gegensatz zwischen dem Göttlichen und dem Menschlichen: Das Menschliche ist Gott nur im Weg und muß folglich beiseite geschoben werden; Gott verkündigen kann ich nur auf Kosten des Menschlichen. Aber für den Christen, der darum weiß, daß Gott in Christus Mensch wurde, nimmt Gott *gerade im Menschlichen* Gestalt an. Darum zeigt Paulus seine Menschlichkeit, ohne sich ihrer zu schämen; er weiß, daß er gerade in seiner Schwachheit Träger der Gegenwart Gottes ist.

Er drückt diesen Zusammenhang so aus: »Ich verkündige also nicht mich selbst, sondern Jesus Christus als den Herrn. Ich selbst bin nur ein Diener – euer Diener um Jesu willen. Gott hat einst gesagt: ›Aus der Dunkelheit soll Licht aufleuchten!‹ So hat er jetzt sein Licht in meinem Herzen aufleuchten lassen, damit die Menschen die göttliche Herrlichkeit erkennen, die Jesus Christus ausstrahlt. Ich bin nur ein zerbrechliches Gefäß für einen so kostbaren Inhalt. Denn man soll ganz deutlich sehen, daß die übermenschliche Kraft von Gott kommt und nicht von mir.« (2. Kor 4,5–7 – GN)

Ein Pharisäer will seine Frömmigkeit leuchten lassen. Ein Christ läßt Gottes Licht leuchten. Paulus zieht einen Vergleich zu Mose, dem großen Vertreter der alten Art, Gottes Offenbarung zu tragen:

»Weil wir diese Hoffnung haben, können wir Gottes Wort voller Zuversicht verkündigen. Und wir brauchen auch nicht unser Gesicht mit einer Decke zu verhüllen, wie Mose es getan hat, damit die Israeliten nicht sehen sollten, wie der Glanz Gottes auf seinem Gesicht verschwand.« (2. Kor 3,12–13 – Hoffnung für alle)

Wer sich als Träger der ständig neuen Gegenwart Gottes weiß, der hat nichts zu verbergen. Gott verbreitet sein Licht nicht nur in Stärke und Erfolg, sondern auch in Schwäche und Leiden. Wer aber meint, Gottes Offenbarung bekommen zu haben, damit er selber ein guter Leiter wird, der muß bald zu verhüllenden Decken greifen, damit die Leute nicht sehen, wie sein Glanz wieder verblaßt.

Wenn die Gnade etwas ist, worüber wir verfügen können, müssen wir sie schützen. Verfügt sie dagegen über uns, dann haben wir alles zu gewinnen, wenn wir den Mitmenschen unser Leben öffnen. Wenn Jesus in diese Welt kam, um uns zu heilen Menschen zu machen, muß ein leitender Christ seine Menschlichkeit *mehr* zeigen als die anderen – nicht, um mit ihr zu glänzen, sondern um die Zugangsschwelle zum Prozeß der Gnade zu senken, so daß auch andere über sie gehen können. In unserer Schwäche, nicht in unserer Stärke begegnen wir Gott. Und einander.

Dag Hammarskjöld hat diese Erfahrung so ausgedrückt: »Das Kostüm für deine Rolle, die Maske, die du mit so viel Sorgfalt angelegt hast, um zu deinem Vorteil aufzutreten, war die Mauer zwischen dir und der Sympathie, die du suchtest. Eine Sympathie, die du an dem Tag gewonnen hast, da du nackt dort standest. Der befehlenden Stimme wurde erst gehorcht, als sie in Hilflosigkeit erstickte.«[28]

Hier, gerade in dieser Schwäche, werden Kräfte freigesetzt, von denen wir nichts geahnt hatten. Paulus versuchte gerade so wie wir, seinen »Pfahl im Fleisch« (was immer das nun war) loszuwerden, und bat Gott, ihn davon zu befreien. »Aber er hat mir gesagt: ›Du brauchst nicht mehr als meine Gnade. Je schwächer du bist, desto stärker erweist sich an dir meine Macht.‹ Jetzt trage ich meine Schwäche gern, ja ich bin stolz darauf, damit die Kraft Christi sich an mir erweisen kann« (2. Kor 12,9 – GN). Diese Kraft ist teils an das geoffenbarte Wort Gottes geknüpft, das Paulus ohne jede Hintergedanken und Verfälschung weiterträgt (2. Kor 4,2), teils an den Heiligen Geist, dessen göttliches Leben in Paulus' Schwäche wirksam ist: »Doch haben wir den gleichen Geist des Glaubens, von dem es in der Schrift heißt: Ich habe geglaubt, darum habe ich geredet« (2. Kor 4,13 – Einh.).

Im tiefsten geht es bei dem Leiteramt des Paulus also nicht um sein eigenes Können, sondern darum, daß er sich in Gott fallen läßt, der in ihm wirkt. Der Weg heißt nicht: Streng dich an, sondern: Überlasse dich Gottes Wirken. Und sollte das »irdene Gefäß«

(2. Kor 4,7) ein paar Sprünge bekommen, so kann Gottes Licht durch sie neu zu den anderen Menschen durchscheinen!

Dergleichen setzt natürlich voraus, daß ich meiner Berufung, Gott zu lieben, treu geblieben bin. Wo ich nicht durch diese Liebesvereinigung mit Christus ein grundsolides Fundament bekommen habe, ist ein solches Sichentblößen, wie wir es im 2. Korintherbrief finden, unerträglich schmerzhaft, und alles bricht zusammen. Aber wenn ich meinen Wert und meine Identität nicht mehr in meiner Leiterrolle habe, sondern in Christus, dann brauche ich kein Revier mehr zu verteidigen, sondern nur noch die Gnade frei fließen zu lassen. Dann kann ich die ganze Autoritätsfrage an den weitergeben, der die Autorität hat: Christus selber. Wir haben in unseren Gemeinden nur in dem Maße Autorität, in welchem wir uns Christus unterordnen und ihn direkt in den Menschen wirken lassen. In dem Augenblick, wo wir anfangen, unsere Autorität zu verteidigen, haben wir sie verloren. Autorität ist ebenso wie Gnade nicht etwas, über das ich verfügen kann; ich kann sie nur vermitteln. Daher geht es bei der Autoritätsfrage vielmehr um meine persönliche Verankerung als um irgendwelche »Führungsprinzipien«.

Der kritische Punkt

Der große Testfall kommt dann, wenn wir kritisiert werden. Wir können uns lange einbilden, daß unsere Identität an der richtigen Stelle liegt – bis jemand, ob nun offen oder hintenherum, unser Führen kritisiert und unseren Einfluß in Frage stellt. Jetzt ist der Augenblick der Wahrheit da! Jetzt habe ich, wenn ich meinen Schmerz ein wenig auf Distanz halten und einen Augenblick mit meiner Antwort warten kann, eine Gelegenheit, mich selber zu prüfen, wie ich sie vielleicht nie mehr bekomme. Wie reagiere ich? Warum reagiere ich so? Was will ich eigentlich verteidigen? Eine Begebenheit aus der Zeit der Wüstenväter mag uns andeuten, wohin der Weg der Reife uns führen kann:

»Man erzählte vom Altvater Agathon: Einige kamen einmal zu ihm, weil sie gehört hatten, er besitze eine große Unterscheidungsgabe. So wollten sie ihn auf die Probe stellen, ob er in Zorn gerate, und sagten zu ihm: ›Bist du der Agathon? Wir hörten von dir, daß du ein Buhler bist und ein stolzer Mensch!‹ Er antwortete: ›Ja, so ist es!‹ Sie sagten weiter zu ihm: ›Du bist Agathon, der Schwätzer und Verleumder?‹ Er antwortete: ›Ich bin es!‹ Wiederum sagten sie: ›Du bist Agathon, der Ketzer?‹ Da entgegnete er: ›Ein Ketzer bin ich nicht!‹ Sie baten ihn nun und fragten: ›Sag uns, wie kommt es: Wir sagten solche Dinge, und du nahmst es hin. Die letzte Anklage aber ließest du doch nicht auf dir ruhen.‹ Er erklärte ihnen: ›Das Vorhergesagte schreibe ich mir zu; denn es nützt meiner Seele. Aber Ketzer! – das ist Trennung von Gott, und ich will nicht von Gott getrennt sein.‹ Als sie das hörten, wunderten sie sich über seine Unterscheidungsgabe, und erbaut gingen sie weg.«[29]

Wie gesagt, Gottes Gnade muß kräftig in mir wirken, bis ich fähig bin, zwischen Kritik an Gottes Offenbarung und Kritik an meiner Person zu unterscheiden! Wie oft werfen wir beide zusammen und verteidigen uns selbst und Gott, wo wir eigentlich die Kritik an uns bejahen, aber die Angriffe auf die Offenbarung abweisen müßten. Indem wir uns gleichsam zu Gottes Stellvertretern aufschwingen, erschweren wir es den Menschen, die uns kritisieren, direkt auf Gottes Stimme zu hören. Denn wenn wir in ihren Augen eins mit Gott sind, müssen sie ja mit uns auch Gott verwerfen. Auf diese Weise kann ein Leiter schweren Schaden in Menschenherzen anrichten und ihre geistliche Reife und Selbständigkeit auf Jahrzehnte hinaus blockieren.

Aber Kritik gibt uns nicht nur Gelegenheit, uns selber besser zu verstehen, sondern auch die Menschen, die uns kritisieren, etwas tiefer kennenzulernen. Eine solche Krise kann, richtig angegangen, in beiden Richtungen heilend wirken. Wir tun gut daran, dies gründlich zu lernen, denn kaum etwas ist so konfliktträchtig wie das Leiteramt. Jean Vanier, der Gründer der »Arche«-Kommunitäten, die in mehreren Ländern mit Behinderten arbeiten, gibt eine der Erklärungen dafür:

»Viele Menschen, die sich einer Gemeinschaft anschließen, projizieren auf den oder die Leiter einen Teil der Schwierigkeiten, die sie mit ihren eigenen Eltern hatten. Das Ergebnis ist häufig ein Hin und Her zwischen Aggressivität und Unterwürfigkeit: Mal greifen diese Menschen den Leiter heftig an, mal kriechen sie vor ihm zu Kreuze. Sie sind schön gehorsam, und dann auf einmal – *patsch!* Sie begegnen dem Leiter nicht als einem Menschen, was zum Teil auch seine Schuld sein kann, wenn er den anderen nicht als Menschen begegnet ist. Der Leiter ist eine ausgezeichnete Zielscheibe für Aggressionen, und manchmal heben ihn die Menschen auf einen extra hohen Sockel, damit sie noch besser auf ihn schießen können. Aber richtig vom Sockel herunterstoßen tun sie ihn nie, das wäre zu gefährlich. Sie wissen genau, daß dann jemand anderes sich dorthin stellen müßte, und diesen Posten wollen sie nicht. Sie zielen also auf deine Beine, nicht auf dein Herz.

Der angegriffene Leiter kann ein warmes persönliches Verhältnis zu jedem aus seiner Gruppe schaffen – oder aber er versucht, die gesamte Gruppe in Schach zu halten. Aber das Wichtigste ist, daß er der Gruppe immer einen Schritt voraus ist im Prozeß der Vergebung. Gruppenpsychologie kann eine Gemeinschaft sehr bereichern, aber es gibt etwas, was eine christliche Gemeinschaft anderen Gemeinschaften voraushat, und das ist bedingungslose Vergebung. Sie ist der Grundstein christlicher Gemeinschaft.«[30]

Und es fällt mir viel leichter, anderen zu vergeben, wenn ich meine eigene große Vergebungsbedürftigkeit eingesehen und die Vergebung des himmlischen Vaters entgegengenommen habe, der seine Liebesarme auch nach Berufschristen ausstreckt, die sich danebenbenommen haben. Hier berühren wir wieder das tiefste Paradox des Glaubens: das Mysterium des Kreuzes. Was wie die schlimmste Niederlage aussah, wie der jämmerlichste Verlust sämtlicher Machtansprüche Jesu, wurde zum entscheidenden Durchbruch für sein Wirken in der ganzen Welt. Und ähnlich wie Petrus können wir ihm in diesem Prozeß folgen: von einer »Wir-schaffen-es-schon«-Theologie auf den Barrikaden tief hinunter in eine Zerknirschung, die uns sämtliche Illusionen nimmt und uns nackt und zerschunden in einen einzigen Schrei nach Barmherzigkeit wirft, und durch dieses Tal hindurch in die völlige Abhängigkeit von dem

Licht der Gnade, das – unfaßbar! – immer noch in meinem Leben leuchtet, ja jetzt wie nie zuvor hinausstrahlt zu den anderen Menschen.

Oft folgt auf diese Erfahrung ein Abbau diverser äußerer Attribute und Ansprüche, die ich bislang zur Verteidigung meiner Stellung benutzt hatte. »Für den Anschein, Einfluß zu haben, zahlt man mit seiner Wirklichkeit«, wie Dag Hammarskjöld es ausdrückt.[31] Und in dem Maße, wie mein Bedürfnis nach diesem Schein abnimmt, öffne ich Gottes Wirken die Tür.

Dies ist ein weiteres Beispiel dafür, daß ein christlicher Leiter keine andere Berufung hat als alle anderen Christen – nur daß er einen Schritt weiter zu gehen hat. Christus hat uns dazu gerufen, ihm zu folgen und unser Kreuz zu tragen. Und wenn er, das vollkommene Vorbild, »soviel Widerspruch gegen sich von den Sündern erduldet hat« (Hebr 12,3), wie sollten wir, die wir so höchst unvollkommen sind, ohne Widerspruch und Wunden davonkommen? Wenn wir all die Konflikte, die wir selber durch Machtstreben und mangelnde Sensibilität verursachen, abziehen, bleibt immer noch eine ganze Kategorie, die mit unserer innersten Berufung zu tun hat. Wenn wir ständig jede Form von Schwäche und Widerstand als »unnormal« bekämpfen, bedeutet das dann nicht, daß wir in der Praxis das Kreuz bekämpfen? Wie sollen die Kräfte der Auferstehung in uns frei werden, wenn wir nicht den Schmerz des Karfreitags schmecken wollen? Und dieses »Ja« zum Leiden muß sachlich und verhalten sein, ohne Märtyrerglorie, die uns nur doppelt schwerverdaulich für unsere Mitmenschen machen würde.

Nur in dem Maße, in welchem wir das Werk des Kreuzes in unser Leben hineinlassen, können wir glaubwürdig andere Menschen zum Kreuz führen. Wie William Temple es sagte: »Man kann nicht sagen: ›Geh zum Kreuz‹, sondern nur: ›Komm.‹« Oder wie Paulus, der Christ gewordene Pharisäer, es ausdrückt: »Wohin wir auch kommen, immer tragen wir das Todesleiden Jesu an unserem Leib, damit auch das Leben Jesu an unserem Leib sichtbar wird. Denn immer werden wir, obgleich wir leben, um Jesu willen dem Tod ausgeliefert, damit auch das Leben Jesu an unserem sterblichen Fleisch offenbar wird.« (2. Kor 4,10–12 – Einh.)

Ich möchte mit einem Bild aus dem Alten Testament schließen. Als die Israeliten nach ihrer Wüstenwanderung zum Jordan kamen, schlugen sie dort ihr Lager auf. Ihr Führer Josua wußte, daß sie über den Fluß mußten, aber er wußte nicht, wie das zugehen sollte, und so sagte er dem Volk einfach: »Heiligt euch, denn morgen wird der Herr Wunder unter euch tun« (Jos 3,5). Und Gott sprach zu Josua und erklärte ihm seine Strategie: Die Priester sollten die Bundeslade vorantragen und mit ihr in den Fluß gehen, bis das Wasser ihre Füße berührte. Dann würde das Wasser stehenbleiben, so daß das Volk über den Fluß konnte. Und so geschah es: »Und die Priester, die die Lade des Bundes des Herrn trugen, standen still im Trockenen mitten im Jordan. Und ganz Israel ging auf trockenem Boden hindurch, bis das ganze Volk über den Jordan gekommen war.« (Jos 3,17)

Der Jordan ist einer der tiefsten Punkte der Erdoberfläche. In dieser Tiefe ließ Jesus sich taufen – ein Bild unserer eigenen Taufe in ihm, bei der unser alter Mensch stirbt und der neue aufersteht. Hier unten im Fluß stehen die geistlichen Führer Israels, während das Volk ins Gelobte Land geht. Sie halten nicht sich selber hoch, sondern die Offenbarung Gottes. Und sie tun dies in der größten Abhängigkeit von Gottes Gnade, denn da, wo sie stehen, ist die Gefahr, zu ertrinken, sollte plötzlich das Wasser kommen, am größten. Ihr Stillestehen zeigt, daß es mehr um Ausdauer und Treue geht als um spektakuläre Großtaten. Welch ein Bild christlichen Führens: ganz unten stehen und Gott handeln lassen, damit andere weitergehen können.

2. Die Sendung

Geh!

Sie müssen eine Menge Elend gesehen haben, Jesus und seine Jünger. Drei Jahre zogen sie zu Fuß durch das Land, lebten unter dem Volk, trafen alle möglichen Menschen, landeten in immer neuen Situationen – jedes moderne Reporterteam würde neidisch werden. Und nicht nur das, sondern Jesus heilte Menschen, gab ihnen ein neues Leben und lockte damit all die verborgene Not ans Licht. Viele, die bisher ihr Leid unter dem Alltagstrott versteckt gehalten hatten, riefen aus vollem Hals um Hilfe, als Jesus vorbeikam, um ihre große Chance nicht für immer zu verpassen. Und je mehr Wunder Jesus tat, um so größer schien die Not zu werden. Überall trafen er und seine Jünger auf gezeichnete Gesichter, gejagte Blicke, verwirrte Fragen, kranke Leiber. Die Not war unermeßlich. Und als er all diese Menschen sah, da sagte er zu seinen Jüngern: »Die Ernte ist groß, aber wenige sind der Arbeiter. Darum bittet den Herrn der Ernte, daß er Arbeiter in seine Ernte sende.« (Mt 9,35-38)

Eine erstaunliche Aufforderung, nicht wahr? Sie sahen doch die Not mit eigenen Augen, und der Herr der Ernte stand in eigener Person vor ihnen. Worauf wartete er noch? Für was »bitten«? Sie brauchten doch nur die Ärmel hochzukrempeln und anzufangen! Was sollte das mit dem »Senden«? Kommt, Leute, die Welt kann nicht darauf warten, daß wir erst noch beten, die Not spricht doch für sich!

Und doch sagt Jesus diese Worte. Und je mehr Erfahrung mit christlicher Arbeit wir haben, desto mehr sehen wir, daß er recht hat. Denn es ist ja so, daß meine ganze Arbeit und die Art, wie ich die Nöte angehe, davon bestimmt wird, welchen Ausgangspunkt ich habe. Bin ich von Gott gesandt, oder komme ich aus anderen Motiven? Und hier müssen wir lernen, die übliche Phrasenhaut von unserem Denken abzuschälen und unsere wirklichen Motive bloß-zulegen.

Dazu müssen wir zunächst einmal zwischen *Motiv* und *Ziel* unterscheiden. Jemand fragt mich: »Warum arbeitest du in diesem Vorort?« Ich antworte: »Um Teenager für Gottes Reich zu gewinnen.« Das ist das *Ziel* meiner Arbeit. Aber *aus welchem Antrieb heraus* tue ich, ausgerechnet ich, diese Arbeit? Und jetzt entdecke ich womöglich zum ersten Mal, daß ich mir ja noch nie so richtig über meine Motive klargeworden bin. Und vielleicht sitzt hier der große Haken, kommen hierher viele meiner Schwierigkeiten. Eine Arbeit aus den falschen Motiven heraus zu beginnen, kann mich selbst, die Arbeit und die Menschen, die ich treffe, ruinieren – egal wie groß die Not ist und wie richtig und biblisch mein Ziel.

Die Motive können ganz unterschiedlich sein. Eines der trügerischsten, das unter so manchem christlichen Engagement versteckt liegt, haben wir bereits angesprochen: Ich tue die Arbeit, *um Frieden mit Gott zu bekommen*. Nicht, daß ich das theologisch so ausdrücke, denn ich glaube ja, daß man Frieden mit Gott allein durch den Glauben an Jesus bekommt. Aber im Grunde meines Wesens ist eine nagende Heilsungewißheit, die mich nie richtig glauben läßt, daß Gott mit mir zufrieden ist, und so muß ich ständig neue Leistungen bringen, damit er mich annimmt. Und bei jedem Ergebnis, das ich vorweisen kann, klingelt es in meiner inneren Registrierkasse: Wieder ein paar Punkte mehr! Aber es ist wie verhext: Die Ungewißheit geht nicht weg, und ich stürze mich in das nächste Projekt – und stecke meine Mitmenschen unweigerlich mit meinem säuerlich schlechten Gewissen an.

Ein anderes Motiv ist, daß *eine riesengroße Not* da ist und niemand, der sie anpackt, und also gehe ich. Das klingt nur vernünftig, und die Reaktion der Jünger Jesu muß ganz ähnlich gewesen sein. Dabei könnten wir sie mit ein bißchen Nachdenken verhindern, die bittere Enttäuschung, die nach gewisser Zeit unweigerlich einsetzt und mir womöglich meinen Idealismus für immer austreibt. Das bloße Motiv »Da wird jemand gebraucht« führt erstens dazu, daß ich blindlings im ersten besten Projekt lande, ohne mich je gefragt zu haben, ob ich überhaupt der Richtige dafür bin. Zweitens bedeutet es, daß ich schon bald ausgebrannt bin. Die Not ist immer noch da, hartnäckig wie eine Fata Morgana: Meine ich, sie endlich gepackt zu haben, verschwindet sie, um hinter dem nächsten Hügelkamm wieder aufzutauchen, bis ich schließlich zu Tode erschöpft in den heißen Sand sinke, wie unzählige andere, die sich ebenso ahnungslos in die Jagd gegen die große Not gestürzt hatten.

Meine großen Gaben sind ein drittes Motiv. Gott hat mich ja so gut ausgerüstet: mit natürlichen Talenten, mit Arbeitskraft, mit Geistesgaben – was werden die Menschen dankbar sein, wenn ich das alles für sie einsetze! Ich, ja ich, werde mich über sie erbarmen – mit der Betonung auf »*über*«. Achtung, hier kommt der große Macher, dem Gott und Menschen dankbar sein können! Und indem ich so von oben herab komme, hindere ich Gottes Geist daran, direkt zu denen zu reden, denen ich helfen will. Mein großes ICH steckt wie ein Pfropfen in meiner Leitung, daß ich weder Gott noch die Menschen richtig hören kann. Ich verquicke mein Selbstwertgefühl mit meiner Arbeit und wehre mich mit Zähnen und Klauen, falls jemand es wagen sollte, meine Arbeit zu hinterfragen. Daß ich auf diese Weise Menschen niederdrücke und zu Material für mein Laufen und Rennen mache, erkenne ich vielleicht erst, wenn es zu spät ist und ich schon viele, viele verletzt habe.

Ein banal aussehendes Motiv ist, daß die Arbeit mir *Vorteile* verschafft. Das kann alles sein: die Bezahlung (»von etwas muß man ja leben«), ein gewisser sozialer Status, nette Kontakte mit interessanten Menschen, viel Abwechslung, Möglichkeiten, zu lernen und mehr aus mir zu machen, eine gewisse Arbeitsplatzsicherheit, das schöne Gefühl, Beschlüsse und das Leben anderer Menschen beeinflussen zu können, usw. Diese Motive zu kommentieren, dürfte sich erübrigen; sie sprechen für sich selbst, wenn wir sie ins Licht dessen heben, was christliches Führen überhaupt bedeutet.

Wir sollten hier auch das Motiv des *Gruppendrucks* nicht vergessen. »Aber du kannst doch so gut mit jungen Leuten umgehen . . .« – »Aber wir haben sonst keinen für die Sonntagsschule . . .« – »Ich bewundere deine große Lehrgabe. Du mußt Pastor werden!« – »Drei Generationen hat unsere Familie schon aufs Missionsfeld geschickt, da wirst du uns doch wohl nicht enttäuschen!« Und so weiter. Irgendwo in meiner Seele leuchtet eine rote Warnlampe auf, aber . . . vielleicht sollte ich doch auf den guten Rat hören, man weiß ja nie, vielleicht redet Gott durch diese Leute zu mir. Und so geht es mir wie David, als Saul ihn zum Kampf mit Goliat in seine Rüstung steckte. Die Rüstung war gut, aber sie war für einen anderen Menschen gedacht. David mußte sie wieder ausziehen, um seinen Sieg erringen zu können (1. Sam 17,33-40).

Auch wenn manche dieser Motive durchaus ein Stückchen Wahrheit enthalten mögen – keines von ihnen taugt als Grundantrieb für meine Arbeit. Nein, das einzige, was auf Dauer hält, ist dieses: Gott hat mich gesandt. Das einzige, was mir die richtige Einstellung zu Gott, zu mir selbst, meiner Arbeit und meinen Mitmenschen gibt, ist, daß Jesus seine Hand auf meine Schulter gelegt und mir gesagt hat: »Geh!« Nur so kann meine Arbeit wirklich ein Teil von Gottes Werk auf dieser Erde sein, und nicht ein eigenes Projekt, das sich mit seinem Werk reibt.

Will ich verstehen, was Sendung bedeutet, muß ich den Unterschied und den Zusammenhang zwischen Berufung und Sendung sehen. Kurz nachdem Jesus seine Jünger aufgefordert hat, Gott zu bitten, Arbeiter in seine Ernte zu senden, berichtet Matthäus weiter: »Und er *rief* seine zwölf Jünger zu sich und gab ihnen Macht über die unreinen Geister, daß sie die austrieben und heilten alle Krankheiten und alle Gebrechen . . . Diese Zwölf *sandte Jesus aus*, gebot ihnen und sprach: Geht nicht den Weg zu den Heiden und zieht in keine Stadt der Samariter, sondern geht hin zu den verlorenen Schafen aus dem Hause Israel. Geht aber und predigt und sprecht: Das Himmelreich ist nahe herbeigekommen« (Mt 10,1-7).

Berufung – das ist der Ruf zu Jesus. Sendung – das ist, wenn dieser Jesus mich anschließend losschickt, um Aufträge für ihn auszuführen. (Im Lateinischen heißt »Sendung« *missio*; daher unser Wort »Mission«.) In der Berufung gibt Jesus meiner Identität ihre ewige Verankerung und beginnt, meine Persönlichkeit nach der seinen umzugestalten. In der Sendung fließt meine Berufung gleichsam zu meinen Mitmenschen über, so daß auch sie ihre Früchte genießen können. Die Berufung ist das große und ewige Projekt meines Lebens, die Sendung ist zeitlich begrenzt und sehr flexibel. Die

Berufung gibt meinem Selbstgefühl und meiner Menschenwürde das Fundament; die Sendung hat damit nichts zu tun, sie ist eine Arbeit, die meinen Wert weder mehrt noch mindert. In der Berufung prägt Gott mein Ich in der Begegnung mit seinem »Du«, in der Sendung muß sich die Tragkraft dieser Beziehung bewähren. Ich gebe mich nicht meiner Aufgabe hin, sondern ich gebe mich Gott hin, so daß er mir Aufgaben geben kann.

Es ist lebenswichtig, Berufung und Sendung *auseinanderzuhalten,* denn sobald wir sie vermischen, werden wir anfangen, unsere Identität aus unserer Arbeit zu beziehen, die damit nicht mehr lebenspendend, sondern potentiell tödlich ist. Doch ebenso lebenswichtig ist es, den dynamischen *Zusammenhang* zwischen Berufung und Sendung zu sehen, denn hier liegt das geistliche Herz, dessen Schlagen das Blut in unserer Seele frisch erhält.

Wir finden dieses Muster quer durch die Bibel. Als Mose alle Hoffnung aufgegeben hat, etwas für sein geknechtetes Volk tun zu können, begegnet Gott ihm in dem brennenden Busch. Vielleicht schaffte Mose es noch nicht einmal mehr, für sein Volk zu beten; Gott sagt ja: »Ich habe *ihr* Geschrei über ihre Bedränger gehört« (2. Mose 3,7). An diesem Nullpunkt bekommt Mose den Auftrag, Israel aus der Knechtschaft herauszuführen, und Gott gibt ihm ein Sendungswort von unermeßlicher Tiefe: »So sollst du zu den Söhnen Israel sagen: Der ›Ich bin‹ hat mich zu euch gesandt« (2. Mose 3,14 – Elbf.). Allein aus Moses Verankerung in dem, der *ist,* kann die Sendungskraft durch sein Leben hindurchströmen, ohne hängenzubleiben an dem Ehrgeiz, durch eigene Leistungen etwas *werden* zu wollen. In Gottes Augen *bin* ich jemand, bevor ich etwas *tue.* Der schicksalsschwere Fehler des Sündenfalls war ja gerade, daß er diese Reihenfolge umkehrte und durch die verheerende Jagd nach Selbstverwirklichung durch eigene Leistung einen Riß in die ganze Schöpfung brachte.

Als viele Jahrhunderte später der Prophet Jesaja seine gewaltige Gottesvision im Tempel in Jerusalem hat, hört er die Stimme des Herrn: »Wen soll ich senden? Wer will unser Bote sein?« Und er antwortet: »Hier bin ich, sende mich!« (Jes 6,8) So kann nur jemand antworten, der weiß, wer er ist. Sitzen vielleicht darum heute

so viele Christen gleichsam fest, so daß Gott sie nicht senden kann –
weil sie das ganze Leben damit verbringen, herumzujagen und ihr
Ich zu suchen? Solange wir unser Ich im Tun und Leisten suchen,
wird es uns immer wieder davongaukeln. Erst wenn ich im tiefsten
Sinne zu dem umkehre, der ist, der *er* ist, bekomme ich festen
Boden unter den Füßen und fange an, heil zu werden.

Erst aus dieser Verankerung heraus werde ich überhaupt zugänglich für den, der uns mehr als gern in seinen Dienst nimmt und
aussendet. Hierhin und dorthin zu rennen, um endlich eine Aufgabe in Gottes Reich zu fassen zu kriegen, führt mich nur weiter weg
von meiner Sendung. Sie öffnet sich mir erst, wenn ich meine Berufung in Christus bejaht habe; nur von ihm kann ich meine Sendung
entgegennehmen. Das einzige, worauf ich mich zu konzentrieren
habe, ist, daß ich ihm treu bin und von Herzenslust meine Beziehung zu ihm vertiefe. Es ist dann seine Sache, mir zu *seiner* Zeit
die Sendung ins Ohr zu flüstern. Wie Dag Hammarskjöld es ausgedrückt hat: »Der Einsatz sucht uns, nicht wir den Einsatz. Darum
bist du ihm treu, wenn du wartest, *bereit*. Und handelst, wenn du vor
der Forderung stehst.«[32]

Aber hier müssen wir eine wichtige Anmerkung machen. Bis
jetzt klingt es so, als sei die Berufung eine Bewegung hin zu Jesus
und die Sendung eine Bewegung von ihm fort. So erklären wir ja oft
den Zusammenhang zwischen dem inneren Leben und der äußeren
Arbeit: Wir gehen zu Jesus, um Kraft zu bekommen, und dann gehen wir hinaus in den Alltag, um zu kämpfen. Damit aber lassen wir
auf eine eigentümliche Weise Jesus hinter uns: Wir wenden ihm den
Rücken zu und richten unseren Blick auf die Nöte der Welt. Und
dann wundern wir uns, wenn wir müde und zerrissen werden! Wir
versuchen, das Unmögliche zu schaffen: die Balance zu halten zwischen der richtigen Kraftzufuhr durch Jesus und einem angemessenen Arbeitspensum in der Welt.

Doch das Allergefährlichste an dieser Einstellung ist, daß sie Jesus zu einem Götzen macht: Er ist nicht mehr eine Person, die ich
um ihrer selbst willen kennenlernen möchte, sondern eine bloße
Energiequelle, zu der ich gehe, um meine Arbeit bewältigen zu
können. Hier liegt die tiefste und entscheidende Ursache des Aus-

gebranntseins, das so unter Evangelisten und politisch bzw. sozial aktiven Christen grassiert. Den lebendigen Gott zu einer Inspirationsquelle für meine Arbeit zu reduzieren, führt unweigerlich dazu, daß meine Arbeit die Quelle verstopft. Erst wenn wir zu Gott umkehren und unsere Arbeit in seine Hände legen, um uns aufs neue auf unsere Berufung, Gott über alles zu lieben, zu konzentrieren, sprudelt die Quelle wieder, und ich kann wieder arbeiten.

Genau dies meint Mutter Teresa, wenn sie betont: »Weil wir Ordensleute sind, liegt unsere eigentliche Berufung nicht darin, für die Aussätzigen oder Sterbenden zu sorgen, sondern Jesus anzugehören. Weil ich ihm angehöre, ist die Arbeit für mich ein Mittel, meine Liebe zu ihm in die Tat umzusetzen. So ist sie kein Ziel, sie ist ein Mittel.«[33] Auf diese Weise wird das *ganze* Leben eine ständige Bewegung hin zu Christus. Er gibt sich nicht mit meiner Rückenansicht zufrieden. Immer sucht die Liebe den Geliebten, ob ich nun im stillen Gebetskämmerlein bei ihm bin oder zusammen mit ihm draußen unter den Menschen arbeite. Mein ganzes Leben, alles, was ich tue, ist eine ständige Möglichkeit, ihn zu lieben.

Mit der Präzision der Sendung

Diese Verankerung in der Berufung ist auch notwendig, um zwischen *Bedürfnis* und Sendung unterscheiden zu können. Wenn ich nicht richtig weiß, wer ich überhaupt bin, werde ich leicht zum Opfer von äußerem Druck; ich bin nicht mehr von meiner inneren Überzeugung geleitet, sondern reagiere nur noch auf die Ereignisse und Probleme, die mir über den Weg laufen. Das Ergebnis haben wir schon berührt: Ich brenne aus und werde zwischen den von allen Seiten auf mich eindringenden Bedürfnissen und Erwartungen schier zerrissen.

Hier ist Jesus wie ein mächtiger Wellenbrecher in der Überforderungsbrandung unseres Lebens. Die unerhörte Präzision in seinem Handeln läßt sich nur aus seiner tiefen Verankerung im Vater selbst erklären. Aus der ewigen göttlichen Liebesgemeinschaft der Dreieinigkeit heraus war Jesus schon, bevor er seinen Fuß auf diese Erde setzte, alles, was er je werden sollte. Wir haben schon von diesem Geheimnis gesprochen, wie Gott nichts bedarf und wie sein einziges Handlungsmotiv sein eigener Wille ist. Und daher diese Exaktheit: »*Als aber die Zeit erfüllt war,* sandte Gott seinen Sohn, geboren von einer Frau und unter das Gesetz getan« (Gal 4,4).

Dreißig Jahre lang lebte Jesus als Privatperson in Nazareth. Wie hätte er so lange warten können, wenn er nur nach der Not gegangen wäre? Statt dessen lebte er ein verborgenes Leben im Vater und entfaltete in Menschengestalt seine ewige Unabhängigkeit von den Forderungen der Welt. So baute er langsam die Autorität auf, die dann, als die Zeit reif war, die Not der Menschen anpackte. Wie es in einer Meditation über Jesu Leben in Nazareth heißt: »Von keiner Eitelkeit ließest Du Dich dazu verleiten, zur Unzeit zu enthüllen, wer Du warst. Nicht Glanz der Güter noch Angst vor Menschen konnte Dich zurückhalten, als der Vater rief.«[34]

Diese Freiheit in Jesu Sendung führte immer wieder zu Konflikten, mit den Erwartungen der Jünger wie denen anderer Menschen. Das beginnt schon, als Jesus in der Synagoge seiner Heimatstadt sein Freiheitsmanifest verliest: daß Gott ihn gesandt hat, »zu predigen den Gefangenen, daß sie frei sein sollen, und den Blinden, daß sie sehen sollen« (Lk 4,18). Heller Jubel bei den Zuhörern. Doch dann deutet Jesus an, daß die Sache nicht ganz so einfach ist. Er zieht einen Vergleich zu der Zeit des Propheten Elia, als es viele Witwen in Israel gab: ». . . und zu keiner von ihnen wurde Elia gesandt als allein zu einer Witwe nach Sarepta im Gebiet von Sidon. Und viele Aussätzige waren in Israel zur Zeit des Propheten Elisa, und keiner von ihnen wurde rein als allein Naaman aus Syrien« (Lk 4,26–27). Worauf der Jubel der Zuhörer in hellen Zorn umschlägt, der Jesus beinahe das Leben kostete. »Aber er ging mitten durch sie hinweg« (Lk 4,30) – seine Leidenszeit war noch nicht gekommen.

Hier berühren wir das immer noch ungelöste Rätsel, wie ungleich Leid und Heilung verteilt sind unter uns und warum Gott die eine Not wegnimmt, aber nicht die andere. Kein Mensch kann hier eine erschöpfende Antwort geben, aber das Leiden ist auf jeden Fall so unermeßlich, daß es sicher besser ist, daß Gott bestimmt, welche Not er heilen will, und nicht wir.

Schon in den Evangelien geht Jesus seinen eigenen Weg, quer zu den Erwartungen seiner Umgebung: »Scharenweise kamen die Menschen, um ihn zu hören und sich von ihren Krankheiten heilen zu lassen. Aber Jesus zog sich zurück und hielt sich in einsamen Gegenden auf, um zu beten« (Lk 5,15–16 – GN). Einmal kam es fast zum Krach zwischen ihm und seinen Brüdern, die fanden, daß er doch viel mehr aus sich machen konnte: »Verlaß diese Gegend und geh nach Judäa, damit deine Anhänger die Wunder sehen, die du tust! Wenn jemand bekannt werden möchte, versteckt er sich nicht. Wenn du schon solche Dinge tust, dann sorge auch dafür, daß alle Welt davon erfährt!« Und Jesus antwortet ihnen: »Meine Zeit ist noch nicht da. Für euch dagegen paßt jede Zeit.« (Joh 7,3–6 – GN)

Oder denken wir an sein merkwürdiges Zögern, als er erfährt, daß sein Freund Lazarus auf den Tod krank liegt: »Als er nun hörte, daß er krank war, blieb er noch zwei Tage an dem Ort, wo er war« (Joh 11,6). Als er endlich nach Betanien kommt, empfängt Marta ihn mit dem verzweifelten Vorwurf: »Herr, wärst du hier gewesen, mein Bruder wäre nicht gestorben« (Joh 11,21). Sicher, die folgende Totenauferweckung war ein wunderbares Zeichen der Kraft Gottes, aber warum ließ Jesus Lazarus erst den ganzen Todeskampf durchmachen? Wir wissen es nicht. Wir wissen nur, daß Gott dann handelt, wenn *seine* Zeit da ist.

Daß Jesus vom Vater gesandt war, gab ihm eine unerhörte Kraft und Autorität in Wort und Tat. Selbst erklärt er diesen Zusammenhang so: »Wer von sich selbst aus redet, der sucht seine eigene Ehre; wer aber die Ehre dessen sucht, der ihn gesandt hat, der ist wahrhaftig, und keine Ungerechtigkeit ist in ihm« (Joh 7,18). Unser Vermögen, die Wahrheit zu vermitteln, steht also in Proportion dazu, ob wir in eigener Sache reden oder den vertreten, der uns gesandt hat. Im Alten wie im Neuen Testament heißt es daher gegenüber Menschen mit geistlichen Ansprüchen immer wieder: »Hat Gott dich gesandt, oder redest du in eigener Sache?«

Eine gute Testfrage an jede Botschaft ist diese: »Wer hat ein Interesse an dem, was hier gesagt wird?« Gibt es einen anderen Interessenten als Gott, vermindert das sofort das Vermögen des Überbringers, die Wahrheit zu sagen, ohne sie zu zensieren oder umzubiegen. Wen vertrete ich bei dem, was ich sage? Bin ich es selber als Pastor, so daß ich geneigt bin, die Botschaft so einzurichten, daß ich geschätzt werde, ja vielleicht gar Menschen an mich binden kann? Ist es meine Gemeinde, die von mir erwartet, daß ich gewisse Schwerpunkte setze und sie würdig vertrete? Ist es eine bestimmte geistliche Bewegung, der ich zu mehr Profil verhelfen will? Sind es die Leute, die meine Arbeit finanzieren, so daß ich alles weglassen will, was ihnen Anstoß geben könnte? Ist es eine politische Partei, deren Standpunkt ich bewußt oder unbewußt in meine Worte hineinflechte? Alle solchen verborgenen Interessenten mindern meine Fähigkeit, mich ohne Wenn und Aber in den Dienst der Wahrheit zu stellen, und zwingen mich, zu zensieren, Akzente zu setzen, meine Worte hin- und herzubiegen – wes Meinungsbrot ich eß, des Lied ich sing.

Hier liegt die absolute Autorität in Jesu Verkündigung. Trotz aller Versuche der Menschen, ihn durch Druck und List und Tücke für ihre Ziele einzuspannen, floß die Quelle der Wahrheit kristallklar. Jesus suchte allein die Ehre dessen, der ihn gesandt hatte, und hatte somit keinerlei Interesse, seine Worte zu verdrehen. Das war auch der Grund, warum seine Unterweisung eine solch befreiende Wirkung auf die Menschen hatte.

Ein christlicher Leiter muß es am eigenen Leib erfahren haben, daß das Evangelium manchmal äußerst unbequem ist. Nur wenn er es ungehindert in seinem eigenen Leben wirken läßt, kann er es unverfälscht und glaubwürdig auf die anderen Menschen loslassen. Dies setzt zum ersten voraus, daß er seine Berufung zu Christus zuinnerst bejaht hat und bei ihm ein Stück Identität, Heilung und Geborgenheit bekommen hat. Sonst wird er allzu ängstlich darauf achten, was die anderen von ihm denken, und damit unfähig sein, Gottes Wort auch dann zu sagen, wenn es weh tut. Die alten Propheten waren nicht in erster Linie Menschen, die sich die richtige Theologie angeeignet hatten, sondern Menschen, denen das Feuer der Begegnung mit Gott die Menschenfurcht weggebrannt hatte. Darum konnten sie unverfälscht das Gotteswort sagen, das andere tief drinnen auch spürten, aber unter ihrer feigen Anpassung begraben hatten. Das Unbequeme sagen können, setzt also zuerst eine geheilte Identität voraus, eine Umkehr von der Menschenfurcht zur Gottesfurcht.

Die Wahrheit sagen können setzt zweitens voraus, daß wir mit *Gottes* Wort in die Welt hinausgehen und nicht mit unserem eigenen. Ich bin ein Bote, der eine Botschaft vom Absender zum Empfänger zu überbringen hat. Wehe mir, wenn ich unterwegs dieser Botschaft etwas wegnehme oder hinzufüge! Das Vertrauen des Sendenden gründet sich ja darauf, daß ich dem Empfänger genau das weitergebe, was ich selber entgegennahm. In diesem Licht müssen wir die unerhörte Prägnanz verstehen, mit der das Neue Testament die Gottesoffenbarung betont. Lukas will in seinem Evangelium von den Ereignissen berichten, »die sich unter uns zugetragen haben, wie sie uns die überliefert haben, die von Anfang an Augenzeugen und Diener des Wortes gewesen sind« (Lk 1,1.2 – Elbf.). Also Diener des Wortes, und nicht seine Herren!

Dem Wort dienen – das bedeutet, daß ich es so sorgsam und treu wie irgend möglich vom Sender entgegennehme und sodann dem Empfänger auf eine Weise vermittle, die der Persönlichkeit des Senders so getreu wie möglich entspricht. Deshalb äußert sich zum Beispiel Paulus so scharf gegen Abweichungen in der Verkündigung: »Wer euch aber ein anderes Evangelium verkündigt, als wir euch verkündigt haben, der sei verflucht, auch wenn wir selbst es wären oder ein Engel vom Himmel« (Gal 1,8 – Einh.). Dies klingt zunächst furchtbar engstirnig, aber wenn man bedenkt, daß ein Mitarbeiter dazu ausgesandt ist, die ursprüngliche Botschaft Gottes zu bewahren und zu vermitteln, ist es vollkommen logisch. Die Wahrheit ist nicht unbedingt das, was die Leute hören wollen, sondern das, was wir als von Gott Gesandte zu verkündigen haben.

Wie erkenne ich Gottes Stimme?

Aber wie kann ich nun wissen, wohin Gott mich sendet? Wenn nicht die Bedürfnisse entscheiden und auch nicht meine eigenen Ambitionen oder die Erwartungen der anderen, wie soll ich dann meine Aufgabe finden? Ich weiß also, daß Jesus uns in die Welt sendet, um das Evangelium zu verkündigen und Menschen zu Jüngern zu machen – aber wo ist mein Platz in diesem Auftrag? Ich bejahe meine Berufung, Gott zu lieben, und gebe mich ihm gelassen hin – schön, aber wie soll ich wissen, wann er mich senden will? Wie soll ich seine Stimme erkennen in dem Gelärm von Stimmen und Einflüssen, mit dem ich tagtäglich überschüttet werde? Wenn es so wichtig ist, daß mein Dienst für Gott in dem Bewußtsein gründet, daß er mich ausgesandt hat, muß es doch eine ziemlich wichtige Frage sein, wie dies in der Praxis zugehen soll!

Daß es überhaupt möglich ist, beruht darauf, daß Jesus jedem, der an ihn glaubt, seinen Geist gesandt hat: »Ich habe euch noch viel zu sagen; aber ihr könnt es jetzt nicht ertragen. Wenn aber jener, der Geist der Wahrheit, kommen wird, wird er euch in alle Wahrheit leiten. Denn er wird nicht aus sich selber reden; sondern was er hören wird, das wird er reden, und was zukünftig ist, wird er euch verkündigen. Er wird mich verherrlichen; denn von dem Meinen wird er's nehmen und euch verkündigen« (Joh 16,12–14). Der Geist verkörpert also das Wesen der Wahrheit: Er redet nicht in eigener Sache, sondern nur in Jesu Auftrag, er sucht nicht seine Ehre, sondern Jesu Ehre. Und Jesus verspricht uns, daß dieser Geist uns sagen wird, was zukünftig geschehen wird und was wir zu tun haben werden. Dies ist eine Gabe, die wir nur im Glauben entgegennehmen können und nicht als letztes Glied in einem klugen Gedankengang über unsere Zukunft. Der erste Schritt ist also, daß ich mir tatsächlich zutraue, Gottes Stimme hören zu können – da sein Geist gegenwärtig ist und mir Gottes Willen zeigen kann und will.

Aber was ist eigentlich mit *meinem* Willen? Steht er immer im Gegensatz zu Gottes Willen? Wie verhalten die beiden sich zueinander? Die Frage ist schwer und berührt ein Geheimnis, das noch niemand hat lüften können. Noch komplizierter wird sie natürlich dadurch, daß mein Wille so viele Gesichter hat! Wir wollen auf so viele Arten und auf solch verschiedenen Ebenen unserer Persönlichkeit. Und doch gibt es bei jedem Menschen einen tiefsten Willen, der einem mehr oder weniger bewußt sein kann. Dieser Wille kann ein wohlgeübtes Gespür sein, dem zu folgen ich mir angewöhnt habe, und er kann aus den verschiedensten Gründen fast stumm geworden sein.

Wenn ich mich zu Christus bekehre, knüpft dieser unmittelbar an diesem meinem Tiefenwillen an und durchleuchtet ihn mit seinem Geist, so daß ich immer heiler in meinem Willen werde. Es kommt zu einer immer tieferen Harmonie zwischen meinem innersten Willen und Gottes Willen. Sicher sind viele andere Willensregungen, Impulse und Interessen auch noch da, und oft trüben sie meinen Blick; aber im tiefsten Grunde steht der Wille des Bekehrten nicht mehr in Gegensatz zu Gottes Willen. Er will zutiefst Gott gehorchen, und umgekehrt: Gott will durch ihn wirken.

Ein konkretes Beispiel dafür finden wir in einer kleinen Bemerkung, die Paulus am Schluß des ersten Korintherbriefes macht: »Was aber den Bruder Apollos betrifft, so habe ich ihm vielfach zugeredet, daß er mit den Brüdern zu euch komme; und es war durchaus nicht sein Wille, jetzt zu kommen, doch wird er kommen, sobald er Gelegenheit findet« (1. Kor 16,12 – Elbf.). »Es war nicht *sein* Wille, jetzt zu kommen« – übersetzen wir den Urtext wörtlich, so steht dort einfach: »Es war nicht der Wille, daß er kam.« Wessen Wille also nun: der des Apollos oder Gottes Wille? Die Frage ist eigentlich falsch gestellt, denn die beiden Willen waren in Einklang miteinander! Und damit war Apollos stark genug, dem Druck einer Persönlichkeit wie Paulus standzuhalten!

Wie komme ich zu dieser Übereinstimmung mit Gottes Willen? Nur dadurch, daß ich mich ganz in Gottes Hände gebe, so daß ich flexibel bin und mich nicht in bestimmten Alternativen festbeiße. Einer von denen, die die Erfahrungen der christlichen Kirche mit diesem Hören auf Gottes Stimme zusammengefaßt haben, ist Ignatius von Loyola. In seinen *Geistlichen Übungen* betont er sehr die Notwendigkeit dieser Offenheit, damit wir überhaupt Gottes Stimme vernehmen können: »Es ist notwendig, das Ziel festzuhalten, für das ich geschaffen bin, das ist, Gott unseren Herrn zu loben und meine Seele zu retten; und dabei mich gleichmütig zu verhalten, ohne irgendeine ungeordnete Anhänglichkeit, so daß ich nicht mehr geneigt und gestimmt bin, die vorgestellte Sache anzunehmen, als sie zu lassen, und nicht mehr, sie zu lassen, als sie anzunehmen, daß ich mich vielmehr wie im Gleichgewicht der Waage befinde, um dem folgen zu können, von dem ich spüre, daß es mehr zur Ehre und zum Lob Gottes unseres Herrn und zur Rettung meiner Seele gereicht.«[35]

Während dieses Prozesses, der mal länger, mal kürzer dauert, gibt es in unserem Seelenleben gewöhnlich ein Auf und Ab zwischen Licht und Dunkelheit. Ignatius nennt diese Perioden »Trost« bzw. »Trostlosigkeit« und findet, daß unser Vermögen, den rechten Weg zu finden, entscheidend davon abhängt, ob wir lernen, diese Pendelbewegungen in unserer Seele wahrzunehmen und mit ihnen umzugehen. Mit »Trost« meint Ignatius »jeglichen Zuwachs an Hoffnung, Glauben und Liebe und jede innere Freude, die zu den himmlischen Dingen und zum eigenen Seelenheil aufruft und hinzieht, indem sie der Seele Ruhe und Frieden in ihrem Schöpfer und Herrn spendet.«[36] In solchen Perioden des Trostes sollen wir unsere Beschlüsse fassen – und uns realistisch auf die nächste Phase der Trostlosigkeit vorbereiten, die früher oder später kommen wird.

Unter »Trostlosigkeit« versteht Ignatius den Gegensatz zum Trost, »wie Verfinsterung der Seele, Verwirrung in ihr, Hinneigung zu niedrigen und erdhaften Dingen, Unruhe durch verschiedene Umtriebe und Versuchungen, die zum Unglauben, ohne Hoffnung, ohne Liebe hintreiben, wobei sich die Seele ganz träge, lau, traurig findet und wie getrennt von ihrem Schöpfer und Herrn.«[37] In einem solchen Zustand sollten wir niemals neue Beschlüsse fassen oder Kurswechsel vornehmen, sondern vielmehr fest und geduldig bei den guten Beschlüssen bleiben, die wir faßten, bevor die Trostlosigkeit über uns kam.

Intuitiv erleben wir es so, daß wir nur in den Trostphasen vorwärts gehen und daß die Trostlosigkeit ein Rückschlag oder eine Pause in unserer Entwicklung ist. Doch von Gott aus gesehen gibt es keine solchen Pausen. Die Trostlosigkeit kann durchaus ein notwendiges Glied in meinem Reifungsprozeß hin zur Sendung sein, denn sie kann Mängel in meinen Motiven und Prioritäten enthüllen, die viel mehr Schaden anrichten würden, wenn sie erst später, schon mitten in meinem Dienst, zutage träten. Ich bekomme Gelegenheit zur Selbstprüfung: Wie soll ich mit den Belastungen meines

154

späteren Dienstes fertig werden, wenn ich bei jeder Kleinigkeit am liebsten das Handtuch werfen möchte? Worauf gründet eigentlich mein Gottesverhältnis, wenn ich beim ersten besten Mal, wo ich mich nicht mehr gesegnet fühle, schon glaube, er habe mich verlassen? Möchte ich nun Gott gehorchen oder strebe ich nur nach meiner persönlichen Befriedigung? Bin ich opfer- und kampfbereit? Zeigt die Dunkelheit in meiner Seele nicht eigentlich, daß ich ja überhaupt nicht der supergeistliche Kerl bin, der ich so gerne sein wollte, und daß ich sowohl für mein Seelenheil als auch für meine kommende Arbeit ganz auf Gottes Gnade angewiesen bin?

Dieser Wechsel zwischen Trost und Trostlosigkeit gleicht den Händen des Töpfers, der mich, den Ton, zu einem Gefäß formt, in das er seinen Schatz legen möchte. In diesem Prozeß meißelt der Heilige Geist langsam die Erfahrung des Gesandtseins heraus, die mich dann später auf Jesu Wort in Bewegung setzt. Wilfrid Stinissen hat sechs Testpunkte formuliert, die uns helfen können, die Stimme des Geistes zu erkennen[38]:

1. » Nur ein Impuls, der in Übereinstimmung ist mit dem Evangelium oder mit dem Leben Jesu, kann vom Heiligen Geist kommen. « Dies eröffnet natürlich ein enormes Spektrum von Arbeitsmöglichkeiten und scheint uns wenig Leitung zu geben. Aber es gibt uns ein wichtiges Kriterium, um zumindest zu merken, was nicht Jesu Wille sein kann.

2. » Die Stimme des Heiligen Geistes ist vernünftig. « Der Glaube, daß Gott immer für das Irrationale steht, basiert auf einem merkwürdigen Gottesbild. Zeigen nicht die ganze Schöpfung und die Person Jesu, daß Gott vernünftig ist und daß er uns unsere Vernunft dazu gegeben hat, daß wir sie benutzen?

3. » Auf den Geist hören führt immer zu tieferem Frieden. « Die Betonung liegt hier auf »tiefer«. Ich kann sehr wohl Angst und Fragezeichen vor einer Aufgabe empfinden – und doch zieht ein tiefer Friede in meine Seele ein, wenn ich mich in sie hineindenke.

4. » Der Heilige Geist überfordert uns nicht. « Hier verwechsle ich leicht mein persönliches Streben nach geistlichen Großtaten mit dem stillen, sanften Sausen des Geistes, der mir ins Ohr flüstert, wie ich Jesus ehren soll. Ich soll mit dem Geist wandern, nicht fliegen, und dies bedeutet, daß ich mit Schritten anfange, die ich hier und jetzt tun kann.

5. *»Die Stimme des Geistes ist immer konkret.«* Auch hier ist es leicht, unsere eigenen Träume mit der Stimme des Geistes zu verwechseln. Aber ein Traum ist ein fernes Luftschloß, während die Stimme des Geistes erdnah und praktisch ist: »Dies hier kannst du heute tun!«

6. *»Der Heilige Geist redet in der Gemeinde.«* Ich bin nicht allein in meinem Hören auf die Stimme des Geistes. Es geht hier nicht um einen psychologischen »Gruppendruck«, sondern schlicht darum, daß ich willig auf den Rat und das Urteil kluger Brüder und Schwestern höre. Will ich das nicht, ist das Risiko groß, daß ich gar nicht Gott folgen will, sondern meinen eigenen Wegen!

Manchmal kommt die Gewißheit rasch und wie von selbst, manchmal wächst sie allmählich. Immer aber zeigt sie sich in einer inneren Lust, einem tiefen Sehnen, einem Ziehen, dem man sich nicht entwinden kann. Ich kann diese Gewißheit Schritt für Schritt prüfen, so daß das, was zu Beginn vielleicht nur ein leises Schnuppern in eine bestimmte Richtung war, durch die Signale des Geistes korrigiert und verdeutlicht wird. So hatten Paulus und seine Begleiter zu Beginn der zweiten Missionsreise eine allgemeine Marschrichtung. Sie warteten nicht lange auf besondere Zeichen, sondern machten sich freimütig auf den Weg – und wurden etliche Male vom Heiligen Geist gehindert, bis sie genau dahin kamen, wo sie hinkommen sollten, und Gottes deutliche Bestätigung dafür bekamen. Was wäre wohl aus ihrer Reise geworden, wenn sie die ganze Zeit sitzen geblieben wären und gewartet hätten, daß Gott ihnen erst sämtliche Einzelheiten klarmachte? Aber sie machten sich getrost auf den Weg, ohne Angst, sich zu blamieren oder Gottes Führung zu verpassen. Sie wußten ja, daß der Heilige Geist ein noch größeres Interesse hatte als sie selber, daß sie ihr Ziel erreichten.

Der Weg des Gehorsams ist schmal. In dem linken Graben liegen die, die bei der ersten Gelegenheit ahnungslos losstürzten, ohne sich die Zeit zu nehmen, auf Gottes Willen zu hören. Im rechten Graben sitzen die, die fleißig über Gottes Plan für sie nachgrübeln und ein Leben lang auf das endgültige Zeichen warten. Die Apostelgeschichte lehrt uns, daß Jesu Sendung in die Welt sich in einer *Beweglichkeit* vollzieht, in der die Bereitschaft des Menschen mit Gottes Geist zusammenspielt, auf eine Art, die der Prophet Jeremia so ausgedrückt hat: ». . . *betend* lasse ich sie wallen« (Jer 31,9 – Schlachter). Es gibt ein nötiges Warten darauf, daß ich reif werde für Gottes Sendung, aber es gibt auch ein unnötiges Warten: wenn ich dasitze und auf Zeichen warte für etwas, das ich zuinnerst schon offen vor mir liegen sehe. Hier geht es irgendwann um den Mut, den Sicherheitsgurt abzuschnallen und den ersten Schritt zu wagen.

Mich senden lassen bedeutet, daß ich mich in eine tiefere Abhängigkeit von Gott begebe. Die typische Reaktion der Menschen, die in der Bibel Gottes Sendung empfangen, ist nicht, daß sie etwas anderes wollen und sich mit Händen und Füßen wehren – ausgenommen natürlich der arme Jona, der bis zuletzt vor seinem Auftrag, in Ninive zu predigen, davonlief. Die übliche Reaktion ist eher ein Erschrecken über die eigene Unzulänglichkeit. Mose (mit seiner Ausbildung!) wies darauf hin, daß er nicht gut reden konnte (2. Mose 4,10). Jesaja war sich seiner Sündhaftigkeit so tief bewußt, daß er Angst hatte, den Augenblick der Sendung nicht zu überleben (Jes 6,5). Jeremia hielt sich für zu jung (Jer 1,6). Hesekiel wurde so überwältigt von seiner Vision, daß er zu Boden fiel und Gott ihn wieder auf die Füße stellen mußte (Hes 1,28–2,2). Das Problem war nicht, daß sie nicht gehen wollten, sondern daß sie meinten, sie würden es nicht schaffen. Und genau diese Erfahrung war notwendig, damit sie den Menschen aus Gottes Sendungskraft heraus begegnen konnten und nicht aus ihrem eigenen Können oder Ehrgeiz.

Der Prophet Hesekiel gibt uns auch einen wichtigen Schlüssel zum Verständnis dessen, was Sendung überhaupt ist. Nachdem Gott ihn wieder auf die Beine gestellt hat, spricht er zu ihm: »Du Menschenkind, ich sende dich zu den Israeliten, zu dem abtrünnigen Volk, das von mir abtrünnig geworden ist. Sie und ihre Väter haben bis auf diesen heutigen Tag wider mich gesündigt. Und die Söhne, zu denen ich dich sende, haben harte Köpfe und verstockte Herzen. Zu denen sollst du sagen: ›So spricht Gott der Herr!‹

Sie gehorchen oder lassen es – denn sie sind ein Haus des Widerspruchs –, dennoch sollen sie wissen, daß ein Prophet unter ihnen ist.« (Hes 2,3–5)

Gott verlangt nicht Erfolge von uns, sondern Treue. Es ist ein folgenschwerer Fehler, Erfolg und Sendung zu verwechseln, nach dem Motto: »Das läuft so prima, das muß einfach richtig sein.« Genauso gefährlich ist es, Schwierigkeiten und Irrtum in eins zu setzen: »Das hier ist so mühsam, das kann nicht Gottes Wille sein.« Für die *Ergebnisse* unserer Arbeit sind wir überhaupt nicht verantwortlich – nur dafür, sie so treu wie möglich für unseren Auftraggeber zu tun. Es ist seine Sache, meine Arbeit so zu segnen, daß sie die Früchte trägt, die er will. Wo wir uns von unseren Erfolgen bestimmen lassen, werden wir nur ausgebrannt, wenn sie ausbleiben, und übermütig, wenn sie kommen.

Was selbstverständlich nicht bedeutet, daß die Ergebnisse uns egal sein sollen. Nur zu viele christliche Aktivitäten schleppen sich gleichsam mit künstlicher Beatmung weiter, weil man doch treu sein will, ohne daß einer es wagt, aus den immer mehr ausbleibenden Ergebnissen die nötigen Folgerungen zu ziehen. Es geht ja nicht um die Treue zu einer bestimmten Arbeitsform, sondern um die Treue zum Auftraggeber! Dies kann zähes, ausdauerndes Arbeiten ohne sichtbare Ergebnisse bedeuten, aber mit der inneren Gewißheit, daß ich das tue, wozu Gott mich sendet. Aber es kann – aus dem gleichen Grund! – auch drastische Veränderungen in der Arbeit bedeuten. Treue zum Gott der Schöpfung schließt zwangsläufig auch eine kräftige Portion Schöpferfreude und Kreativität mit ein!

Der innere und äußere Kurs des Leiters hängt in hohem Grad von dieser Sendungserfahrung ab. Die Treue zum Sendenden schafft eine Konzentration auf die Aufgabe, die einen sammelnden und wegweisenden Einfluß auf die Mitmenschen hat. Man merkt es, wenn das Ruder in sicherer Hand liegt, wenn Jesus Christus der Leitstern unserer Arbeit ist, quer hindurch durch alle Trends und Moden, Erwartungen, Rückschläge und Möglichkeiten. Den Kurs halten, in allen Böen, vorbei an Untiefen und lockenden Buchten – das ist die große Aufgabe für jeden christlichen Mitarbeiter. Je mehr ich mich als Kapitän auf meinem eigenen Kahn verstehe, um so schwerer kann ich der Versuchung zu Ausflügen auf eigene Faust widerstehen. Je mehr mir bewußt ist, daß ich für einen anderen segele, um so wichtiger wird es mir sein, treu den aufgetragenen Kurs zu halten.

So machten sie sich auf den Weg, die Jünger. Auf zitternden Beinen und mit tausend pochenden Fragen im Herzen gingen sie mit dem Evangelium vom Reich Gottes zu ihren Mitmenschen. Vielleicht waren ihre Erlebnisse auf den staubigen Dorfstraßen Galiläas ganz ähnlich wie Dag Hammarskjölds Fahrt durch die Strudel der Weltpolitik: »Einmal packtest du mich, Schleuderer. *Jetzt* in deinem Sturm. *Jetzt* gegen dein Ziel.«[39]

Als Diener

Jesus ging ein unerhörtes Risiko ein, als er seine Jünger aussandte. Die Kombination »menschlicher Mitarbeiter – geistliche Botschaft« ist hochexplosiv. Einerseits erweckt die Botschaft große Erwartungen in den Menschen, so daß sie sich den Leitern auf eine Weise öffnen, wie man es in keiner rein von menschlichem Geist geprägten Gruppe findet. Andererseits läßt diese Konstellation in den Leitern Kräfte wach werden, die sonst vielleicht nie an die Oberfläche gekommen wären. Dem christlichen Leiter öffnen sich Möglichkeiten zur Einflußnahme und Machtausübung, die fatale Folgen haben können – aber auch eine wunderbar befreiende Wirkung, wenn er recht mit ihnen umgeht.

Jesus legt also seinen Jüngern in mehr als einer Bedeutung des Wortes Dynamit in die Hände. Das Evangelium an sich ist bereits *dynamis* – das griechische Wort für »Kraft«. Und dann noch diese Vollmacht mit ihrem unerhörten Potential, den Menschen Hilfe und Heilung zu bringen oder ihnen lebenslange Wunden zu schlagen. Daß Jesus es wagt, seinen Jüngern – und uns! – etwas so Brisantes anzuvertrauen! Weiß er nicht, was wir damit alles anstellen können?

Ein Beispiel aus der Katastrophenhilfe, das mir ein Entwicklungshelfer berichtete, kann uns helfen, das Risiko besser zu verstehen. Die USA hatten eine große Ladung Mehl in ein Katastrophengebiet in Indien geschickt. In den Dörfern wurden Verteilstellen eingerichtet, wo die Menschen ihr Mehl abholen konnten. Oder, besser gesagt, kaufen. Zwar stand auf den Säcken zu lesen: »Gabe des amerikanischen Volkes. NICHT ZUM VERKAUF BESTIMMT!« Doch das hinderte die Verteiler nicht daran, sich einen kleinen Profit unter den Nagel zu reißen. Lesen konnten die meisten Leute sowieso nicht . . .

So kann also der Vermittler einer Gabe seine Stellung dazu ausnutzen, sich zu bereichern und die bedürftigen Menschen an sich zu binden. Darum schärft Jesus seinen Jüngern ein, als er sie aussendet: »Umsonst habt ihr's empfangen, umsonst gebt es auch« (Mt 10,8). Er wußte, welche Profit- und Machtversuchungen die unerhörte Gabe des Evangeliums mit sich bringen würde. Er ahnte die Fallgruben: daß man zum gewinntüchtigen Zwischenhändler der freien Gnade wird und sich sein Stückchen Macht und Pfründe sichert.

Ein konkretes Beispiel für den Konflikt zwischen der freien Gnade und menschlichem Machthunger finden wir in dem Zusammenstoß zwischen dem Zauberer Simon und dem Apostel Petrus (Apg 8,9–24). Dieser Simon, der sich für »etwas Großes« ausgab und weit und breit als Wundertäter galt, hatte sich mit seinen Künsten ein einträgliches Geschäft in Samaria aufgebaut. Die Menschen »hingen ihm an«, und das offenbar nicht nur mit ihren Herzen, sondern auch mit ihren Geldbeuteln. Simons Motiv dafür, sich mit übernatürlichen Kräften abzugeben, war schlicht und einfach, daß ihm dies Macht und Geld verschaffte. Und jetzt begegnet er den Aposteln, die in Jesu Namen ihre Zeichen und Wunder tun – viel größere als er selber –, und er wird gläubig, läßt sich taufen und schließt sich der Gemeinde an. So weit, so gut. Doch dann sieht Simon, wie der Heilige Geist auf die Christen fällt, als Petrus und Johannes ihnen die Hände auflegen, und was macht er? Er hält ihnen seinen Geldbeutel hin und sagt ahnungslos: »Gebt auch mir diese Macht, damit jeder, dem ich die Hände auflege, den Heiligen Geist empfängt« (Apg 8,19 – Einh.).

Die äußerst heftige Reaktion des Petrus zeigt, daß es sich hier um mehr als bloße Unkenntnis handelt. Nein, diese Situation enthüllt die Machtgier des Simon, die wie eine Granitmauer zwischen ihm und Gottes Geist steht: »Dein Silber fahre mit dir ins Verderben, wenn du meinst, die Gabe Gottes lasse sich für Geld kaufen. Du hast weder einen Anteil daran noch ein Recht darauf, denn dein Herz ist nicht aufrichtig vor Gott. Wende dich von deiner Bosheit ab, und bitte den Herrn; vielleicht wird dir dein Ansinnen vergeben. Denn ich sehe dich voll bitterer Galle und Bosheit« (Apg 8,20–23 – Einh.). Erst jetzt begreift Simon und bittet die Apostel um ihre Fürbitte.

Wir können es uns hier leicht machen und kurz und schmerzlos auf die vielen offensichtlichen schwarzen Schafe im christlichen Busineß verweisen: »Ja, ja, die Sorte kennen wir . . .« Aber die herbe Lehre aus der Affäre Simon der Magier ist, daß man sehr wohl an Jesus glauben und getauft sein und einer anständigen Gemeinde angehören kann, ohne sich von seinem Machtstreben bekehrt zu haben. Und dann verbreiten wir »bittere Galle und Bosheit« in der Gemeinde. Wer von uns kann ehrlich behaupten, daß diese Begebenheit nicht eine Saite in ihm zum Klingen bringt? Wer von uns kann behaupten, daß er sich noch nie gewisse leise Gedanken über die möglichen Vorteile des christlichen Leiteramtes gemacht hat?

Leider sollte der Fall Simon Vorbildcharakter für lange Epochen der Kirchengeschichte haben, unsere eigene nicht ausgenommen – nur zu oft mit dem einzigen Unterschied, daß der Übeltäter zum Schluß nicht bereute, sondern ungestraft den Purpurmantel des Machthabers in Gottes Namen anlegen durfte. Daher stammt übrigens unser Wort »Simonie« für den Handel mit kirchlichen Ämtern.

Warum übt diese Versuchung zur Macht eine solch magische Anziehungskraft auf leitende Christen aus? In der Kirchengeschichte wie in unserer eigenen Zeit sehen wir so viele abschreckende Beispiele für sie – und fallen doch immer wieder selber in die Grube. Warum? Vielleicht war Henri Nouwen dem Geheimnis etwas auf der Spur: »Was verleiht der Versuchung zur Macht ihre anscheinend unwiderstehliche Faszination? Vielleicht der Umstand, daß Macht einen einfachen Ersatz für die anspruchsvolle Aufgabe bietet, durch *Liebe* zu überzeugen. Es scheint einfacher, Gott zu sein als Gott zu lieben, einfacher, Menschen zu beherrschen als Menschen zu lieben, einfacher, über Leben zu verfügen als Leben zu lieben.«[40] Und diese Mechanismen sind im Grunde dieselben auf allen Ebenen des Lebens, vom Kindergottesdienst bis zum UNO-Hauptquartier in New York. Dag Hammarskjöld hatte ständig mit dem Machtproblem zu kämpfen, sowohl in seinem eigenen Leben wie in der Begegnung mit den Machthabern der Welt. Er faßt seine Beobachtungen auf seine typisch knappe Art so zusammen: »Das Unerlöste beim Machtmenschen. Und umgekehrt: des Erlösten Macht.«[41]

Und umgekehrt. Nirgends in der Geschichte hat diese Umkehrung so vollkommen Gestalt gewonnen wie in Jesus von Nazareth. Als er am Abend vor der Kreuzigung seinen Jüngern eine Art Konzentrat seiner Lehre gibt, sozusagen sein Testament, kommt er auch auf die Machtfrage zu sprechen, die er – gelinde gesagt – aus sämtlichen Aspekten heraus bestens kannte. Daß er das gerade in dieser Stunde tat, lag daran, daß die Jünger gerade wieder einmal darüber stritten, »wer von ihnen als der Größte gelten solle. Er aber sprach zu ihnen: Die Könige herrschen über ihre Völker, und ihre Machthaber lassen sich Wohltäter nennen. Ihr aber nicht so! Sondern der Größte unter euch soll sein wie der Jüngste, und der Vornehmste wie ein Diener. Denn wer ist größer: der zu Tisch sitzt oder der dient? Ist's nicht der, der zu Tisch sitzt? Ich aber bin unter euch wie ein Diener.« (Lk 22,24–27)

Als erstes gibt Jesus hier zwei scheinbar entgegengesetzte Beispiele dafür, wie christliches Führen nicht aussehen sollte. Das erste ist die Versuchung zum »Herrschen«. Dies ist die klassische Variante der Unterdrückung. Wir verlangen von den Menschen Gehorsam und Loyalität und bauen uns unser kleines Reich. Wir strafen und wir belohnen, nicht selten verstärkt durch in grellen Farben gemalte Schreckensbilder von anderen Gruppen, auf daß unsere Schafe begreifen, wie wichtig es ist, sich an den richtigen Stall zu halten.

Die tückischere Unterdrückungsvariante ist die zweite: die Versuchung, Menschen dadurch an sich zu binden, daß man »sich Wohltäter nennen« läßt. Wo ein christlicher Leiter den Menschen etwas von Gott vermittelt, eröffnet sich ihm damit die gefährliche Möglichkeit, von ihrer Dankbarkeit zu profitieren. Hier erzieht man sich seine treuen Untertanen nicht mit der Peitsche, sondern mit dem Zuckerbrot. Das Zuckerbrot kann sehr süß und der Druck sehr sanft sein, aber das Grundmuster ist genau das gleiche: Ich binde Menschen an mich und meine Macht. Paulus sieht dieses Muster bei den falschen Aposteln in Galatien, die in den Gemeinden ihr Unwesen treiben, »damit ihr ihnen nachlauft« (Gal 4,17 – GN). So entsteht eins, zwei, drei das nächste kleine religiöse Imperium, das die Freiheit und Einheit der Gemeinde Christi beschneidet.

Dagegen steht Jesus: »Ich aber bin unter euch wie ein Diener« (Lk 22,27). Damit nimmt er Abstand von jeder Form von Dominanz, Vereinnahmung und Machtstreben. Sein ganzes Wesen ist solch einer Verletzung der Freiheit des Menschen entgegengesetzt. Bei Jesus finden wir eine konsequente Weigerung, sich eine andere Position oder Autorität zu verschaffen als die, die sich aus seinem eigenen dienenden und sich hingebenden Leben ergibt. Er ist wahrlich *unter uns,* mitten in unserem Lebensalltag und unseren konkreten Problemen, und nicht ein Parasit auf der Zuschauertribüne, der uns hilflos zappeln läßt. Und er ist unter uns *wie ein Diener;* er will uns das Leben leichter und nicht noch schwerer machen.

Dieser Dienersinn bestimmte das Leben Jesu von seinem ersten Atemzug in einem jämmerlichen Stall vor den Toren Bethlehems bis zu seinem letzten auf einem Kehrichthügel vor Jerusalem. Nicht ein einziges Mal gab er den Drohungen und Lockungen der Macht nach. Darum strahlt er auch eine so unwiderstehliche Freiheit aus – eine Freiheit von Machtgier und Dominanz, die im tiefsten in seiner Geborgenheit als der geliebte Sohn des Vaters gründet, eine Freiheit, in der Menschen ihr Haupt erheben und Dinge tun können, die sie vorher nie gewagt hätten.

Von unten her

Ein solcher Diener muß von unten her zu den Menschen kommen.
Er muß gründlich frei geworden sein von der Haltung »Hier komme ich und bringe eure Welt in Ordnung«. Er muß frei sein von aller
Selbstgerechtigkeit und Besserwisserei, frei auch von der Vorstellung, daß er allein, ohne fremde Hilfe, alle Probleme lösen kann.
Darum geht Gottes Sohn, der doch nichts bedarf, zu Beginn seines
öffentlichen Wirkens als erstes an den Jordan und bittet den kon-
sternierten Johannes den Täufer, ihn zu taufen: »Denn so gebührt
es uns, alle Gerechtigkeit zu erfüllen« (Mt 3,15). Diese Szene hat
viele Dimensionen; hier soll der Hinweis genügen, daß die Gerechtigkeit als Gabe gesehen wird und nicht als etwas, was man sich
durch lebenslangen Dienst verdienen kann.

Als Jesus dann später Petrus in sein Leiteramt einführt, kniet er
sich vor ihn hin, um seine Füße zu waschen. Als Petrus protestiert,
sagt Jesus ihm, daß der, der dienen soll, sich zuerst selber dienen lassen muß: »Wenn ich dich nicht wasche, so hast du kein Teil an mir«
(Joh 13,8). Damit zerbricht – zumindest als Zeichen der Hoffnung!
– der Stolz und die Selbstgenügsamkeit, die sonst das Führen des
Petrus vergiftet hätten. Ein Mensch, der immer nur anderen hilft
und nie selber etwas braucht, baut eine Distanz zu den Mitmenschen auf, die ihn isoliert und zu tieferem Dienen unfähig macht.
Ein echter Diener ist sich stets seiner eigenen Bedürfnisse und seines Angewiesenseins auf andere bewußt; ist dies nicht so, haben wir
es wahrscheinlich in Wirklichkeit mit einem gut getarnten Stolz
zu tun.

Hier ahnen wir auch den Unterschied zwischen Führen und Dominieren. Er ist einer der Gründe dafür, daß in sogenannten freien
Gruppen die Tyrannei oft am stärksten wird – weil nämlich das Fehlen einer formellen Leitung den dominanten Persönlichkeiten in
der Gruppe freie Schußbahn gibt. Dominieren bedeutet, daß ich die
Initiativen und die spontanen Lebensäußerungen der anderen ständig niederhalte, ihre Fragen, Kritiken, Vorschläge abwürge, ihr
Wachsen und Reifen hemme. Führen dagegen bedeutet, daß ich
den anderen neue Türen öffne, ihnen Möglichkeiten zeige, zu

wachsen und neue Schritte zu tun, ihnen Ziele gebe, die neue Gaben und Kräfte in ihnen freisetzen.

Ein dominierender Mensch benutzt die Gruppe ständig als Stütze für sein Ich und zementiert ihr Angewiesensein auf ihn. Ein Leiter dagegen ist ständig bestrebt, die Gruppe von sich frei zu machen und zu Selbständigkeit und Reife zu führen. Ein dominierender Mensch kann sehr gut Gottes Wort als Mittel benutzen, seine Überlegenheit zu beweisen und damit die anderen einseitig an sich zu binden, aber er kann niemals mit *Gottes Stimme* sprechen – das kann nur ein Leiter, der zutiefst den Vater der Barmherzigkeit kennengelernt hat. Und da es bei den meisten Leitern mehr oder weniger starke Dominanztendenzen gibt, muß der Weg zu dieser Reife durch die harte Schule des Kreuzes gehen.

Auf unserem Weg zum rechten Dienen steht uns der Heilige Geist zur Seite. Still, demütig, feinhörig und sensibel personifiziert er den Dienersinn Jesu. Er ist auch der große Jüngermacher, der mit unendlicher Geduld den verhärtetsten Sünder zu einem Diener Gottes und der Menschen umschmelzen kann: »Wo der Geist des Herrn ist, da ist Freiheit. Wir alle sehen mit unverhülltem Gesicht die Herrlichkeit des Herrn. Dabei werden wir selbst in das verwandelt, was wir sehen, und bekommen mehr und mehr Anteil an seiner Herrlichkeit. Das bewirkt der Herr durch seinen Geist« (2. Kor 3,17–18 – GN). Man beachte den Zusammenhang zwischen Freiheit und Verwandlung!

In Jesu Nachfolge dienen bedeutet, mein Leben weit zu öffnen für das Wirken des Heiligen Geistes und zu lernen, zusammen mit dem Geist unter den Menschen zu arbeiten. Wie der Autor und Friedensarbeiter Jim Wallis einmal sagte: »Führen heißt entdekken, was der Geist in einer Gruppe tut, und sich damit identifizieren.« Und der Geist will nichts lieber, als mit uns zusammenzuarbeiten. Solange ich von dem aufrichtigen Willen getrieben bin, Christus zu dienen, arbeitet der Geist intensiv daran, mich zu formen, auszurüsten und zu führen. Sobald wir Machtgelüste in unsere Motivation hineinlassen, zieht der Geist sich zurück und wartet ab, und sobald wir wieder zu ihm umkehren, kommt er willig und ohne Vorwürfe zurück und setzt sein Werk durch uns fort.

Zu dieser Abhängigkeit vom Geist muß auch das Gespür dafür gehören, wann wir *nicht* versuchen sollten, einem Menschen zu helfen. Einer der geistlichen Führer der Kirche, Johannes vom Kreuz, schreibt: »Solche Seelenführer mögen sich bewußt sein, daß der eigentliche Beweger und Führer der Seelen nicht sie sind, sondern der unablässig um sie bemühte Geist; daß sie nur Wegweiser sind für den Aufstieg zur Vollkommenheit kraft des Glaubens und des göttlichen Gesetzes, zu einer Vollkommenheit gemäß dem Geiste, den Gott in jede Seele besonders eingießt. Und so sei denn sein ganzes Bestreben, sie nicht eigensinnig seiner eigenen Weise anzugleichen, sondern sich zu prüfen, ob er den Weg erkennt, den Gott sie führt; *und wenn er ihn nicht erkennt, soll er jene Gott überlassen, statt sie zu verstören.*«[42]

Ein anderer scharfsichtiger geistlicher Lehrer, Ignatius von Loyola, warnte seine Exerzitienmeister davor, ihre Schüler ihren eigenen Vorstellungen angleichen zu wollen: »Wer die Übung gibt, darf nicht den, der sie empfängt, mehr zur Armut oder zu einem Versprechen hin bewegen als zu deren Gegenteil, auch nicht zu einem Stand oder einer Lebensweise mehr als zu einer anderen . . . es [ist] . . . viel besser, daß der Schöpfer und Herr selber sich seiner Ihm hingegebenen Seele mitteile, sie zu Seiner Liebe und Seinem Lobpreis entflamme und sie zu dem Weg bereit mache, auf dem sie Ihm künftig besser dienen kann. Auf diese Weise soll derjenige, der die Übungen vorlegt, weder zu der einen noch zu der anderen Seite sich wenden und hinneigen, sondern, mehr *wie eine Waage in der Mitte stehend, unmittelbar den Schöpfer mit seinem Geschöpf und das Geschöpf mit seinem Schöpfer und Herrn wirken lassen.*«[43]

Dieses Dienen baut also mindestens so sehr auf das Wirken des Heiligen Geistes *in dem anderen* wie auf sein Wirken in mir selber. Das Werk des Geistes unter uns Menschen vollzieht sich in einem unergründlichen Zusammenspiel zwischen uns und nicht in einem einseitigen Fluß von dem einen zum anderen. Erst wenn wir den Menschen mit offenen Ohren, Augen und Händen begegnen, helfen wir dem Heiligen Geist, in ihnen zu wirken. Sobald wir anfangen, sie als Objekte unserer geistlichen Beeinflussung zu sehen, stockt dieser Prozeß. Der Geist will mir zu meinen Mitmenschen vorangehen; er will nicht in meinem Schlepptau sein und darauf warten, daß ich ihm mit meinen Worten und Taten »den Weg bahne«. Dies gilt für alle meine Begegnungen mit Menschen, seien es nun Christen oder Nichtchristen. Ein amerikanischer Pastor beschrieb, wie er sich vor seiner ersten Predigt fühlte: »Und da stand ich auf der Kanzel und hatte in meinem ganzen Leib weniger Glauben, als die Gemeindeglieder in ihren Fingerspitzen hatten.« Einmal dürfen wir raten, ob diese Haltung die Gemeinde für Gottes Wort und für das Wachsen in ihm aufschloß!

Nun ist für uns Heutige dieses ganze Bild des Dieners schwer zu verstehen. Wir leben ja nicht mehr in der Antike, wo Diener und Sklaven genauso normal waren wie heute Autos. Aber denken wir ruhig etwas über die Dienerrolle nach; auch wir können einiges Wichtige aus ihr lernen. So erwartete man von einem Diener nicht mehr, als daß er tat, was man ihm auftrug, und dies gilt auch für unseren Gehorsam gegenüber dem Heiligen Geist. Mit der Zeit und durch all unser Versagen hindurch kann der Geist unseren Dienst immer präziser gestalten; wir tun nicht mehr und nicht weniger, als was der Gehorsam von uns fordert.

Daß wir weniger tun, als Gott will, hat oft mit Stumpfheit und Faulheit zu tun und ist eine so typische Gefahr, daß wir sie leicht erkennen. Bedeutend tückischer ist die Versuchung, etwas mehr zu tun: *ein bißchen* mehr tun, als der Geist tut, diesen Menschen *ein wenig* mehr bearbeiten, von jenem *etwas* mehr Bewunderung und Dankbarkeit bekommen, *ein kleines bißchen* manipulieren, damit meine Pläne vorankommen . . . Der Weg zu den Höhen der Macht verläuft genau über diese kleinen, fast nicht merklichen Stufen. Die Versuchung zur Ausbeutung der anderen kommt nie als fertiges Gesamtpaket; der Teufel weiß genau, daß wir das nicht annehmen würden. Und so gibt er uns kleine Kostproben vom Honig der Macht, damit wir ganz allmählich süchtig auf sie werden.

Darum können wir in unserem Dienst gar nicht streng genug gegen uns selber sein. Unsere Position gibt uns furchtbare Möglichkeiten, andere Menschen zu verletzen oder zu blockieren. Es ist daher unerhört wichtig, daß wir es lernen, uns nach ausgeführtem Auftrag zurückzuziehen und uns nicht zu lange im Glanz unseres Erfolgs zu sonnen. Wir brauchen bei jedem Dienst eine äußerst strenge Disziplin, damit das Dreieck »Gott – ich – meine Mitmenschen« die richtigen Proportionen behält. Jene Karikatur, die Charles de Gaulle bei seinem Nachtgebet zeigt, das er mit den Worten beginnt: »Lieber Kollege . . .«, ist kein bloßer Witz, wenn wir bedenken, was diese Art Einstellung in den Gemeinden anrichten kann. Ich muß fest und entschlossen lernen, ständig zu diesem Punkt zurückzukehren: »Seid stille und erkennet, daß ich Gott bin!« (Ps 46,11). Erst in der Gegenwart Gottes bekommt die Wirklichkeit wieder ihre richtigen Proportionen, und ich werde vor dem bodenlosen Strudel der Selbstzufriedenheit bewahrt.

Ein anderer, oft vergessener Aspekt der Arbeit eines Dieners ist, daß er sich nicht von den Wünschen oder Bedürfnissen der Bedienten lenken läßt, sondern vom Willen seines Herrn. Dies bedeutet, daß ein Gottesdiener frei sein muß von Menschenfurcht und von dem Bedürfnis, immer beliebt und geschätzt zu sein; sonst kann er nicht die *wirklichen,* unter der Oberfläche verborgenen Bedürfnisse der Menschen sehen und angehen. Diese Eigenschaft ist zum Beispiel von entscheidender Bedeutung in aller Seelsorge. Wir müssen dem Menschen, der da vor uns sitzt, mit größter Aufmerksamkeit zuhören und alles, was er sagt, sehr ernst nehmen – ernst, aber nicht unbedingt buchstäblich! Der Seelsorger im Dienst Jesu muß durch das, was sein Klient selber formulieren kann oder will, durchdringen können zu dessen wirklicher, tiefster Not, damit er diese an der Wurzel packen kann.

Dies bedeutet, daß ein Diener – zumindest im Anfang – sich nicht unbedingt beliebt macht. »Wollte ich noch den Menschen gefallen«, schreibt Paulus, »dann wäre ich kein Knecht Christi« (Gal 1,10 – Einh.). Daß er nicht nur aufmuntert, sondern auch ermahnt, hat seinen guten Grund: »Denn unsre Ermahnung kam nicht aus betrügerischem oder unlauterem Sinn, noch geschah sie mit List, sondern weil Gott uns für wert geachtet hat, uns das Evangelium anzuvertrauen, darum reden wir, nicht, als wollten wir den Menschen gefallen, sondern Gott, der unsere Herzen prüft« (1. Thess 2,3-4).

Das bisher Gesagte könnte zu dem Kurzschluß führen, daß

Macht an sich immer etwas Böses ist, das wir zu fliehen haben. So ist es natürlich nicht. Jesus hatte Macht, mehr als je ein anderer, der auf dieser Erde ging. Wie hätte er sonst so vielen Menschen helfen können? Und auch ein christlicher Leiter hat selbstverständlich, in welcher Form auch immer, ein Stück Macht – wie könnte er sonst andere Menschen zum Guten hin beeinflussen? Die eigentliche Frage ist, wie diese Macht sich äußert und worauf sie sich gründet. Der Lobgesang vor dem Gotteslamm im Buch der Offenbarung beruht darauf, daß Jesus sein Leben so gelebt hat, daß er »würdig« ist, Macht über unser Leben zu haben (Offb 5,11–14). Im Gegensatz zu dem »Tier« hat er nicht mit viel Getöse eine Karriereleiter erklommen, um die Macht an sich zu reißen, sondern die ganze Schöpfung gibt sie ihm als Antwort auf seine sich selbst hingebende Liebe.

Entsprechend ist in der christlichen Gemeinde die einzige Autoritätsgrundlage ein Leben des Dienens. Paulus gibt in einem seiner Briefschlüsse ein praktisches Beispiel dafür: »Ihr kennt das Haus des Stephanas, daß sie die Erstlinge in Achaja sind und haben sich selbst bereitgestellt zum Dienst für die Heiligen. Ordnet auch ihr euch solchen unter und allen, die mitarbeiten und sich mühen!« (1. Kor 16,15–16). Wem also gebührt Macht und Einfluß in der christlichen Gemeinde? Denen, die »zum Dienst für die Heiligen« bereit sind, »die mitarbeiten und sich mühen«. Solche Leiter zu haben, kann nur ein Segen sein!

Was ist das Ziel?

Die Karrieremöglichkeiten für »Berufschristen« sind also buchstäblich gleich Null. Wir sind von Jesus gesandt, um in seinem Namen den Menschen zu dienen, Punkt und Schluß. In welcher äußeren Position oder Funktion das geschieht, ändert nichts an meinem Wert oder meiner Identität, die ja überhaupt rein nichts mit meiner Arbeit zu tun haben, sondern bei Gott verborgen und geborgen sind. Das geht uns allen gegen den Strich, und oft finden wir uns in einem stummen Kampf mit solchen Gedanken wie: »Wozu ist das alles eigentlich gut?« Oder: »Hier mache ich mich halb kaputt, und woanders könnte ich eine prima Stelle mit richtigem Gehalt haben.« Oder: »Ist das wirklich der richtige Platz für mich, bei meiner Ausbildung und meiner hohen Begabung?« Und so weiter.

Wenn wir hier durchhalten und unsere Arbeit als sinnvoll erleben wollen, müssen wir sie in einer größeren Perspektive sehen, die über unser kleines Alltagsstückchen hinausgeht. Im Mittelalter besuchte einmal ein Mann eine der unzähligen Kathedralenbaustellen, die es damals in Europa gab. Die Kirchen waren so gewaltig, und die Bauarbeiten dauerten so lange, daß manchmal erst die Enkel oder Urenkel das Werk der Väter vollenden konnten. Dieser Besucher nun trat zu einem der vielen Maurer, die damit beschäftigt waren, kleine Ziegelsteine zu den mächtigen Mauern zusammenzufügen, und fragte ihn, was er da machte. Der Maurer antwortete: »Ich maure.« Der Mann ging weiter, zu einem anderen Maurer, stellte die gleiche Frage und erhielt die Antwort: »Ich baue einen Strebepfeiler.« Der Besucher ging weiter über die Baustelle und fragte einen dritten Maurer, und der sagte: »Ich baue eine Kathedrale.«

Wir sind ständig in Gefahr, uns in unserem Dienst festzufahren und aus den Augen zu verlieren, was wir eigentlich machen. Ich bin so in Beschlag genommen von allen möglichen technischen Details und meinem ständigen »Mache ich es auch richtig?«, daß ich das große Ziel nicht mehr sehe. Ein etwas moderneres Bild kann uns vielleicht helfen, das Verhältnis zwischen Arbeit und Ziel zu sehen. In der Beleuchtungsindustrie verkauft man den Kunden heute nicht mehr »Lampen«, sondern »Licht«. Fort mit dem kleinlichen Hin und Her, ob der Lampenschirm rund oder eckig sein soll und ob es nicht auch eine Lampe weniger tut! Man nimmt statt dessen den Licht*bedarf* zum Ausgangspunkt: Wie sieht das Zimmer aus? Will ich darin arbeiten oder schlafen oder Gäste empfangen, und was für eine Art Beleuchtung brauche ich dafür? Erst im zweiten oder dritten Schritt wird dann konkret überlegt, welche Arten von Lampen passend sind und wie viele ich für eine ausreichende Beleuchtung brauche.

Beim christlichen Führen geht es also nicht primär darum, was für Angebote oder Stellen oder Methoden oder Unterweisungsformen wir brauchen, sondern darum, welche Bedürfnisse wir angehen wollen, wenn unser großes Ziel ist, Gott zu ehren. Paulus drückt dies anläßlich einer Spendenaktion für die Christen in Jerusalem so aus: »Es geht ja bei diesem Liebesdienst nicht nur darum, der Gemeinde in Jerusalem zu helfen. Noch wichtiger ist, daß viele Menschen Gott dafür danken« (2. Kor 9,12 – GN). Also: Der Dienst hilft einem Bedürfnis ab, was dazu führt, daß Gott geehrt wird. An anderer Stelle schreibt Paulus: »Ich tue das alles ja nur euretwegen. Überall soll die Gnade Gottes bekanntgemacht werden, damit immer mehr Menschen Gott danken und ihm die Ehre geben« (2. Kor 4,15 – GN).

So durchsäuert sind wir alle von dem narzißtischen Klima unserer Zeit, daß wir uns kaum vorstellen können, eine Arbeit zu tun, die nicht unserer eigenen Ehre dient, sondern der eines anderen. Man arbeitet – jedenfalls in der westlichen Welt –, weil man Geld dafür bekommt, aber eben auch, um mehr Status, Einfluß und Ansehen zu gewinnen. Im Mittelalter muß das Leben hier weniger stressig gewesen sein; damals waren die Handwerker noch ganz in ihre Zünfte eingebunden, ein Maler, der seinen Namen unter sein Altarbild setzte, machte sich unmöglich, und jeder Soldat hatte selbstverständlich bereit zu sein, sein Leben für die Ehre des Heerführers zu opfern. Aber Gott ruft uns also noch heute in ein Leben, wo das höchste Ziel seine Ehre ist und nicht meine, und hinter diesen auf den ersten Blick so unsympathischen Arbeitsbedingungen steht das Paradox des Kreuzes: Wer seine eigene Ehre sucht, wird sein Leben verlieren; wer Gottes Ehre sucht, wird sein Leben gewinnen (Mk 8,34–35).

Was es im tiefsten heißt, Gott die Ehre zu geben, verdeutlicht Jesus, als er seinen Jüngern sagt: »Darin wird mein Vater verherrlicht, daß ihr viel Frucht bringt und werdet meine Jünger« (Joh 15,8). Hier liegt das letzte Ziel aller christlichen Arbeit, von der Seelsorge bis zur Politik: Menschen zu Jüngern Jesu zu machen. Alle andere Arbeit muß sich diesem Ziel unterordnen und stets auf es hinstreben. Paulus malt sein eigenes Bild dieser Arbeit, wenn er die Galater »meine lieben Kinder« nennt, »die ich abermals unter Wehen gebäre, bis Christus in euch Gestalt gewinne« (Gal 4,19). Geistliche Leiter als Mutter, ja als Hebamme!

Johannes der Täufer malt ein anderes Bild von den Aufgaben eines Leiters, als er von dem Messias spricht, der endlich gekommen ist: »Wer die Braut hat, der ist der Bräutigam; der Freund des Bräutigams aber, der dabeisteht und ihm zuhört, freut sich sehr über die Stimme des Bräutigams. Diese meine Freude ist nun erfüllt. Er muß wachsen, ich aber muß abnehmen!« (Joh 3,29–30). Voll Freude tritt Johannes zurück, nachdem er seinen Führungsauftrag erfüllt hat: die »Braut« zum »Bräutigam« zu führen. Wehe dem geistlichen Führer, der sich selber für den Bräutigam hält! Das ständige Ziel unserer Arbeit muß vielmehr sein, die Menschen in ein selbständiges Gottesverhältnis zu führen, so daß sie immer mehr Jesu Jünger werden und immer weniger unsere. Wie ein japanisches Sprichwort es ausdrückt: »Gib einem Mann einen Fisch, und er wird für einen Tag satt. Lehre ihn fischen, und er wird für sein ganzes Leben satt.«

An dieser Zielsetzung müssen wir unsere Arbeit immer wieder messen. Hier gilt das Grundgesetz der Kommunikation: Entscheidend ist nicht, was gesagt wird, sondern was beim Hörer ankommt. Wenn ich meine, den Menschen die Grundlagen des christlichen Glaubens erklärt zu haben, sie aber nach wie vor keine durchdachte Antwort auf die Frage geben können, warum sie Christen sind, habe ich meine Aufgabe nicht erfüllt. Wenn ich behaupte, der Gemeinde gezeigt zu haben, wie man als Jünger Jesu im Glauben wächst – die Gemeindeglieder sich aber immer noch als bloße Konsumenten des Herrn Pastor verstehen, habe ich meine Aufgabe nicht erfüllt. Wenn ich sage, daß ich selbständige Mitarbeiter herangezogen habe, aber diese Mitarbeiter nach wie vor Angst haben, eine eigene Meinung zu äußern und eigene Initiativen zu ergreifen, dann habe ich meine Aufgabe nicht erfüllt.

Im Grunde ist die Herausforderung die gleiche für alle Christen in Leitungsfunktionen, ob sie nun in der Evangelisation, in der Gemeinde oder in der Entwicklungshilfe arbeiten. Sicher stößt man manchmal auch auf Menschen, die keine Veränderungen *wollen*, und hier kann man nicht viel mehr tun, als für sie zu beten. Aber nur zu oft liegt die Blockade beim Leiter selber. Daher muß ein christlicher Leiter eher von der Bereitschaft geprägt sein, seine Arbeitsformen zu hinterfragen und zu verändern, als von dem Instinkt, sie zu verteidigen und zu bewahren:

1. Lebe ich in genügender *Nähe* zu denen, für die ich Verantwortung habe? Kenne ich ihre Fragen und Bedürfnisse, Träume und Möglichkeiten? Oder bilde ich mir nur ein, sie zu kennen, und halte sie durch meine Rolle des großen Machers auf Distanz?

2. Was ist *gut* an unserer Arbeit? Was tut uns gut, was macht Menschen freier? Was können wir tun, um dies zu stärken?

3. Was ist *schlecht* in unserer Arbeit? Was dient nicht mehr dem ursprünglichen Ziel und ist daher eher bindend als befreiend? Wie können wir diesen Teil der Arbeit so schnell wie möglich beenden und unsere Kräfte besser einsetzen?

4. Was *fehlt* in unserer Arbeit? Welche ungestillten Bedürfnisse und Nöte gibt es, die wir angehen können und wollen? Wie können wir eine solche neue Arbeit beginnen?

Freunde und Mitarbeiter

Nehmen wir einmal an, ich sitze in einem stockdunklen Raum. Ich weiß nicht, was es um mich herum gibt oder wie groß der Raum ist. Ich bin ganz auf meine eigenen Spekulationen angewiesen: »Warum bin ich hier? Was geht hier vor? Warum ist es so dunkel? Wie bin ich hierhergekommen?« Ich höre merkwürdige Geräusche, die ich nicht identifizieren kann und die meine Phantasie noch mehr beflügeln. Die Phantasie spinnt mich in einen immer dickeren Kokon aus Unsicherheit, Selbstmitleid und Angst. Mein ganzer Körper verspannt sich vor der unbekannten Gefahr.

Dann – geht plötzlich ein Licht an. Zuerst bin ich geblendet und lege schützend meine Hand über die Augen. Doch dann sehe ich: Ich bin ja gar nicht allein! Ich sitze in einem bequemen Sessel, und rund um mich herum sitzt ein Dutzend meiner Freunde und heißt mich zu einem fröhlichen Fest willkommen.

So etwa könnte man in einem einfachen Bild beschreiben, wie das Licht des Evangeliums uns aus der Einsamkeit in die Gemeinschaft führt. Solange es in unserem Leben dunkel ist, sehen wir nur uns selber. Wir sind ganz auf uns selbst konzentriert und beurteilen die gesamte Wirklichkeit danach, was sich in unserem kleinen Kopf abspielt. Die anderen sind zwar die ganze Zeit da – aber wir sehen sie nicht.

Auch für den »Berufschristen« kann die Einsamkeit ein Fluch sein. Die Dunkelheit verunsichert mich und läßt mich zum Spielball der Extreme werden. Mal bin ich felsenfest überzeugt, daß nur ich den rechten Glauben habe und von Gott beauftragt bin, seine Gemeinde zu führen; dann wieder treibt mich meine Einsamkeit in die nachtschwarze Verzweiflung: Warum nur habe ich, ausgerechnet ich, mit all diesen Sünden und Problemen zu kämpfen? Keiner versteht mich, keiner hat es so schwer wie ich!

Wenn dann Gottes Licht über meinem Leben aufgeht, kann es unmöglich an meinen Grenzen stehenbleiben. Es leuchtet weiter, öffnet meinen Blick, und ich entdecke Brüder und Schwestern, denen es genauso geht wie mir. Und diese Grunderfahrung aller Christen gilt natürlich auch für den christlichen Leiter. Leiter in Gottes Gemeinde – das ist man nie allein, das ist man immer zusammen mit anderen. Eigentlich muß der leitende Christ *mehr* noch als die anderen diesen Zusammenhang zwischen Licht und Gemeinschaft erfahren, den Petrus so ausdrückt: ». . . der euch berufen hat von der Finsternis zu seinem wunderbaren Licht; die ihr einst ›nicht ein Volk‹ wart, nun aber ›Gottes Volk‹ seid, und einst nicht in Gnaden wart, nun aber in Gnaden seid« (1. Petr 2,9–10).

Bedenken wir nur die einfache Tatsache, daß Jesus zwölf Apostel auswählte, und nicht bloß einen. Mose, der in vieler Hinsicht ein Vor-Bild auf Jesus hin war, wählte Josua zu seinem Nachfolger, der sein Werk weiterführen sollte (5. Mose 31,1–8). Jesus hätte es genauso machen und das ganze Gewicht seiner Autorität auf die Schultern eines einzigen Führers der Gemeinde legen können. Doch statt dessen übertrug er seine Vollmacht einer Gruppe von Menschen, die mit ihrer verblüffenden Vielfalt der Charaktere und Herkunft ein zeitloses Modell der Einheit in Vielfalt wurde. Dieses

Muster der gemeinsamen Führerschaft wird in der gesamten Urgemeinde konsequent durchgehalten. Die kleinste Leitereinheit, die wir im Neuen Testament antreffen, besteht aus zwei Personen – zum Beispiel als Jesus seine Jünger in Gruppen zu je zwei aussendet (Lk 10,1) oder als Paulus und Barnabas neue Gemeinden gründen (Apg 13–14). Nirgendwo in der Urkirche hören wir von geistlichen Einzelkämpfern, es sei denn als Störenfriede, vor denen man sich in acht nehmen muß (3. Joh 9–10). Und dies sollte uns nicht überraschen. Wenn die Leiter ein Vorbild für die ganze Gemeinde sein sollen, dann wäre ein Leiteramt des einzelnen ein Widerspruch in sich.

Dieses gemeinsame Führen zieht sich wie ein roter Faden durch die Apostelgeschichte. Als es bei der täglichen Armenversorgung in der Jerusalemer Gemeinde zu Querelen kommt, rufen die Apostel die ganze Gemeinde zusammen, damit diese sieben Männer wählt, »die einen guten Ruf haben und voll heiligen Geistes und Weisheit sind« und die diese Aufgabe übernehmen (Apg 6,1–6). Die Gemeinde wählt die Armenpfleger, und die Apostel bekräftigen die Wahl unter Handauflegen und Gebet. In völliger Transparenz arbeiten die Gemeinde und die verschiedenen Leitergruppen zusammen.

In Apostelgeschichte 13 erfahren wir, wie Paulus und Barnabas auf ihre erste Missionsreise geschickt werden. Zusammen mit drei anderen gehören sie zum Leiterteam der Gemeinde in Antiochia. Als sie den Gottesdienst feiern und fasten, gibt der Heilige Geist ihnen den Auftrag zu der Missionsreise. »Da fasteten sie und beteten und legten die Hände auf sie und ließen sie ziehen« (Apg 13,3). Und wohin sie auch kamen auf ihrer Missionsreise, setzten sie Älteste ein, »beteten und fasteten und befahlen sie dem Herrn, an den sie gläubig geworden waren« (Apg 14,23).

Als es zum theologischen Zusammenstoß zwischen dem jüdischen und dem christlichen Denken kommt, schlägt wieder nicht ein einzelner starker Mann mit der Faust auf den Tisch, sondern man schickt Paulus und Barnabas und einige andere zu den Aposteln und Ältesten in Jerusalem, um ihnen die Frage vorzulegen (Apg 15,2). Nach langen Debatten beschließen die Apostel und Ältesten »samt der ganzen Gemeinde, aus ihrer Mitte Männer auszuwählen und mit Paulus und Barnabas nach Antiochia zu senden« (Apg 15,22). Sie geben ihnen einen Brief mit, in dem steht, was »der Heilige Geist und wir« beschlossen haben (Apg 15,28 – Einh.).

Zum letzten Mal in der Apostelgeschichte treffen wir diese tiefe Gemeinschaft, als der alternde Paulus als Gefangener nach Italien kommt, um in Rom seine Untersuchungshaft anzutreten; er muß mit seiner Hinrichtung rechnen. Wir können uns vorstellen, wie ihm zumute gewesen sein muß, als das Schiff anlegte und er, schwerbewacht von Soldaten, seinen langen Fußmarsch nach Rom begann. Aber dann berichtet Lukas: »Dort hatten die Brüder von uns gehört und kamen uns entgegen bis Forum Appii und Tres-Tabernae. Als Paulus sie sah, dankte er Gott und gewann Zuversicht« (Apg 28,15). Was für eine Gnade, daß er selbst jetzt nicht allein sein mußte!

Im Laufe der Kirchengeschichte geht und kommt dieses Modell der gemeinsamen Führung, als Teil des Ebbe-und-Flut-Rhythmus' von Stagnation und Erneuerung, in welchem Gottes Volk ständig zu leben scheint. Stagnation bedeutet auch, daß die Leiter immer isolierter werden, während das Licht der Erneuerung auch in die Beziehungen der Leiter untereinander ausstrahlt. Im Mittelalter waren es vor allem die Klöster, die radikale Gemeinschaft gestalteten. Auch wenn ihre Leiter sehr autoritär sein konnten, waren sie doch keine isolierten Einzelgänger. Der Kirchenvater Augustinus war einer von denen, die in der etablierten Kirche gemeinschaftliches Leben und Leiteramt miteinander verbanden, auf eine Art, die bis nach Skandinavien großen Einfluß ausüben sollte. Nach seiner Bekehrung im Jahre 385 lebte er mit einer Gruppe anderer Neubekehrter in einer Großfamilie in seinem großen Haus. Als er Priester wurde, nahm er zusammen mit mehreren anderen einen klosterähnlichen Lebensstil an, und als Bischof machte er aus seinem Bischofssitz eine Bruderschaft – eine Gemeinschaft von Geistlichen, die gemeinsam in Armut, Gehorsam und Zölibat lebten.

Man entdeckte all dies in einem Brief des Augustinus, der im 11. Jahrhundert aufgefunden wurde, und dieser Brief wurde zur Inspiration und Hauptregel eines Phänomens, das im späteren Mittelalter viel für die Erneuerung der Kirche bedeuten sollte. In vielen Städten und vor allem an den großen Kathedralen bildeten sich Priesterkommunitäten, die, kräftig unterstützt durch die Bischöfe, enorm zur Erneuerung der Kirchenleitung und zum Zurückdrängen des weitverbreiteten weltlichen Karrieredenkens beitrugen. Diese »Mönchspriester« nannte man »Kanoniker«, und wenn es sich um die Mutterkirche des Stiftes handelte, hieß die Kommunität »Domkapitel«. So kann ein Fremdwort plötzlich lebendig werden – Anfragen der Geschichte an unsere heutigen Strukturen . . .

Bekanntlich distanzierte sich Martin Luther bitter von seiner Klostervergangenheit (es war übrigens just der Augustinerorden), und dies trug dazu bei, daß das gemeinsame Leiten aus der protestantischen Kirche verschwand. Der evangelische Pastor stand einsam auf seinem Posten, zumindest in der eigenen Gemeinde – obwohl ja Luthers These vom allgemeinen Priestertum der Gläubigen eigentlich das gemeinsame Leiteramt hätte beleben können! Die Wiedertäuferbewegung im 16. Jahrhundert betonte zwar sehr die radikale Gemeinschaft und bildete in ganz Europa Kommunitäten mit gemeinsamer Leitung, aber im großen und ganzen übernahmen, bis in unsere Zeit hinein, auch die Freikirchen das Reformationsmodell des einsamen Pastors.

So selbstverständlich ist dieses Modell für den gut protestantisch erzogenen Christen, daß er erst einmal schlucken muß, wenn er mit der katholischen Sicht von der Gemeinschaft konfrontiert wird. Ich war einmal über ein Wochenende bei einigen Priestern in Stockholm zu Besuch. Wir unterhielten uns über ihre Gemeinde, und als sie mir die Zahl der Glieder nannten, fragte ich sie, ob drei Priester nicht ein bißchen viel waren für solch eine kleine Kirche. Darauf sah der eine mich etwas verwundert an und erklärte: »Das hat nichts mit der Gemeindegröße zu tun. Es gehört zur Berufung unseres Priesterordens, daß wir gemeinsam leben, und so achten wir immer darauf, daß wir zu mehreren sind und zusammenwohnen können.« Welches Modell ist wohl das biblischere?

Die charismatische Erweckung hat in vielen Ländern zu einem großen Durchbruch hin zu einem mehr neutestamentlichen Leitungsverständnis geführt. In Kirchen mit starker Amtstradition führte dies zur Bildung von Leiterteams verschiedener Art, in denen den Pastoren Laienschwestern und -brüder mit unterschiedlichen Aufgabenbereichen zur Seite stehen. Und auch in Freikirchen und Gemeindeneugründungen führt die charismatische Erneuerung gewöhnlich dazu, daß der einsame Mann auf der Kanzel Gesellschaft bekommt und mehrere Personen sich die geistliche Führungsverantwortung teilen. Die Akzente und Formen wechseln, aber die Tendenz zur gemeinsamen Leitung findet sich durchgehend, nicht zuletzt auch unterstützt durch das rasche Wachstum von Gebetsgruppen und Hausgemeinden in der ganzen Welt. Ein ähnliches Muster finden wir hier auch in der lateinamerikanischen Befreiungstheologie, wo man vor den manchmal sorgenvollen Augen der Kirche ganz bewußt den traditionellen »Alleinpriester« in Frage stellt und den Schwerpunkt auf »Basisgruppen« legt, in denen Priester und Laien sich die Verantwortung teilen.

Gemeinschaft der Sünder

Wie können wir so etwas bei uns einführen? Was für Möglichkeiten und Risiken sind damit verbunden? Wie beeinflußt es unser Selbstbild als Leiter? Was für bewährte Grundregeln können wir finden, die uns helfen, die Gemeinschaft so zu entwickeln, daß sie ein Gewinn für unser Führen wird und nicht eine Belastung?

Fangen wir ganz vorne an. Was ist denn, im tiefsten gesehen, diese Gemeinschaft? Eine Versammlung der Geistlichsten und Tüchtigsten in der Gemeinde, ausgewählt auf Grund ihrer großen Heiligkeit und leuchtenden Qualifikationen? So definiert, bedeutet ein solches Leiterteam nur eine Belastung für die Gemeinde, die damit vom Regen in die Traufe kommt. Wo früher die einförmige Herde unter dem Hirtenstab des Herrn Pastor war, bilden sich jetzt plötzlich zwei unterschiedliche Gruppen, gewissermaßen die Erste und die Zweite Klasse, was im Nu zu einem gefährlichen Statusdenken führt, welches die »Aufsteiger« belohnt und die Nichtaufsteiger bestraft: Werde ich den Sprung in die Erste Klasse schaffen oder nicht? Praktisch eine Verschlechterung des Rollenmusters »Profis – Laien«.

Ganz zu schweigen davon, wie die Beziehungen innerhalb eines solchen Leiterteams aussehen! Sich aus seiner Stärke heraus zu begegnen und nicht aus seiner Schwachheit, kann nur zu Müdigkeit und Verschleiß führen. Hier sind die Starken und Geistlichen, hier darf ich mir keine Blöße geben! Man trifft sich als Kollegen, nicht als Menschen. Die Rüstungen rasseln stumm um den ganzen Tisch herum, ängstlich beäuge ich die anderen durch den schmalen Sehschlitz in meinem Visier: »Ich bin ja wohl frommer als der da, oder? Wie der sich neulich blamiert hat! Aber der da hinten, der wird noch gefährlich für meinen Posten, wenn keiner ihn bremst. Lieber Gott, hilf, daß niemand von denen merkt, wie es mir eigentlich geht . . .« Und so geht es weiter, das Schachspiel der Macht, mit seinen ehernen unausgesprochenen Regeln und dem verbissenen Lächeln. Gemeinschaft? Eher kalter Krieg.

Nein, die einzige Möglichkeit, die wir überhaupt haben, ist, daß wir uns als Sünder begegnen. Wie Dietrich Bonhoeffer sagt: »Wer mit seinem Bösen allein bleibt, der bleibt ganz allein. Es kann sein, daß Christen trotz gemeinsamer Andacht, gemeinsamen Gebetes, trotz aller Gemeinschaft im Dienst allein gelassen bleiben, daß der letzte Durchbruch zur Gemeinschaft nicht erfolgt, weil sie zwar als Gläubige, als Fromme Gemeinschaft miteinander haben, aber nicht als die Unfrommen, als die Sünder. Die fromme Gemeinschaft erlaubt es ja keinem, Sünder zu sein. Darum muß jeder seine Sünde vor sich selbst und vor der Gemeinschaft verbergen. Wir dürfen nicht Sünder sein. Unausdenkbar das Entsetzen vieler Christen, wenn auf einmal ein wirklicher Sünder unter die Frommen geraten wäre. Darum bleiben wir mit unserer Sünde allein, in der Lüge und der Heuchelei; denn wir sind nun einmal Sünder.«[44]

Dies gilt auch – und gerade! – für die Gemeindeleiter, die ja ein noch tieferes Bewußtsein ihrer Sündhaftigkeit haben sollten. Ein Durchbruch zu wirklicher Gemeinschaft ist erst dann möglich, wenn wir unsere Rüstungen wegwerfen und uns als die gebrechlichen Menschen begegnen, die wir doch sind. Wir glauben ja immer: Wenn die anderen sehen, wie es mit mir steht, wollen sie nichts mehr von mir wissen. Aber die Erfahrung zeigt das genaue Gegenteil: Erst wenn ich mit dem Versteckspiel aufhöre, kann tieferes Vertrauen wachsen; meine Schwachheit wird zu einer befreienden Tür für Gott und meine Freunde.

Freunde? Ja. Wenn die berufschristlichen Rüstungen zerbrochen sind und wir ehrlich zueinander werden, kann im Leiterteam echte Freundschaft wachsen. Solange wir uns nur treffen, um so effektiv wie möglich unseren Job zu tun, ist solche Freundschaft nicht möglich. Es verletzt, nur als »Ressource« betrachtet zu werden: »Den brauchen wir, der kann gut organisieren . . . Du bist doch Musiker, wie fandest du den letzten Gottesdienst? . . . Die Leute finden deine Predigten ja so wertvoll . . .« Schön, aber wo bleibe ich selbst? Bedeute ich als Mensch etwa nichts? Noch nicht einmal im Leiterteam?

Dieses ganze »Profidenken« steht in scharfem Kontrast zu der warmen Freundschaft, die wir etwa in den Paulusbriefen finden. Diese Briefe wimmeln von persönlichen Grüßen, die uns etwas von der Breite und Tiefe des großen Beziehungsnetzes ahnen lassen, das Paulus und die anderen Leiter trug. Daß er seine Mitarbeiter nicht als »Gnadengabe auf zwei Beinen« betrachtete, sondern vor allem als persönliche Freunde, merken wir etwa, wenn er der Gemeinde in Rom schreibt: »Ich befehle euch unsere Schwester Phöbe an, die im Dienst der Gemeinde von Kenchreä ist, daß ihr sie aufnehmt in dem Herrn, wie sich's ziemt für die Heiligen, und ihr beisteht in jeder Sache, in der sie euch braucht; denn auch sie hat vielen beigestanden, auch mir selbst . . . Grüßt Rufus, den Auserwählten in dem Herrn, und seine Mutter, die auch mir eine Mutter geworden ist« (Röm 16,1–2.13). Und wenn Paulus in anderen Briefen einen gewissen Tychikus erwähnt, nennt er ihn immer »mein lieber Bruder und treuer Diener in dem Herrn« (Eph 6,21). Also erst Bruder, und dann Mitarbeiter!

Am deutlichsten wird dies vielleicht in den beiden Briefen des Paulus an seinen jungen Freund und Mitarbeiter Timotheus. Wir treffen hier nicht den Führungsprofi, der eine Nachwuchskraft instruiert, sondern einen Vater, der seinem Sohn sein Herz öffnet: »Paulus . . . an Timotheus, seinen geliebten Sohn . . . Ich danke

Gott, dem ich wie schon meine Vorfahren mit reinem Gewissen diene – ich danke ihm bei Tag und Nacht in meinen Gebeten, in denen ich unablässig an dich denke. Wenn ich mich an deine Tränen erinnere, habe ich Sehnsucht, dich zu sehen, um mich wieder von Herzen freuen zu können; denn ich denke an deinen aufrichtigen Glauben, der schon in deiner Großmutter Lois und in deiner Mutter Eunike lebendig war . . . Darum rufe ich dir ins Gedächtnis: Entfache die Gnade Gottes wieder, die dir durch die Auflegung meiner Hände zuteil geworden ist« (2. Tim 1,1–6 – Einh.). Man beachte: Paulus' Freude gilt dem *Menschen* Timotheus, und nicht seinen Gnadengaben oder Leiterqualifikationen. Erst als Timotheus diese Freundschaft spürte, konnte er seine Gaben überhaupt freimütig entfalten.

So kann das Leiterteam Vorbild und Zeichen für die ganze Gemeinde werden – eine Gruppe, in der das Sein der Menschen mehr zählt als ihr Tun. Paulus benutzt hier einen höchst erhellenden Ausdruck, wenn er über Petrus, Jakobus und Johannes sagt, daß sie »als Säulen angesehen werden« (Gal 2,9). Also nicht als schwere Dekkenbalken, die auf der übrigen Gemeinde lasten; auch nicht als schöne Fassade, die den Beifall einheimst. Säulen sind die Gemeindeleiter – Stützen, die unten stehen und die anderen tragen. Und um das sein zu können, müssen sie ein gutes Fundament haben! Und das nicht nur als einzelne, sondern auch als Gemeinschaft. Nur wenn sie gemeinsam unten stehen und frei und offen einander stützen, können sie der Gemeinde Stabilität geben. So wie Risse in noch so schönen Säulen Einsturzgefahr für das ganze Gebäude bedeuten, bergen Heuchelei und Rollenspiel im Leiterteam unweigerlich ein Sicherheitsrisiko für die ganze Gemeinde.

Einheit in Vielfalt

Eines der Kardinalprobleme in der Kirchengeschichte ist das Verhältnis zwischen Einheit und Macht. Solange die Leiter der Kirche, Jesu Vorbild folgend, sich als ihre Diener verstanden, befreiten sie zu einer Einheit in Vielfalt und Freiheit. Aber sobald sie anfingen, sich als Herren der Gemeinde zu betrachten, versuchten sie die Einheit mit verschiedenen Machtmitteln durchzudrücken – mit dem Ergebnis einer Einheit auf Kosten von Vielfalt und Freiheit, was dann wiederum zu Abspaltungen und der Bildung neuer Kirchen führte.

Und dieses Strukturmuster der großen Kirche gilt auch für die Ortsgemeinde. Wie sollen wir mitten in ihrer Vielfalt Einheit schaffen? Hier können die Leiter ein strammer Wächtertrupp sein, der mit Argusaugen jede kleine Abweichung registriert, sein Revier gegen alles Störende verteidigt und so eine sterile und eingeschüchterte Gemeinde schafft. Oder aber sie gestalten unter sich eine echte Gemeinschaft, die in ihrer Offenheit und Wärme ein Vorbild für die ganze Gemeinde ist: »Wenn unsere Leiter, die doch so verschieden sind, in Frieden und Vergebung miteinander leben können, dann müssen wir anderen das auch können!« Wo das Leiterteam nicht von einer eisernen Faust zusammengehalten wird, sondern von gegenseitiger Hingabe und Achtung der Persönlichkeiten und Gnadengaben, da entsteht eine Freiheit, die zwangsläufig den Rest der Gemeinde mit ansteckt.

Muß also »unser Team« sich ändern? Vorsicht – wenn ich darauf warte, kann ich lange warten! Eine der Grundregeln des geistlichen Leitens lautet: Veränderungen beginnen bei mir selber. Packen wir es also an, das eine Projekt, wo wir garantiert beste Kenntnisse und großen Einfluß haben: unser eigenes Leben! Wie sehe ich mich selbst im Verhältnis zu den anderen?

Als Paulus die Gemeinde als Leib Christi beschreibt, zeigt er zwei typische Fallgruben auf, die auf den ersten Blick ganz verschieden aussehen. Die erste ist, wenn der Fuß sagt: »Ich gehöre nicht zum Leib, weil ich nicht die Hand bin« (1. Kor 12,15 – GN). Dies ist die Haltung des Schwachen, der sich im Vergleich zu den anderen deklassiert vorkommt. Ich kann nicht mithalten mit den Leistungen meiner Kollegen, und so drücke ich mich verletzt auf die Seite.

Die andere Fallgrube ist, daß das Auge zur Hand oder der Kopf zu den Füßen sagt: »Ich brauche dich/euch nicht« (1. Kor 12,21). Dies ist die Haltung des Starken, der bestens alleine zurechtzukommen vermeint, da er doch alles besser weiß und kann als die anderen. Und wieder entziehe ich mich der Gemeinschaft – ich brauche sie ja nicht.

So verschieden diese beiden Einstellungen aussehen, sie haben beide die gleiche Wurzel: einen gemeinschaftszerstörenden Stolz. Im ersten Fall ist es ein verletzter Stolz: Diese Erniedrigung, als Null unter lauter Einsen dazusitzen, ertrage ich nicht! Im zweiten Fall ist es ein unverletzter Stolz, der nicht einsieht, was er als Eins unter all den Nullen soll. Das Ergebnis ist in beiden Fällen Unsicherheit und Zertrennung für die Gemeinschaft und Einsamkeit und Verarmung für mich selbst. Der erste Schritt hin zur Gemeinschaft besteht daher darin, daß ich vor Gott und meinen Glaubensgeschwistern von dieser Sünde des Stolzes umkehre und erkenne, daß ich genauso auf die Gemeinschaft angewiesen bin wie alle anderen. Selbstherrlichkeit führt zu Spaltungen, das Bewußtsein der Abhängigkeit zu Gemeinschaft.

Das Bild vom Leib Christi lehrt uns ferner, daß er *gerade von seiner Vielfalt* zusammengehalten wird. Dies ist der Todesstoß für alle »gleichgeschalteten« Leiterteams, wo alle den gleichen Charakter, das gleiche Geschlecht, die gleichen Gaben und die gleiche Meinung haben. Eine solche Einseitigkeit in der Leitung kann nur zu einer entsprechenden Schlagseite in der ganzen Gemeinde führen, und umgekehrt kann Vielfalt im Leiterteam die Vielfalt in der Gemeinde stimulieren. Nicht zuletzt gilt dies für das Zusammenspiel zwischen männlichen und weiblichen Leitern. Doch setzt es voraus, daß die Leiter auch klar die *Grenzen* bei sich selbst und bei den anderen sehen, damit die Mannigfaltigkeit bewahrt wird und nicht unmerklich zu einem Einheitsbrei zerfließt.

Hier stoßen wir wieder auf einen negativen Einfluß des Zeitgeistes. Bekanntlich hören wir heute allenthalben das Wort »Selbstverwirklichung«, und fast immer bedeutet es die eine oder andere Grenzüberschreitung – ob man nun aus der ach so einengenden Ehe ausbricht, die Karrierelatte etwas höher hängt, gewisse ethische oder künstlerische Tabus bricht usw. Grenzen, so murmelt uns der Zeitgeist ins Ohr, sind grundsätzlich von Übel. Sie engen uns ein, sie behindern unsere Selbstverwirklichung, und daher müssen wir ständig versuchen, sie abzuschaffen.

Dies ist im Grunde nichts anderes als das alte Muster des Sündenfalls, in welchem der Mensch aus seinen Grenzen ausbrach, in dem Irrglauben, daß hinter ihnen das Paradies der Selbstverwirklichung lag. Und diese Jagd nach immer neuen Luftspiegelungen geht so lange weiter, bis wir zur Quelle des Lebens umkehren, zu dem »Ich bin, der ich bin«. Die Berufung führt uns zurück zu Gott, und wenn wir ihr treu bleiben, heilt er unsere wahre Identität. Für den, der in Gott verankert ist, sind Grenzen nicht mehr eine Bedrohung, sondern im Gegenteil überlebenswichtig. Es gehört zum Kern der inneren Reifung eines Menschen, daß er seine Grenzen entdeckt und annimmt.

Dies gilt auch für die christlichen Leiter. Unser Dienst bringt teils eine entsprechende Ausrüstung von Gott mit sich, teils auch Grenzen, innerhalb derer er sich bewegt. Die Ausrüstung bedeutet, daß Gott mir seine Weisheit und Kraft gibt, so daß ich meine persönlichen *Beschränkungen* überwinden kann. Aber er tut dies innerhalb der *Begrenzungen,* die mein Dienst gegenüber den Diensten der anderen in der Gemeinde hat.

Paulus demonstriert dieses Verhältnis in seinem Aposteldienst. Einerseits berichtet er, wie sein Dienst sein persönliches Potential weit überschreitet: »Denn ich wage nur von dem zu reden, was Christus, um die Heiden zum Gehorsam zu führen, durch mich in Wort und Tat bewirkt hat, in der Kraft von Zeichen und Wundern, in der Kraft des Geistes Gottes« (Röm 15,18–19 – Einh.). Doch gleichzeitig ist es ihm darum zu tun, die Grenzen seines Auftrags aufzuzeigen: daß er das Evangelium nämlich nur dort verkündigt, wo es noch kein anderer vor ihm getan hat: »Wir dagegen wollen mit unserem ›Rühmen‹ maßhalten und uns ganz bewußt auf das Gebiet beschränken, das uns Gott zugewiesen hat, und dazu gehört auch ihr« (2. Kor 10,13 – Bruns). Paulus ließ sich durch Gottes Kraft in seiner Arbeit nicht zu hochmütigen Grenzüberschreitungen verleiten. Dies verhinderte ein Dynastiedenken, das sonst die ganze Urgemeinde hätte spalten können.

Es geht hier wohlgemerkt nicht um ein eifersüchtiges Verteidigen des eigenen »Reviers«, in das ja niemand eindringen darf, sondern vielmehr darum, daß ich meine Aufgabe finde, aber auch ihre

Grenzen, damit ich sie so reich wie möglich und in Harmonie mit den Diensten der anderen entfalten kann. Petrus drückt das so aus: »Dient einander als gute Verwalter der vielfältigen Gnade Gottes, jeder mit der Gabe, die er empfangen hat« (1. Petr 4,10 – Einh.). Im katholischen Raum spricht man hier von »Apostolat«, womit eine wohlabgegrenzte Aufgabe in der Kirche gemeint ist, der ich mich, unterstützt von den anderen, freimütig widmen kann. Die Einseitigkeit meines Dienstes ist keine Bedrohung der Vielfalt der Gemeinde, wird er doch durch die Dienste der anderen ergänzt. Genau durch diese Konzentration auf meine Aufgabe bereichere ich ja die Gemeinde mit meiner Gnadengabe!

Einfach ausgedrückt: Wenn ich für die Einfalt stehe, steht Gott für die Vielfalt. Und umgekehrt scheint dort, wo sich ein Leiter für alles und jedes zuständig fühlt und die heilige Vielfalt in einer Person sein will, das Ergebnis regelmäßig eine jämmerliche Flachheit zu sein.

Was könnten wir die Kirche bereichern, wenn wir einander nicht nur ermuntern würden, diese oder jene Sache auch noch zu übernehmen, sondern uns auch helfen würden, die Grenzen unseres Dienstes zu sehen und zu achten. Einander Aufgaben stehlen kann nur zur Verarmung führen – bei uns persönlich wie bei der Gemeinde. Ich habe ja einem anderen seinen Dienst weggenommen! – Daß all dies den Tod des traditionellen Einmann-Betrieb-Pastors bedeutet, der sämtliche Gnadengaben in sich zu vereinigen hat, versteht sich von selbst.

Daß Veränderungen in dieser Richtung oft so zäh vonstatten gehen, liegt an einer Droge, die in den religiösen Führungsetagen weit verbreitet ist. Sie ist stark, sehr süchtigmachend, wird von den Benutzern selbst kaum wahrgenommen und heißt *Ich bin unentbehrlich.* Das erste Ausprobieren gibt mir ein Gefühl der Euphorie: Phantastisch, wie dankbar die anderen sind, daß ich mich so einsetze! In diesem Stadium ist die Droge noch ungefährlich, und ich könnte sie jederzeit wieder absetzen. Aber wenn ich nicht aufpasse, wird sie nach und nach meine ganze Identität an die Wertschätzung der anderen binden. Bald lebe ich in einem ständigen Arbeitsrausch, und schließlich werden die Halluzinationen so massiv, daß ich tatsächlich glaube, daß ohne mich Gottes Werk zusammenbrechen würde.

Meine Umgebung steht dieser bösartigen Wirklichkeitsverdrehung oft völlig machtlos gegenüber. Jede noch so leise Andeutung von ihr, daß ich doch einen Gang zurückschalten könnte, empfinde ich sofort als Bedrohung meiner gottgegebenen Berufung. Aufgaben delegieren, Nachfolger ausbilden, den Initiativen anderer Raum geben, mich diskret zurückziehen – welch ein Alptraum! Wollen sie ihn mir etwa wegnehmen, den Kitzel, ohne den ich nicht mehr leben kann, dieses schöne »Ohne dich schaffen wir es nicht«? In schweren Fällen führt diese Sucht zum totalen Kollaps – für den Süchtigen selber wie für seine Umgebung. In leichteren Fällen können zuweilen liebevoll resolute Personen dem Kranken fest in die Augen blicken und mit einem barmherzigen Wort von Gott den Zauber brechen.

Jeder Leiter sollte das Wort »nein« auswendig lernen. Sein Weg wird nämlich nicht nur durch die direkten Hindernisse bedroht, die sein Weiterkommen hemmen, sondern auch durch die vielen Nebenwege, die ihn in die falsche Richtung locken. Wir finden hier das gleiche Muster wie bei den Massenmedien, wo ja auch die größte Gefahr nicht von den geradeheraus destruktiven Programmen ausgeht, sondern von den an sich guten, aber ablenkenden. Ein Leiter, der seinen Selbstwert aus seinen Leistungen bezieht, bringt es oft nicht fertig, den neuen, vielleicht sehr interessanten Auftrag abzulehnen, und so sinkt er immer tiefer in den Strudel von Engagements und Erwartungen. Das Ergebnis sind Burnouts, frustrierte Freunde, gestreßte Mitarbeiter und nicht zuletzt, daß die ursprüngliche Vision in »all dem anderen Kram« untergeht.

Erst wenn ich im Innersten meiner Berufung zu Christus zu folgen beginne, bekomme ich die Freiheit, »nein« zu sagen und mich um mein Inneres und meinen eigentlichen Auftrag zu kümmern. Hier ist die Freundschaft im Leiterteam eine unschätzbare Hilfe zum Ausstieg aus der Tretmühle. Anstatt miteinander zu wetteifern, wer den vollsten Terminkalender hat, können wir einander helfen, unsere Kalender aufzuräumen. Aber dies setzt, wie gesagt, voraus, daß wir uns vor allem anderen als Freunde begegnen und nicht als Kollegen, daß mein Sein meinen Wert und nicht meine Leistung bestimmt. Es kann hier um konkrete Hilfen zu mehr Freizeit gehen, um mehr Zeit zum persönlichen Studium, um die Konzentration auf eine bestimmte Aufgabe, regelmäßige Einkehrfreizeiten, mehr Zeit für die Familie usw. Und nicht zuletzt muß das Team zielbewußt daran arbeiten, neue Leiter zu finden und zu schulen, die die Arbeit weiterführen können.

Der Prophet Elia ist ein gutes Beispiel für einen starken geistlichen Führer, den die Krisen seines Lebens lehrten, sein Amt rechtzeitig einem anderen zu übergeben. Nachdem er nach seinem Burnout in der Wüste zum Berg Horeb gekommen und dort Gott in dem »stillen, sanften Sausen« (1. Kön 19,12) begegnet ist, kommt er an einem Feld vorbei, wo Elisa, der Sohn Schafats, mit seinen Ochsen pflügt. Und dann lesen wir kurz und knapp, ohne ein Wort über die Geheimnisse des Delegierens und der Leiterschulung, diesen Satz: »Und Elia ging zu ihm und warf seinen Mantel über ihn« (1. Kön 19,19).

Für Elisa war dies ein sichtbares Zeichen für den Auftrag, der auf ihn wartete. Für Elia war es ein Zeichen der Nacktheit, die mit jedem Ausscheiden aus einem Dienst verbunden ist. Das, was mich früher »kleidete« und mir eine wohldefinierte Rolle vor Gott und Menschen gab, gebe ich nun freiwillig einem anderen, und damit entblöße ich auf eine neue Art meine menschliche Schwachheit – vor mir selber und vor den anderen. Und vor Gott, in einem neuen Schritt hinein in eine noch tiefere Abhängigkeit von der Gnade, die mich immer mehr einhüllen will. Damit bedeutet jedes neue Delegieren und jeder Aufbruch auch eine Betonung der Berufung, die allen Sendungen zugrunde liegt: Gott über alles zu lieben.

Wenn es klemmt

Was machen wir aber mit all den menschlichen Unterschieden, die so prompt Sand ins Beziehungsgetriebe streuen, sobald eine Gruppe aus mehr als einem Menschen besteht? Es wäre schön, wenn es hier nur um unterschiedliche, einander ergänzende Gnadengaben ginge, aber in der Praxis geht es ja um tausend andere Dinge: Einstellungen, Ausdrucksstile, Temperamente, Wertungen, verschiedener Hintergrund usw. Wie gehen wir so damit um, daß es nicht die Gemeinschaft sprengt? Oder unverblümter ausgedrückt: Was mache ich mit den »schwierigen« Leuten in meinem Leiterteam?

Hier gibt es drei Wege. Der erste besteht darin, daß ich meine Gefühle unterdrücke. Wenn der andere mich wieder einmal zu nerven beginnt, halte ich meine Reaktion mühsam zurück. Ich bin ja Christ, da darf ich doch nicht aufbrausen oder meinen Frust zeigen! Und ich flüchte mich in die fromme Einheitsfreundlichkeit. In mehr »kirchlichen« Kreisen verstecke ich meine Gefühle unter einer beamtenmäßigen Sachlichkeit, eifrig bemüht, die kollegiale Effektivität nicht zu stören. In besonders »geistlichen« Kreisen lege ich das charismatische Dauerlächeln an und betone ständig, daß wir uns ja »im Herrn« treffen (will sagen: überhaupt nicht).

Egal welche Variante ich wähle – dieses Rollen- und Fassadenspiel führt sofort zur Blockade der Beziehung, ja der ganzen Gemeinschaft. Wir begegnen uns nicht länger als die Menschen, die wir doch sind, sondern als Funktionäre, die bestimmte Aufgaben wahrnehmen. Wir verschließen die Augen vor der Wirklichkeit, und so gleiten wir immer weiter voneinander fort, und der Geist der Wahrheit zieht sich von uns zurück.

Der zweite Weg besteht darin, daß man nur solche Menschen in das Leiterteam aufnimmt, die möglichst gleichgesinnt sind, also die gleichen Ansichten haben, den gleichen Frömmigkeitsstil, die gleiche Art, zu beten, sich auszudrücken usw. Und sobald jemand in dem Team allzu stark von diesem Muster abweicht und damit »schwierig« wird, haben wir verschiedene diskrete Arten, ihn loszuwerden und in andere Gruppen abzuschieben. Bleiben nur die, die einander in- und auswendig kennen und keine Angst vor Kritik oder unangenehmen Fragen zu haben brauchen. Ein solches spannungsloses Team wird seine innere Gleichschaltung auf die ganze Gemeinde übertragen und in seinem Führen bedenklich zum einen oder anderen Extrem hinneigen. Kreative und selbständig denkende Mitarbeiter werden praktisch aus der Gemeinde vertrieben und wandern dorthin, wo ihre Art als Bereicherung und nicht als Bedro-

188

hung empfunden wird. Zurück bleibt eine Schar farbloser Jasager um einen oder mehrere autoritäre Leiter, womit der Puls des Gebens und Nehmens, der eine neutestamentliche Gemeinde auszeichnet, versiegt ist und die Gemeinde die strikte Zweiteilung der Welt in Produzenten und Konsumenten widerspiegelt.

Der dritte Weg ist nicht der einfachste, eher im Gegenteil. Aber er ist der einzige, der eine Weiterentwicklung der Gemeinschaft verspricht. Sein Ausgangspunkt ist, daß nicht ich oder wir die Mitarbeiter wählen, sondern Gott. So wie mein eigener Auftrag in meiner Sendung durch Christus gründet, so gründet mein Vermögen, meine Mitarbeiter anzunehmen, darin, daß sie die gleiche Sendung bekommen haben. Hinter der bunten Schar steht der Herr selber, und zu meinem Auftrag gehört, daß ich die Menschen aufnehme, die er mir in den Weg schickt.

Dietrich Bonhoeffer redet davon, wie wir die Freiheit des anderen als Last zu tragen haben, gemäß dem Pauluswort: »Einer trage des andern Last, so werdet ihr das Gesetz Christi erfüllen« (Gal 6,2). In seinem so reichen Buch *Gemeinsames Leben* schreibt er: »Es ist zuerst die *Freiheit* des Andern, von der wir früher sprachen, die dem Christen eine Last ist. Sie geht gegen seine Selbstherrlichkeit und doch muß er sie anerkennen. Er könnte sich dieser Last entledigen, indem er den Andern nicht freigäbe, sondern ihn vergewaltigte, ihm sein Bild aufprägte. Läßt er aber Gott sein Bild an ihm schaffen, so läßt er ihm damit die Freiheit und trägt selbst die Last solcher Freiheit des andern Geschöpfes. Zur Freiheit des Andern gehört all das, was wir unter Wesen, Eigenart, Veranlagung verstehen, gehören auch die Schwächen und Wunderlichkeiten, die unsere Geduld so hart beanspruchen, gehört alles, was die Fülle der Reibungen, Gegensätze und Zusammenstöße zwischen mir und dem Andern hervorbringt. Die Last des Andern tragen heißt hier, die geschöpfliche Wirklichkeit des Andern ertragen, sie bejahen und in ihrem Erleiden zur Freude an ihr durchdringen.«[45]

Aber was, wenn ich nicht zur Freude durchdringe, sondern mich nur aufrege? Im Grunde geht es hier um meine Einstellung zum Kreuz. Jesus nahm die Verachtung und Mißhandlung durch die Menschen nicht nur als Last auf sich, die es auszuhalten galt, sondern genau dieser Leidensweg war sein Weg zur Befreiung. Ähnlich schickt Gott uns Menschen über den Weg, die als seine Werkzeuge zu unserer Veränderung und Befreiung dienen, und diese Chance verpassen wir, wenn wir die Zähne zusammenbeißen und murmeln: »Den muß ich halt ertragen.« Indem ich den anderen so innerlich von mir wegstoße, stoße ich das Kreuz weg. Soll das Kreuz versöhnende und heilende Frucht bringen, dann kann ich es nur freiwillig und mit einem ehrlichen Ja tragen.

Und daher geht der richtige Weg über ein aktives Ja zu diesen »Schwierigen«, selbst wo dies sehr weh tut. Indem ich sie bewußt in mein Leben hineinlasse, lade ich Gott ein, in unserer Gemeinschaft und in meinem Leben zu wirken. Dieses Ja zum anderen wirkt sich versöhnend auf das ganze Leiterteam und die Gemeinde aus. *Wie* es das tut, können wir nur zum Teil erfassen; es liegt, wie gesagt, im Geheimnis des Kreuzes.

Was meine Gefühle betrifft, ist es oft heilsam, sich einen Raum zu gönnen, wo es sie geben darf und wo ich sie auch vor anderen ausdrücken darf. Einen begrenzten Raum, so daß sie nicht überhandnehmen und blind verletzen. Aber einen tatsächlichen Raum, wo meine Aggressionen der Wahrheit dienen und nicht meinen Machtgelüsten. Dies ist nicht einfach, aber der Geist der Wahrheit stellt sich dem, der diesen schmalen Weg gehen will, gerne helfend zur Verfügung. Später wundert man sich vielleicht, wie Gott diesen kleinen Glaubensschritt gesegnet und etwas Großes daraus hat wachsen lassen, das alle ein Stück reicher gemacht hat. Dies will uns einmal mehr daran erinnern, daß christliches Leiten nicht in erster Linie bedeutet, eine bestimmte Arbeit so effektiv wie möglich abzuleisten, sondern sein Leben umgestalten zu lassen.

In diesem Umgestaltungsprozeß sind wir also nicht allein, sondern können und sollen immer näher zueinander finden, um uns Rat und Hilfe zu holen. Diese enge Gemeinschaft ist ein unabdingbarer Schutzschild gegen die Versuchungen und Anstrengungen, die alles Führen nun einmal mit sich bringt. Als vor einigen Jahren die Sexskandale amerikanischer Fernsehevangelisten durch die Medien gingen, wurden viele in ihrem Vertrauen in christliche Führungspersönlichkeiten erschüttert. Aber was war denn das Grundproblem? Das Magazin Newsweek faßte es so zusammen: »Was wir hier erlebt haben, ist der natürliche Aufstieg und Sturz unkontrollierter Macht.«[46] Womit wir bei uns selber sind: Weil unkontrollierte Macht so gefährlich ist, brauchen wir Brüder und Schwestern, die uns helfen können, die Macht so zu zähmen, daß sie nicht Leben nimmt, sondern gibt.

Ein Leiter, der nie um Rat oder Hilfe bittet, ist verdächtig – ob nun in der Kirchensynode oder in der Sonntagsschule. Die Versuchung, es immer besser zu wissen, hat nichts mit gesundem Führen zu tun, sondern eher mit Machthunger und einem verzerrten Bild von der Wirklichkeit. Ein solcher Mensch kann großen Schaden anrichten, mögen seine Motive und die äußeren Ergebnisse anfangs noch so glaubwürdig und beeindruckend aussehen. Frère Roger aus Taizé schreibt: »In der großen Gemeinschaft der Kirche, wie überhaupt in jeder christlichen Gemeinschaft, der Ehegemeinschaft und den anderen, nimmt jedes Glied Tag für Tag an der Neuschöpfung des ganzen Leibes teil. Wenn sich ein Glied von einer schöpferischen Leidenschaft hinreißen läßt, die nur die eigene Verwirklichung sucht, und sein Werk nicht in den Zusammenhang der gemeinschaftlichen Schöpfung hineinstellt, zerstört es, ohne das zu wissen.«[47]

Darum gehört zur Arbeit des Leiterteams unbedingt das gegenseitige Helfen zur persönlichen Nachfolge. Hier, im Team, müssen die Probleme angegangen werden, bevor sie die ganze Gemeinde erfassen. Wie Bonhoeffer schreibt: »Im engsten Kreise beginnt die Übung der Zucht der Gemeinde. Wo der Abfall vom Worte Gottes in Lehre oder Leben die häusliche Gemeinschaft und damit die ganze Gemeinde gefährdet, dort muß das ermahnende und strafende Wort gewagt werden. Nichts kann grausamer sein als jene Milde, die den Andern seiner Sünde überläßt. Nichts kann barmherziger sein als die harte Zurechtweisung, die den Bruder vom Wege der Sünde zurückruft.«[48]

Hier kommen wir wieder auf die Notwendigkeit der Beichte für jeden christlichen Leiter. Soll nun der Seelsorger, zu dem ich gehe, aus dem Leiterteam selber kommen? In aller Regel wohl besser nicht. Zum einen deswegen, weil es schwierig sein kann, die Rollen und Erwartungen, die trotz aller guten Beziehungsarbeit im Team vorhanden sein können, beiseite zu legen; es befreit, direkt als Sünder zusammensein zu können mit einem Menschen, der nichts mit all meinen Konflikten und Projekten zu tun hat. Und zum anderen kann man so gewissen Versuchungen zur Manipulation und Machtausübung vorbeugen – Versuchungen, die dann entstehen, wenn einer oder mehrere in der Gruppe die innersten Nöte der anderen zu gut kennen. Und auch für das Leiterteam als Ganzes ist es wichtig, eine oder mehrere Personen »draußen« zu haben, die regelmäßig oder nach Bedarf Aufmunterung und Ermahnung geben.

Womit wir einen für jedes Leiterteam äußerst wichtigen Punkt berühren, nämlich seine Verbindung zum Rest der Gemeinde. Die Gefahr der Selbstzufriedenheit und Isolierung, in der der einzelne Leiter steht, gilt ja auch für das ganze Team. Nur zu leicht spinnt es sich in seinen eigenen kleinen Kokon ein, der es bald von der Gemeinderealität isoliert. Ein solches Leiterghetto verwirkt bald seine Möglichkeiten, die Gemeinde auf eine befreiende Art zu führen, und schon bald melden sich die Probleme.

Es ist daher wichtig, daß das Leiterteam die Initiative zu Dialogformen ergreift, die der Gemeinde eine reelle Chance geben, ihre Leiter zu beeinflussen, aufzumuntern und zu ermahnen. Wie innerhalb des Teams, so ist auch hier die Tatsache, daß wir zwei Ohren, aber nur einen Mund haben, ein guter Ausgangspunkt! Der Großteil dieses Hörens hat natürlich in den persönlichen Kontakten während der Woche zu geschehen. Aber leider gibt es manchmal auch Dinge, die man seinem Pastor nicht unter vier Augen sagen mag, sondern besser in einer Gruppe vorbringt. Selbst wenn dem Leiter dieser Mangel an persönlicher Nähe weh tut, hat er doch die Pflicht, die, für die und vor denen er verantwortlich ist, anzuhören und sich von ihnen korrigieren zu lassen. Vergessen wir nie die herbe Ermahnung des Petrus: »Betrachtet euch nicht als Herrscher über die Herde, die euch anvertraut ist, sondern gebt ihr ein Vorbild!« (1. Petr 5,3 – GN)

Zum Schluß: Wir leben in einer Welt, die das Bunte, Glänzende, Starkulthafte verehrt, wo Politik und Führen immer mehr zu einem Medienfeuerwerk werden, das unseren grauen Alltag auflockert.

Die eine Persönlichkeitssternschnuppe nach der anderen taucht auf, versprüht vor dem »Ah!« und »Oh!« der Leute ihren Glanz und erlischt. Immer einsam, um sich selbst kreisend, kurzlebig.

Vor diesem Hintergrund ist das ruhige, stetige Leuchten echten christlichen Führens immer wieder ein Wunder Gottes. Nicht als Wunderkerzen kommen Gottesdiener daher, sondern als Lampen, die den Weg zeigen, nicht als Irrlichter, sondern als Wanderer, die gemeinsam auf Gottes Reich zugehen. Ihr Licht beleuchtet nicht sie selber, sondern zuerst den Herrn, der ihnen sein Licht anvertraut hat. Und wo eines verlischt, leuchten andere weiter, in einer ununterbrochenen Kette von Lichtträgern durch die Jahrhunderte.

Darum geht es bei der Leitergemeinschaft auch nicht nur um die kleine Gruppe; sie reicht nicht, um unserer Arbeit die rechten Perspektiven und Proportionen zu geben. Noch nicht einmal der Raum der Gemeinde oder Denomination reicht. Allzu leicht werden bestimmte Gestalten aufgeblasen und überbewertet, wenn der Bezugsrahmen zu klein ist. Eine zu enge Perspektive macht uns auch blind für die kleinen, unscheinbaren Schritte, die erst mit der Zeit ihre ganze große Bedeutung entfalten. Nein, erst wenn wir unser Leitungsamt vor der ganzen Breite der Pilgerfahrt der Kirche durch die Geschichte sehen, bekommen wir die richtige Perspektive für unsere Arbeit. Dies bedeutet nicht, daß ich als Tropfen im Ozean verschwinde, im Gegenteil: Selbst mein geringster Beitrag gewinnt so ein Gewicht, das ich selber nie schaffen könnte.

Hier haben wir viel zu lernen von der katholischen Sicht der Kirche. Als der lateinamerikanische Priester Leonardo Boff wegen seiner kontroversen Theologie eine Zeitlang Lehrverbot bekam, stellte er seine Arbeit in die richtige Perspektive: »Lieber wandere ich mit der Kirche, als daß ich allein bin mit meiner Theologie. Die Kirche besteht, die Theologen vergehen.«[49] Dies bedeutete nicht, daß er aufhörte, selbständig zu denken; er zeigte, wie entscheidend die Zusammengehörigkeit mit der ganzen Kirche für jeden christlichen Leiter ist.

Hier haben wir als christliche Leiter ein Erbe, das uns eigentlich dringend zur Umkehr verpflichtet. Wenn im Laufe der Geschichte verschiedene Leiterpersönlichkeiten größere oder kleinere Teile der Kirche mit sich gerissen und damit die Kirche gespalten haben, sollten dann nicht auch selbstverständlich die Leiter die Initiative zur Heilung der Kirche ergreifen? Wenn die Leitung vergangener Tage oft von Revierverteidigung und Provinzialismus geprägt war, muß dann die der Zukunft nicht immer mehr Einheit und Versöhnung ausstrahlen? Wie können wir je erwarten, daß in unseren Gemeinden Ökumene Fleisch und Blut bekommt, wenn nicht die Leiter vor allen anderen ihre Zäune niederreißen und sich in ihren Beziehungen und ihrer Arbeit zu der einen christlichen Kirche bekennen?

Auch für die eigenen Leiter sind die Früchte einer solchen Entwicklung wunderbar. Wenn alles nur an mir und meinem Engagement hängt, dann wird mein Führen verkrampft, gestreßt und müde. Wenn ich meine Zusammengehörigkeit mit der *ganzen* Kirche entdecke, kann das nur die Last auf meinen Schultern leichter machen. Ich muß nicht mehr als Solist auftreten, sondern kann mich all den Brüdern und Schwestern anschließen, die mir vorangegangen sind oder die heute zusammen mit mir überall auf dem Erdball Verantwortung tragen oder die sie morgen, nach mir, übernehmen werden. Gott dienen heißt, dem »Gott Abrahams, Isaaks und Jakobs« dienen – und dem all der anderen. Diese Perspektive machte es dem alten Mose möglich, mit seiner Enttäuschung darüber, daß er nicht selber das Volk ins Gelobte Land führen konnte, fertigzuwerden: »... ich muß in diesem Lande sterben und werde nicht über den Jordan gehen. Ihr aber werdet hinübergehen und dies gute Land einnehmen.« (5. Mose 4,22)

Frère Roger aus Taizé faßt zusammen: »Mit dem Sinn für das Vordringliche den Sinn für die in Generationen gegebene Kontinuität zu verbinden, bedeutet, einen unvergleichlichen Beitrag zu leisten für den inneren Frieden und die Demut: Ich bin ein unnützer Knecht; was ich selbst nicht schaffe, andere werden es nach mir zu Ende führen. Wo die Reife jetzt noch fehlt, werden andere die reife Frucht zu ernten wissen.«[50]

Pfarrers Ehe, Müllers Vieh

Wir streiften durch den Wald, die ganze Familie. Wir hatten uns für das Wochenende ein Ferienhaus gemietet, um einmal auszuspannen und ungestört zu sein. Vor einem großen Ameisenhaufen blieben wir stehen und beugten uns über das faszinierende Gewimmele. Unablässig schleppten diese Tierchen ihre schweren Lasten hierhin und dorthin, keine Sekunde Pause gönnten sie sich. Da sagte unser Ältester: »Die arbeiten ja fast so viel wie Papa!« Und wir lachten, meine Frau und ich. Äußerlich jedenfalls.

Innen drin litten wir unter einem Dilemma, das in der christlichen Kirche immer schlimmer zu werden scheint: dem Konflikt zwischen Beruf und Familie. Es ist schon schwer genug, ein harmonisches Familienleben mit einem »normalen« Beruf zu vereinen, aber wie bringt man ein christliches Leitungsamt und die Familie unter einen Hut – zwei so tiefgehende Loyalitäten, die beide so viel Hingabe und Opferbereitschaft verlangen? Wie mache ich das: genug Zeit und Kraft haben für Familie *und* Gemeinde?

Die traurige Geschichte ist ja wohlbekannt: Junger Mann trifft junge Frau. Man mag sich. Er hat eine »Berufung«, Pastor zu werden, und als gute Christin akzeptiert sie dies natürlich. In den ersten Jahren nach der Hochzeit ist sie eine tüchtige Pastorenfrau, und er bekommt immer größere Aufgaben. Dann kommen die Kinder, und die Mutterpflichten drängen den Gemeindeeinsatz der Frau rasch zurück. Sie versucht weiter, ihrem Mann eine Stütze zu sein, aber die Arbeit zu Hause nimmt den Großteil ihrer Kraft in Anspruch. Sie fühlt sich immer mehr außen vor und ausgenutzt. Und er? Er arbeitet und schuftet in der Gemeinde, und wenn er endlich nach Hause kommt, um abzuschalten und auszuruhen, soll er statt dessen dem Ältesten das Fahrrad reparieren und die Kindergartenerlebnisse der Jüngsten anhören. Ein Keil beginnt sich in die Ehe hineinzutreiben . . .

. . . und trennt die beiden immer mehr, schließt sie ein in *seine* und *ihre* Welt. Sie können zusammen nicht kommen, das Wasser wird viel zu tief . . . Sie sagt, daß sie ihn braucht, als Mann, Freund

und Geliebten: »Du sagst, du liebst mich, aber wie soll ich das glauben, wenn du deine ganze Zeit und Kraft für andere ausgibst?« Er wirft ihr vor, die gemeinsame Berufung verlassen zu haben: »Ich arbeite für Gottes Reich, und wenn ich dich brauche, willst du, daß ich den Rasen mähe!« Die Kinder sehen immer weniger von ihrem Papa, und dann ist er meist müde und muß sich ausruhen. Er und sie kämpfen wacker weiter darum, den lieben Schein zu erhalten: die glückliche Pastorenfamilie, ein Vorbild für die ganze Gemeinde . . .

. . . die rein nichts ahnt von dem Unheil, das da im Anzug ist. Immer mehr driften der Pastor und seine Frau auseinander, immer weniger haben sie sich zu geben. Er geht mehr und mehr in seiner Arbeit auf, denn dort werden ja die Gaben anerkannt, die zu Hause nur ein Problem und eine Bedrohung sind. Sie sucht ihre inneren Streicheleinheiten woanders: bei den Kindern vielleicht oder bei ihren Eltern. Vielleicht denkt sie an eine eigene Karriere, oder sie protestiert über Kleidung und Mode. Und so weiter. Trost bei Gott zu suchen, fällt ihr immer schwerer, denn Gott – das ist ja der, für den ihr Mann sich so kaputtarbeitet. Und je weniger wohl sie sich zu Hause fühlen, um so tiefer rutschen sie hinein in die Gefahrenzone der Untreue: »Der/die versteht mich ja viel besser . . .«

Sicher, die Einzelheiten können variieren, und ganz so tragisch muß es nicht verlaufen. Aber die vielen geschiedenen Pastorenehen scheinen doch eher die Spitze eines Eisberges zu sein als ein paar unglückliche Einzelfälle. Der Druck, unter dem Pastoren und viele Mitarbeiter stehen, belastet ihre Familien. Nicht selten nimmt ihre Ehe schweren Schaden, die Kinder werden gegen das Christentum geimpft, die Gemeinde leidet und nicht zuletzt leiden auch die Leiter selbst. Es ist nicht schwer, zu sehen, wie die verschiedenen psychologischen und soziologischen Mechanismen in dieser Richtung wirken. Und vor der aufgeschlagenen Bibel ist es auch nicht schwer, zu sehen, wie hier hinter den Kulissen unsere drei klassischen Feinde operieren:

Das *Fleisch*, das natürliche Ich bei Mann und Frau, ist machtlüstern, versucht, den anderen zu manipulieren, scheut Schmerzen und Schwäche und will dem anderen ständig die schlimmsten Motive unterschieben. Die *Welt*, die ganze Gesellschaft, zu der wir gehören, umwirbt uns mit ihrem Geld-, Sex- und Machtkult, sowohl in der großen glanzvollen Version als auch in den versteckteren Ermunterungen, es doch mit diversen Grenzen nicht ganz so ernst zu nehmen. Der *Teufel* treibt sein altes Spiel des »Teilens und Herrschens«. Und es sollte uns überhaupt nicht verwundern, wenn gerade die Ehen führender Christen besonders interessante Zielscheiben abgeben. In der Außenpolitik spricht man hier von der »Dominotheorie«: Fällt ein Land, fällt bald auch das nächste, wie wenn man den ersten in einer Reihe von Dominosteinen kippt.

In dieser Situation sind die Worte des Paulus wie ein Peitschenhieb: »Denn wenn jemand seine eigene Familie nicht zu leiten versteht, wie kann er dann die Sorge für die Gemeinde Gottes übernehmen?« (1. Tim 3,5 – GN). Unsere Fragen gehen doch eher in die umgekehrte Richtung: Wie kann jemand, der eine Gemeinde leitet, richtig für seine Familie sorgen? Wir erleben Familie und Gemeinde doch wie eine Art Wippe: Setzen wir uns auf das eine Ende, geht das andere in die Luft. Die richtige Balance zu finden, scheint unmöglich, und mein schlechtes Gewissen landet mal auf der einen, mal auf der anderen Seite. Aber Paulus scheint das Verhältnis zwischen Familie und Gemeinde eher wie das zwischen Baum und Frucht zu sehen: Aus dem einen erwächst das andere. Und für ihn gibt es keinen Zweifel, welches von beiden das Grundlegende ist. Ehe und Familie sind im Neuen Testament nicht das Gegenteil christlicher Arbeit – sie sind selber eine christliche Arbeit, und eine hochwichtige dazu!

Dies ist auch der Grund, warum Paulus bei der Frage »Heiraten oder nicht?« so unverblümt direkt ist. Mit dem Besen des äußersten Realismus fegt er die romantischen Aspekte beiseite und legt die ganze Spannung zwischen Ehe und Gemeindearbeit bloß: »Der Unverheiratete sorgt sich um die Sache des Herrn; er will dem Herrn gefallen. Der Verheiratete sorgt sich um die Dinge der Welt; er will seiner Frau gefallen. So ist er geteilt. Die unverheiratete Frau aber und die Jungfrau sorgen sich um die Sache des Herrn, um heilig zu sein an Leib und Geist. Die Verheiratete sorgt sich um die Dinge der Welt; sie will ihrem Mann gefallen.« (1. Kor 7,32–34 – Einh.)

Man beachte, daß Paulus es voll bejaht, daß der Verheiratete sich auf seine Ehe konzentriert. Es ist keine Lösung, Pastor zu werden, sich zu verheiraten und anschließend die Ehe mit der linken Hand zu betreiben. Die Ehe ist *in sich* eine verantwortungsvolle Arbeit – etwas, das in einem lebenslangen Prozeß aufgebaut, gestaltet, feingeschliffen werden muß. Und Paulus hatte unter seinen Freunden viele Beispiele dafür, daß es sehr wohl möglich ist, Ehe und christliches Leiteramt zu vereinigen. Der unverheiratete Paulus scheint fast eine Ausnahme gewesen zu sein: »Haben wir nicht auch das Recht, eine Schwester als Ehefrau mit uns zu führen wie die andern Apostel und die Brüder des Herrn und Kephas?« (1. Kor 9,5). Aber offensichtlich hatte er im Leben dieser Menschen wie auch in seinem eigenen genug gesehen, um in dieser Frage äußerst sachlich zu sein. Seine Linie ist etwa wie folgt: Überlege es dir gut, bevor du dich verheiratest, damit du Gott in größtmöglicher Freiheit dienen kannst.

In diesem Zusammenhang ist für ihn der Zölibat eine realistische Option. Paulus knüpft hier an das Jesuswort von den Menschen an, die auf die Ehe verzichten, »um Gott besser dienen zu können« (Mt 19,12 – Hoffnung für alle). Es ist offensichtlich, daß der Unverheiratete flexibler in seinem Dienst ist. Er kann seine Zeit und Kraft ganz anders zur Verfügung stellen und darüber hinaus aus seinem Leben ein sichtbares Zeichen der ganzen Radikalität der Berufung machen: alles Gott zu geben. Aber genau wie auch die Ehe setzt dies eine völlige Freiwilligkeit voraus, in der der Betreffende »in seinem Herzen fest ist, weil er nicht unter Zwang ist und seinen freien Willen hat« (1. Kor 7,37). Die Pointe beim Zölibat ist ja gerade, daß man *nicht* dauernd sehnsüchtig an die Ehe denkt! Wo der Ehelose über seine Ehelosigkeit nachgrübelt und sich vor Sehnsucht nach der Intimität der Ehe schier verzehrt, ist der Kräfteverschleiß und die Gebundenheit mindestens so groß wie in einer Ehe. In dieser Situation gibt es für Paulus nur eines: »Es ist besser, zu heiraten, als sich in Begierde zu verzehren« (1. Kor 7,9).

Paulus zeigt hier die für ihn so typische Sachlichkeit und Freiheit. Wir finden weder den katholischen Zölibatszwang noch den protestantischen Druck, daß ein Pastor um jeden Preis zu heiraten hat, sondern beide Wege sind offen, und jeder muß selber herausfinden, was für ihn und seinen Dienst für Gott das beste ist: »Jeder hat seine eigene Gabe von Gott, der eine so, der andere so« (1. Kor 7,7). Beide, Zölibat und Ehe, können ein »Charisma«, eine Gnadengabe sein, und wie bei allen anderen Gnadengaben können wir sie nicht durch Gesetze oder eigene Leistung herbeizaubern. Es sind Gaben und keine Forderungen, und nur das Herz, das offen ist für Gott, kann sie entgegennehmen, so daß Gott sie bekräftigen, pflegen und zum Besten der Gemeinde und meiner selbst gebrauchen kann.

Was man zur Versöhnung braucht

Aber wie soll man denn wissen, ob man den richtigen Ehepartner geheiratet hat? Ein Konflikt wie der zu Beginn dieses Kapitels geschilderte verschärft diese Frage noch, und noch mehr Nahrung erhält sie von unserer abendländischen Kultur mit ihrem so unerhört zählebigen, in zahllosen Romanen und Filmen verewigten Mythos von der einen großen Liebe. Erst wird die große Liebe erspäht und nach allerlei Umwegen und Verwicklungen glücklich erobert, und dann – ja, dann kommt die große Ernüchterung: Nein, es war doch nicht die große Liebe, und man sieht sich gezwungen, aus der Beziehung auszusteigen; das Suchspiel darf von vorne beginnen.

Dieses ängstliche Abwägen und Suchen nach dem einen exakt richtigen Menschen für mich liegt wie eine kollektive Verblendung über unseren Beziehungen: in der Ehe, im Freundeskreis, an der Arbeitsstelle. Der kleinste Fehler, die geringste Unstimmigkeit, und ich ziehe mich zurück – es war halt doch nicht »der/die Richtige«. »Die Chemie stimmt nicht«, wie man so schön sagt. Wer meine Gnade finden will, der muß exakt zu mir passen. Das Schlüsselwort heißt »Freiheit« – aber eine Freiheit, die Lichtjahre entfernt ist von der Freiheit, die Paulus meint. Die Freiheit der Welt scheut den Schmerz und die Verpflichtung wie die Pest und beläßt uns voll in den mit Freiheitsparolen beschrifteten Fesseln des alten Menschen. Und da diese Unfreiheit in unserem eigenen Herzen sitzt, schleppen wir sie mit in die eine Beziehung nach der anderen.

Die Bibel dagegen zielt ständig auf die Befreiung unseres Herzens und damit auf das einzige, was den Namen »Freiheit« verdient. Und deswegen geht Paulus davon aus, daß wir uns frei für eine Beziehung entscheiden, in voller Achtung unserer Gefühle, unseres Willens und unserer Vernunft. Doch diese freie Entscheidung stellt mich in eine verpflichtende Situation, die der Freiheit des neuen Menschen entspricht und nicht der des alten. Sie bedeutet all den Reichtum, den eine gute Beziehung geben kann, aber auch Widerstand, Schmerz, Verletzungen. Und dies nicht als Hindernis für meine Freiheit, sondern als notwendige Bedingung für ihre Freisetzung. Wie Jean Vanier es ausdrückt: »Freiheit wächst nicht in einem abstrakten leeren Raum. Sie wächst immer in ganz konkreter Erde mit ganz konkreten Menschen.«[51]

Vor diesem Hintergrund ahnen wir vielleicht eine Öffnung in den Nebelschleiern, die sich über unsere Ehen legen und uns immer wieder fragen und grübeln lassen, ob wir den richtigen Partner wählten. Man kann sich jahrelang mit dieser Frage abquälen, ohne etwas anderes zu erreichen, als daß Leben und Liebe immer mehr versiegen. Es ist, als ob man in der Badewanne der Beziehung den Stöpsel zieht: Egal wieviel Rat und Fürbitte und Therapie wir auch hineinschöpfen, es rinnt alles fort. Erst von dem Augenblick an, wo wir entschlossen den Stöpsel wieder einsetzen und es bejahen, daß wir lebenslänglich verheiratet sind, kann die Hilfe bei uns bleiben und zu wirken beginnen.

Aber hat Gott denn nicht einen Plan für jede Ehe? Was, wenn wir den verpaßt haben? Nun, es ist wahr, daß Gott einen Willen für das Leben eines jeden Menschen hat und daß unser Gehorsam in Beziehung zu diesem Willen steht. Aber Gottes Wille ist ein Geheimnis, das sowohl eine sichtbare, verstehbare Dimension enthält als auch eine verborgene, die wir in diesem Leben noch nicht verstehen. Und manchmal ist diese verborgene Dimension alles, was wir sehen! Und zu Gottes Willen gehört auch das rätselhafte Zusammenspiel mit unserem eigenen Willen. Das komplexe Gewebe der verschiedensten Faktoren, das wir in der Bibel finden, sollte uns lehren, daß Gottes Wille auf keinen Fall ein eindimensionaler, mechanischer Plan ist, den wir entweder voll treffen oder ganz verfehlen. Gott ist ein persönlicher Gott, der unsere persönlichen Entscheidungen berücksichtigt, und es gehört zu seiner souveränen Allmacht, daß er jedes beliebige Knäuel, in dem wir uns verheddert haben, nehmen und so entwirren und verwandeln kann, daß es *sein* Wille *wird*.

Jene mechanische Sicht vom Plan Gottes kann eine verheerende Wirkung auf eine Ehe haben. Da ist der eine Partner steif und fest davon überzeugt, daß »es Gottes Plan war, daß wir heirateten«. Aber ist der andere auch so überzeugt? Wenn aber nur der eine diese »Gewißheit« hat und der andere ständig mit seinem eigenen Willen kämpft, dann hat man eine Zeitbombe unter die fromme Fassade gelegt. Zum zweiten ist jenes »Es war halt Gottes Wille« selten gut für das *Arbeiten* an der Ehe. Wenn Gott es alles schon geplant hat, dann brauche ich ja nicht zu lernen, die Signale meines Partners besser zu deuten oder mehr Zeit in die Beziehung zu stecken; Gott wird's schon machen . . . Die Folgen lassen nicht lange auf sich warten. Und drittens schließlich kann diese Sicht zu einer frommen Version der Sache mit der »falschen Chemie« führen: »Wenn wir so viel Mühe miteinander haben, war es wohl doch nicht Gottes Wille, daß wir geheiratet haben.« Sozusagen ein geistlicher Scheidungsgrund, denn im »biblischen« Sinne waren wir ja gar nicht »richtig« verheiratet . . .

Wir Menschen sind ja so: Wenn wir in die Klemme kommen, beginnt unsere Phantasie die wildesten Ausflüge zu machen. Verlockende Bilder von Menschen, die »viel lieber« sind, tauchen auf, gleichzeitig negative Bilder, die uns die große »Fehlentscheidung« immer schwärzer malen, und immer süßere Träume von einer großen neuen Freiheit. Bei Christen kleiden sich diese Bilder gerne in die frömmsten Gewänder und gaukeln uns Idealzustände vor, die nur leider unter den jetzigen einengenden ungeistlichen Verhältnissen nicht möglich sind. Und je mehr ich auf diese Stimmen höre, um so weiter entferne ich mich von dem einen Punkt, wo Gott mich abholen kann – nämlich von dem, wo ich gerade jetzt bin. Dieser Fluchtmechanismus gilt nicht nur für die Ehe, sondern für alle Situationen, wo mir das Messer am Hals liegt und ich vor schmerzhaften Veränderungen stehe. Wilfrid Stinissen schreibt: »Es liegt so viel Fluchtverhalten in unserem Streben nach dem

›geistlichen Leben‹. Wir flüchten uns aus unserer konkreten, scheinbar so banalen Wirklichkeit, die voll von Gottes Nähe ist, in ein künstliches Dasein, das unseren Vorstellungen von Frömmigkeit und Heiligkeit entspricht, aber wo es Gott nicht gibt. Solange man selber bestimmen will, wo man Gott findet, hat es keine Gefahr, daß man ihn trifft! Man trifft nur sich selbst – eine retuschierte Ausgabe seines Ichs. Echtes geistliches Leben fängt dort an, wo ich bereit bin, zu sterben. Und gibt es ein schnelleres Sterben, als wenn wir Gott Augenblick für Augenblick unser Leben umformen lassen und unaufhörlich sein Werk bejahen?«[52]

Auf diese Weise ja zu Jesus zu sagen, führt mich früher oder später zum Kreuz, und dort stirbt mein alter Mensch, und der neue wird frei. Ebenso bedeutet ein Ja zu dem Menschen, mit dem ich verheiratet bin, ein Bejahen des Schmerzes des Kreuzes mitten in unserer Beziehung. Ich sage zu dem anderen: »Ja, ich bin bereit, zusammen mit dir zu Christi Kreuz zu gehen, damit wir dort unser Leben hinlegen und Heilung für unsere Ehe bekommen können.«

Im Johannesevangelium gibt es eine beispielhafte Szene, wo es vielleicht um eine solche Versöhnung unter dem Kreuz geht: »Als Jesus nun aber seine Mutter (dort unter dem Kreuz) sah und bei ihr den Jünger, den er lieb hatte, spricht er zu seiner Mutter: Frau, siehe, das ist dein Sohn. Danach spricht er zu dem Jünger: Siehe, das ist deine Mutter! Und von der Stunde an nahm sie der Jünger zu sich.« (Joh 19,26–27)

Vielleicht kann unsere eigene Ehegeschichte helfen, die Spannungen zu verstehen, die möglicherweise zwischen diesen beiden – Maria und Johannes – während der letzten drei Jahre bestanden haben. In ihren Augen war Johannes unter Umständen einer jener Männer, die ihr den Sohn weggenommen hatten. Damit hatte er sie zugleich seiner liebevollen Fürsorge und praktischen Hilfe zu Hause beraubt und sie zu einer einsamen Frau gemacht.

In seinen Augen war Maria vielleicht in den letzten Jahren eine geistlich blinde Frau gewesen, die mit ihrem selbstsüchtigen Wunsch nach Rückkehr ihres Sohnes Jesus seinen Dienst blockiert hatte. Mißtrauisch gegenüber den jeweiligen Motiven des anderen, wären sie möglicherweise zu Gegnern geworden.

Jetzt aber stehen sie beide mit leeren Händen bei Jesus unter dem Kreuz. Das ist der einzige Platz auf der Welt, wo alles, was uns auseinandertreiben will, seine Macht verliert. Fleisch, Welt und Teufel stehen entwaffnet vor dem Lamm Gottes und können uns nicht länger in unseren alten Feindbildern und in unserm Stolz fangen.

Dann sagt Jesus Maria und Johannes einfach, daß sie einander ansehen sollen. Und zum ersten Mal sehen sie einander wirklich. Sie sehen das menschliche Gesicht, das so lange verborgen war unter all der »Geistlichkeit« und der »Selbstsucht«. All die alten Verteidigungsargumente und Anklagen verstummen vor dem lebendigen Gott, der stirbt, um uns mit sich selbst und miteinander zu versöhnen. »Und von der Stunde an nahm sie der Jünger zu sich.«

Aber beachten wir, daß dieses Sichüberlassen, dieses Absterben nur von jedem einzeln vollzogen werden kann. Man kann nur seinen eigenen Tod sterben, nicht den eines anderen. Gebete vom Typ »Wir legen dir unsere Ehe hin, wir überlassen uns dir« können etwas heimtückisch Manipulierendes an sich haben. Der Weg zum Kreuz ist so schmal, daß wir ihn nur einzeln gehen können: »Ich lege mein Teil an dieser ganzen Sache dir hin, ich übergebe dir mich selbst und alle meine Gefühle und Erinnerungen und Willensimpulse.« Erst dann, wenn ich selbst dies getan habe, ohne darauf zu schielen, was der andere tut, reißen die letzten Bindungen entzwei. So gab ja auch Jesus sein Leben – ohne das Resultat vorauszuberechnen, ohne darauf zu schielen, ob jemand an ihn glauben würde oder nicht. Dieses Sichausliefern ohne jegliche Garantien ist der absolute Nullpunkt, ohne welchen eine grundlegende Erneuerung der Ehe nicht möglich ist.

Dies bedeutet auch, daß ich ausdrücklich um Vergebung bitte – vor Gott und vor dem Partner. Dies ist nicht dasselbe wie »tolerant sein«, also alles zu akzeptieren und so zu tun, als sei die Welt in Ordnung. Es ist auch nicht das gleiche wie eine »vergebende Einstellung« oder der Entschluß, »das Alte zu vergessen und einen Neuanfang zu machen«. Was nicht ausdrücklich vergeben worden ist, kann auch nicht vergessen werden. So riesengroß ist die Macht, zu lösen oder zu binden, die vom Vergeben bzw. von der Weigerung, zu vergeben, ausgeht. Wer nicht vergeben kann, wird nie ein freier Mensch. Und umgekehrt: Nie triumphierte Jesu Freiheit mehr als in der Stunde, wo er sich ans Kreuz nageln ließ und bat: »Vater, vergib ihnen« (Lk 23,34). Äußere Unfreiheit geht bald vorbei, aber die Bitterkeit ist ein Gefängnis, das der Seele langsam das Leben abgräbt.

In einer Ehe ist solches Vergeben manchmal ein sich über längere Zeit hinziehender Prozeß. Es kann vergangene Geschehnisse, Wunden, Treulosigkeiten geben, die Ehepartner zuerst gemeinsam in die Erinnerung zurückholen müssen, um sie dann mit dem Wort der Vergebung in Gottes barmherzige Hände zu legen. Nicht, um in dem Vergangenen zu wühlen, sondern um es ein für allemal beiseite legen zu können. Hier, wie in jeder tieferen Auseinandersetzung mit unserem Leben, sind gute Seelsorger eine unschätzbare Hilfe, und wenn wir uns dagegen wehren, andere so an der tiefsten Not unserer Ehe teilnehmen zu lassen, dann sollten wir uns fragen, ob es uns überhaupt ernst damit ist, den alten Menschen am Kreuz Jesu sterben zu lassen . . .

Hier, mit leeren Händen vor dem Gekreuzigten, dürfen wir die Gabe der Versöhnung und des Einsseins entgegennehmen. »Denn Er ist unser Friede, der aus beiden *eines* gemacht hat und den Zaun abgebrochen hat, der dazwischen war, nämlich die Feindschaft. Durch das Opfer seines Leibes hat er abgetan das Gesetz mit seinen Geboten und Satzungen, damit er in sich selber aus den zweien *einen neuen* Menschen schaffe und Frieden mache und die beiden versöhne mit Gott in *einem* Leib durch das Kreuz, indem er die Feindschaft tötete durch sich selbst.« (Eph 2,14–16)

Echte Versöhnung wird nie von dem einen Partner diktiert, so daß der andere aufgibt und seine Forderungen erfüllt. Eine solche »Versöhnung« wäre ein Recht des Stärkeren, das den Schwachen noch mehr erniedrigt und ausnutzt. Wahre Versöhnung können nur *beide* in Schwachheit entgegennehmen; jede Regung des Stolzes ist ein Keim zu neuer Entzweiung. Erst wenn auch die letzten Verteidigungsmauern fallen, kann Jesus eine Einheit in uns schaffen, die wir nach all dem, was wir durchgemacht und womit wir gekämpft haben, buchstäblich nicht für möglich gehalten hätten.

Diese Einheit ist eine Gabe, die wir uns jeden Tag *schenken* lassen müssen. Sobald wir sie als Selbstverständlichkeit betrachten, um die wir uns nicht mehr zu bekümmern brauchen und über die wir verfügen können, haben wir das Gold der Gnade zu Kieselsteinen verwandelt, steuern wir auf einen Hochmut zu, der nichts mehr zu bedürfen vermeint und schließlich unsere Ehe erneut entzweireißt. Schwäche ist also keine beiläufige Delle in einer Ehe, kein vorübergehendes Krisenphänomen, so daß wir anschließend in die Hände spucken und wieder so stark und effektiv wie zuvor werden könnten. Sie ist vielmehr, wie wir schon im 2. Korintherbrief sahen, eine ständige Voraussetzung für Gottes Wirken in unserem Leben. Gott verlangt niemals von uns, daß wir die Paradoxe, in die unser Zusammenleben uns so oft führt, lösen, sondern einfach, daß wir in ihnen stillehalten, so daß er durch sie seine Kraft wirken lassen kann: »Wir haben aber diesen Schatz in irdenen Gefäßen, damit die überschwengliche Kraft von Gott sei und nicht von uns« (2. Kor 4,7).

Ein wichtiger, oft vergessener Aspekt der Versöhnung ist, daß sie auch die Art betrifft, wie ich mich selber sehe. Wenn ich ständig bohrende Schuldgefühle mit mir herumschleppe und meine, daß ich zu wenig tue, sexuell zu wenig leiste, nicht oft genug zu Hause bin oder meines Partners eigentlich nicht würdig bin usw., dann kann ich den anderen nicht frei und offen lieben, sondern gehe die ganze Zeit von einem hoffnungslosen Defizit aus, das mich doppelt anfällig für kritische Bemerkungen und Konflikte macht und damit meine Verteidigungsmauern und Aggressionen noch höher treibt.

Dies ist ein überdeutliches Beispiel für den grundlegenden Zusammenhang zwischen der Fähigkeit zur Selbstliebe und der Fähigkeit zur Nächstenliebe. Und auch diese Versöhnung mit mir selbst kann ich nicht selber bewerkstelligen. Auch hier muß Jesus kommen mit seinem Barmherzigkeitswort und mein schmerzendes Gewissen mit seiner Heilungskraft berühren. Erst dann kann in meiner Ehe der lebensspendende, wärmende Blutkreislauf der Versöhnung stetig zu pulsieren beginnen: Versöhnt mit Gott – mit mir selber – mit meinem Ehepartner.

Pflegen, was uns verbindet

Aber was macht man denn nun ganz konkret, wenn also der eine Ehepartner eine Berufung zum Amt des Pastors usw. hat? Nun, es dürfte inzwischen klar sein, daß ein Berufungsverständnis, wie wir es oben geschildert haben, sowohl der Bibel als auch der menschlichen Erfahrung fremd ist. Nur diese falsche, traditionelle Berufungssicht kann eine Ehe sprengen, und das allerdings gründlich, setzt doch hier die »Berufung« ein verhängnisvolles Gleichheitszeichen zwischen dem, was ich für Gott tue, und dem, was ich vor Gott wert bin. Um meine Berufung kämpfen bedeutet dann buchstäblich, daß ich für mein Leben, meine Identität kämpfe; es geht nicht nur um einen Job, es geht um meine Existenz. Kein Wunder, wenn die Eheleute dann schließlich gar nicht mehr miteinander reden können; wie soll ich das auch machen – über meine Identität verhandeln? »Wenn du mich daran hinderst, das zu tun, wozu Gott mich berufen hat . . .« – ja, dann muß ich ja wohl meine Ehe verraten, um nicht Gott zu verraten . . .

Wie befreiend ist hier die Entdeckung, was die Bibel eigentlich unter Berufung versteht: daß ich Gott lieben soll. Auf dieser Basis kann es, solange nur beide Ehepartner Christen sind, unmöglich zur Entzweiung kommen. Sie haben ja exakt dieselbe Berufung. Gott zu lieben, ihn immer besser kennenzulernen, in ihm die eigene wahre Identität zu finden – dies ist die Berufung eines christlichen Leiters, und diese Berufung teilt er also voll mit seiner Frau, ganz egal, was ihre Arbeit ist. Diese Berufung können wir in jeder Ehe verwirklichen, und Konflikte und Krisen behindern sie überhaupt nicht; die Evangelien lehren uns, daß die Berufung sich ganz im Gegenteil in einem Muster aus Licht und Dunkel, Widerstand und Vorangehen, Tod und Auferstehung gestaltet.

Dagegen gibt es ein großes Potential an Spannungen und Problemen, wenn es um die *Sendung* geht. Es stellt sehr große Anforderungen an eine Ehe, wenn der eine Partner als Pastor oder ähnliches in einer Gemeinde arbeitet. Arbeitszeit, persönliches Engagement für Menschen außerhalb der Familie, seelsorgerliche Schweigepflicht, das Scheinwerferlicht der Öffentlichkeit usw. bringen er-

erhebliche Belastungen für die Familie mit sich. Um so wichtiger ist es hier, daß beide Ehepartner klar wissen, wozu sie *berufen* sind, so daß der Konflikt nie um ihre Identität und ihr geistliches Selbstbewußtsein gehen kann!

Es geht hier also nicht um ein bloßes Wortspiel, derart, daß man das Problem halt »Sendung« statt »Berufung« nennt! Es geht darum, daß ich ohne Wenn und Aber meinen Schwerpunkt ganz auf mein Gottesverhältnis lege und nicht auf meine Arbeit. Dies gibt uns als Ehepaar eine feste, gemeinsame Basis, auf der wir uns gleichberechtigt begegnen können, ohne jene kräftezehrende Schlagseite, wo der eine die große »Berufung« hat und der andere ihm gefälligst zu helfen hat. Ihre gemeinsame Berufung gibt den Ehepartnern unendlich bessere Voraussetzungen, mit den Problemen und Konflikten umzugehen, die die Sendung des einen (oder aller beider) mit sich bringen kann.

Bei diesem Ehebauen kann ein Wort des Augustinus über die Kirche ein guter Leitstern sein: »Einheit im Notwendigen, Freiheit im Ungewissen, Liebe in allem.« Genauso wie der Motor beim ersten Kennenlernen der zukünftigen Partner etwas ist, das sie gemeinsam haben, so muß auch die spätere Beziehungsarbeit auf dem aufbauen und von dem ausgehen, was sie gemeinsam haben. Der Traum, alles miteinander teilen zu können, ist dabei ebenso unrealistisch wie die Vorstellung, in der christlichen Kirche schon in diesem Leben zur totalen Übereinstimmung über alle Einzelfragen gelangen zu können. Was nicht bedeutet, daß die Einheit gefährdet ist, sondern sie muß zur Mitte hin zielen, um stabil zu bleiben.

Es ist befreiend, wenn man solcherart die hochfliegenden Visionen von der perfekten christlichen Familie, der makellos vorbildlichen Pastorenehe auf ihren Platz verweisen kann. Und sobald wir nicht mehr von ihnen geblendet sind, sehen wir viel besser das Licht, das von unseren doch tatsächlich vorhandenen Gemeinsamkeiten ausstrahlt. So kann eine abendliche Kaffeestunde zu zweit ein Hoffnungszeichen werden, eine stille Momentaufnahme des gemeinsamen Lebens, das uns mitten in den Zerrissenheiten des Alltags vereinigt. Der Vergleich mit Israels Passafesten während der langen Wüstenwanderung oder mit dem Abendmahl der

Kirche, die zu Gottes Reich hin unterwegs ist, ist nicht zu weit hergeholt.

Solche Pflege und solches Feiern dessen, was uns gemeinsam ist, steht in einem heilsamen Kontrast zu der Jagd nach Illusionen, die für so viele heutige Ehen typisch ist. Der Trick ist ja wohlbekannt: Wir schieben unsere Krisen vor uns hin, indem wir uns mit immer neuen Anschaffungen, Urlaubsreisen, Geldanlagen usw. ablenken. Wenn die Leere zu schmerzen beginnt und die Konflikte immer bedrohlicher werden, liegt es ja nur zu nahe, daß man seine Energien auf ein gemeinsames äußeres Ziel hin umlenkt, das die Spannung vorübergehend neutralisiert. Auf diese Weise kann man sich jahrelang davor drücken, an seiner Beziehung zu arbeiten, und die innere Leere wächst und wächst.

Die Werbungsindustrie unterstützt diese Ausweichstrategie perfekt, indem sie uns ständig neue Ablenkungsmöglichkeiten anbietet. Ihre große Verlockung lautet ja im Grunde nicht: »Das kannst du dir leisten«, sondern eher: »Das brauchst du noch.« Auf diese Weise verstärkt sie unbewußt noch die Leere in uns und unseren Beziehungen – indem sie uns die ganze Zeit um Dinge kreisen läßt, die wir nicht haben, um Hohlräume, die nach Füllung schreien. So gleiten wir in eine immer größere Unwirklichkeit hinein, in der wir einander immer fremder werden. Ich brauche wohl nicht besonders zu erwähnen, daß es auch hier fromme Varianten gibt, die uns durch große Ambitionen und Träume Fluchtwege anbieten – bis die Wirklichkeit uns einholt.

Petrus, der die Ehe gründlich kannte, schreibt: »Da ihr eure Seelen durch den Gehorsam gegen die Wahrheit zu ungeheuchelter Bruderliebe gereinigt habt, liebet einander innig mit reinem Herzen« (1. Petr 1,22 – Menge). Man beachte hier den Zusammenhang zwischen Wahrheit und Liebe. Solange wir uns etwas vormachen über uns selbst und über die anderen und über unsere Ehe, können wir nicht aufrichtig lieben, ist die Liebe nur ein lästiges »Du mußt«, eine ermüdende Maskerade. Erst wenn wir es dem Geist der Wahrheit erlauben, uns zu zeigen, wie es mit uns ist (und nicht, wie es sein sollte), werden wir frei zu echter Liebe, die sich über den anderen freut, so wie er ist, und nicht so, wie er sein sollte, und die damit zugleich zu der Hoffnung befreit, daß Veränderung möglich ist – bei mir wie beim anderen. Wir müssen nicht so bleiben, wie wir sind; Gott hat etwas Schönes mit uns vor.

Ein Wort hier zum gemeinsamen Gebetsleben der Ehepartner. Selbstverständlich gibt es Zeiten, wo man aus unterschiedlichen Gründen es nicht schafft, zusammen zu beten – genauso wie die eheliche Gemeinschaft auf anderen Gebieten nicht immer möglich ist. Aber man kann den Wert des täglichen gemeinsamen Hintretens vor Gott gar nicht überschätzen. Die Formen können wechseln und sind, wie immer, so zu wählen, daß sie dem Leben dienen und nicht umgekehrt. Gerade in einer Pastorenehe, wo der eine Partner tagtäglich auch sprachlich in Gottes Dienst steht, besteht allerdings das Risiko, daß dieses gemeinsame Gebet in einen Leistungs- und Formulierungswettkampf ausartet. Schon viele haben hier die Vorzüge eines einfachen Grundstocks von Texten und kurzen Gebeten aus der Bibel entdeckt, in die beide Partner sich fallen lassen können. Der Psalter und christliche Gebetsbücher bieten wertvolle Bausteine für unser gemeinsames Gebetshaus. Der Übergang zum freien Gebet kann dann ganz zwanglos sein: Man nennt Gott das eine oder andere aus den Begebenheiten des Tages, betet füreinander, für die Kinder, für andere nahe Anliegen. Genau wie beim persönlichen Gebetsleben sind die Schlüsselwörter Einfachheit, Flexibilität und Beharrlichkeit. Besser am Kleinen festhalten als einander mit dem Großen müde machen!

Solches bewußtes Bauen nach innen hin, zum Zentrum dessen, was uns gemeinsam ist, wirkt versöhnend und heilend auch auf die Bereiche, in denen wir verschieden sind und in verschiedene Richtungen streben. Drehen wir die Reihenfolge um und versuchen, zuerst diese Diskrepanzen zu lösen, bevor wir einander lieben, kommen wir nie vom Fleck. Aber hier drinnen, im Herzen unserer Beziehung, können wir beginnen, gegenseitige Vorwürfe durch positive Verstärkung zu ersetzen. Anstatt die schlechten Eigenschaften des anderen zu beklagen, üben wir uns darin, seine guten Seiten zu sehen. Nehmen wir uns doch einmal an einem ruhigen Abend Zeit und fragen wir einander: »Was findest du bei mir gut?« Würgen wir nichts ab, werden wir nicht verlegen, versuchen wir nicht, die Antwort zu bagatellisieren oder wegzuerklären. Hören wir statt dessen zu, lassen wir uns aufmuntern, bauen wir einander auf. Mit solchen einfachen Übungen kann man über Jahre hindurch verkrustete Muster aufbrechen und höchst überraschende Entdeckungen machen! Mit Gebet und gutem Willen kann dies der Anfang einer neuen Weise sein, unsere Unterschiede zu sehen: Wir betrachten sie nicht mehr als Bedrohungen, die man gegeneinander ausspielt, vielleicht gar als Vorwand zu einer Trennung nutzt, sondern als gegenseitige Ergänzung und Bereicherung.

Auch hier ist Gott selber die unerschöpfliche Quelle. Als das Volk Israel vor dem Gelobten Land mit seiner Vielzahl von fremden Göttern und Religionen stand, feierte es seinen Gottesdienst unter diesem Glaubensbekenntnis: »Höre, Israel, der Herr ist unser Gott, der Herr allein« (5. Mose 6,4). Mitten in all dem Provisorischen und Trennenden konnten sie sich in ihrer Sehnsucht nach Einssein und Heil immer an Gott selber wenden. So können auch wir bei ihm Trost und Hoffnung suchen, wenn die Unterschiede zwischen Mann und Frau und die zwischen unseren Persönlichkeiten uns verzweifeln machen wollen. Denn dieser eine Gott schuf ja »den Menschen zu seinem Bilde, zum Bilde Gottes schuf er ihn; und schuf sie als Mann und Weib« (1. Mose 1,27). Das Männliche wie das Weibliche hat also seinen Ursprung in Gottes Einheit; Mann und Frau zusammen sind Gottes Bild. Auf ähnliche Weise vereint Gott in sich andere Eigenschaften, die auf den ersten Blick wie Gegensätze aussehen: Wahrheit und Erbarmen, Zorn und Milde. Und doch ist er einer und heilt damit das, was wir aus uns selber nicht zusammenbringen. So kann die versöhnte Ungleichheit von Ehegatten ein Zeugnis des Wesens Gottes sein.

Die Kinder in einer »Berufschristenehe« sind eigentlich ein ganzes Kapitel für sich; ich möchte hier nur ein paar Punkte berühren. Es ist allgemein bekannt, daß diese Konstellation oft zu dem »Enkelkinder-Gottes-Syndrom« führt, wo die lieben Kleinen durch den Übereifer der Eltern (vielleicht besonders des Vaters) regelrecht gegen Gott geimpft worden sind. Gleichzeitig findet man wunderbare Fälle, wo Kinder sich freudig vom Glauben ihrer Eltern anstecken ließen und ihr Werk eigenständig weiterführten. Wo lag der Unterschied zwischen diesen Familien? Warum geraten Pfarrers Kinder und Müllers Vieh mal vorzüglich und mal nie?

Kein Vater und keine Mutter kann es natürlich als persönliches Verdienst buchen, wenn die Kinder Jünger Jesu werden. Seine Wege mit unseren Kindern sind oft in höchstem Grad eben *seine* Wege, und nicht unsere. Aber um zwei Stichworte kommen wir nicht herum, wenn das Elternhaus eine Pflanzschule des Glaubens werden soll und nicht sein Grab: *Echtheit* und *Freiheit.*

»Bei uns zu Hause war das Christentum wie ein Frühlingstag«, berichtet der Evangelist Berthil Paulson. Was bedeutet solch ein Satz? In allererster Linie doch wohl, daß die Kinder merken, daß der Glaube der Eltern echt ist. Kinder haben ein Gespür für die kleinste Andeutung von Theaterspiel und frommer Heuchelei! Aufrichtig und ehrlich muß unser Glaube sein, nicht vorgespielt. Wir dürfen nicht zwei Gesichter haben, sondern nur eines. Wenn die Kinder einen »Zuhause-Vater« haben, der nicht im geringsten Christus ähnlich ist, und einen »Vater im Dienst«, der um so frömmer tut, wächst in ihnen eine tiefe Verachtung für diesen falschen Glauben. Ein echter Glaube muß weiter bedeuten, daß ich ebenso bereit bin, zu meinem Unwissen zu stehen wie zu meinen Überzeugungen. Kinder verlieren mitnichten ihr Gottvertrauen, wenn die Eltern ihnen eine Frage mit einem ehrlichen »Das weiß ich nicht« beantworten und nicht mit einer frommen Scheinüberzeugung.

Das zweite Schlüsselwort heißt Freiheit und ist ein lautes »Nein« zu allen erzwungenen Kirchenbesuchen und Pflichtandachten. Der Satz »Wo aber der Geist des Herrn ist, da ist Freiheit« (2. Kor 3,17) ist hier ein untrüglicher Wegweiser. Mit Zwang lege ich nur das Fundament zu einer späteren Rebellion gegen alles, was mit dem Glauben zu tun hat. Das kleinere Kind ist zwar machtlos gegen den Zwang, aber in seiner Seele sammelt sich ein Widerwille an, der später, wenn es seinen eigenen Weg gehen kann, unweigerlich ausbricht.

Und umgekehrt ist es verblüffend, wie natürlich und selbständig der Glaube bei Kindern wachsen kann, die Fragen stellen und selber das Tempo bestimmen können. Gottes Geist paßt sich ja immer unserem Tempo an, er zwingt sich weder Kindern noch Erwachsenen auf, sondern redet immer zu unserem eigenen Willen und in unserer eigenen Sprache. Hier haben die Eltern die Aufgabe, ihren Kindern das richtige Material zum Wachsen zu geben, in Form von kindgerechten Gebeten, biblischen Geschichten usw. Der Großteil des Glaubenswachstums unserer Kinder vollzieht sich in der natürlichen Schule, deren bester Lehrer Jesus selber ist, nämlich in der Begegnung mit ihren konkreten Fragen im Alltag. Man kann und braucht den Glauben nicht in die Kinder hineinstopfen. Er ist schon ganz natürlich in ihnen angelegt und wartet nur auf die richtige Stütze und Nahrung. Das Allerwichtigste in diesem Prozeß ist, daß wir für unsere Kinder beten.

Im übrigen ist für die Entwicklung der Kinder die Art, wie die Eltern miteinander umgehen, vielleicht genauso wichtig wie das, was sie den Kindern an direkter Unterweisung geben. Wenn ein Kind spät abends noch einmal zur Toilette muß und dabei mitbekommt, wie Mama und Papa im Wohnzimmer noch miteinander beten, kann das für sein Gebets- und Gottesbild genauso bedeutungsvoll sein wie das eigene Nachtgebet. Und zu sehen, wie die Eltern sich umarmen und zärtlich zueinander sind, kann genausoviel zu Geborgenheit und Selbstvertrauen beitragen, wie selber von ihnen umarmt zu werden.

Womit wir wieder bei unserem Ausgangspunkt sind: daß die Ehe die erste Aufgabe des geistlichen Leiters ist. Mit Gottes Gnade können wir sie aus einem lästigen Störfaktor in einer unmöglichen Leistungskalkulation in ein Zentrum der Geborgenheit verwandeln, von welchem aus versöhnende und wegweisende Impulse immer weitere Kreise ziehen können. Dann können wir auch zur rechten Zeit unser Heim öffnen für andere Menschen, auf daß sie bei uns, mitten in all unserer menschlichen Schwäche, ein Stückchen des Wohlgeruchs der Botschaft Christi (2. Kor 2,15) erfahren. »Gemeindehäuser« brauchen keine großen, teuren Gebäude zu sein, die zu bestimmten Wochenzeiten ihr Programm anbieten; sie können ganz gewöhnliche Wohnungen sein, wo Menschen ihr Leben öffnen und damit der Gemeinde ein Heim geben. Wir finden zwei solche Menschen im Neuen Testament: Aquila und Priszilla (Apg 18,1–3.24–26; Röm 16,3–5; 1. Kor 16,19). Es scheint, daß sie mehrmals umzogen, aber wo sie auch wohnten, öffneten sie ihr Heim für die Gemeinde und ließen ihre Ehe anderen Menschen dienen.

Doch dergleichen setzt voraus, daß dieser Dienst als natürliche Frucht aus der Ehe erwächst und kein von außen aufgedrücktes Soll ist, das es zu erfüllen gilt. In allererster Linie muß unser Heim stets eine Freistatt für die eigene Familie sein, ein Ort, wo man die Schuhe ausziehen und man selber sein kann. In zweiter Linie dann ist sie eine Basis für die Gemeinde, wo auch andere Menschen sie selber sein können. Edith Schaeffer, die mit ihrem Ehemann Francis lange Jahre die L'Abri-Gemeinschaft in der Schweiz leitete, faßt in einem ihrer Bücher gut zusammen, was es bedeutet, eine offene Tür zu haben:

»Eine Familie ist eine Tür, die Scharniere und ein Schloß hat. Die Scharniere müssen gut geölt sein, damit man die Tür von Zeit zu Zeit öffnen kann. Aber das Schloß muß stark genug sein, damit die Menschen draußen verstehen, daß die Familie auch einmal für sich sein muß, damit sie wirklich eine Familie sein kann. Wenn man seine Familie mit anderen teilen will, muß es zunächst etwas geben, das man teilen kann. Und alles, was wir teilen, braucht eine Zeit der Vorbereitung.«[53]

Glauben wagen

Der oberste Herr der christlichen Gemeinde ist natürlich Gott selber. Die menschlichen Mitarbeiter sind nur Widerspiegelungen seines Lichtes, ähnlich wie der Mond das Licht der Sonne spiegelt. Und wenn der Mond auch grau und düster ist und von Tausenden Kratern zerkratzt, so ist die Sonne doch stark genug, ihn in der Erdennacht leuchten zu lassen. So kann auch ein noch so unvollkommener Christ Gottes Eigenschaften in die Welt hinausreflektieren. Die verschiedenen Mitarbeiter spiegeln dabei unterschiedliche Eigenschaften Gottes wider; wir brauchen also einander, um Gott einigermaßen gerecht zu werden, obwohl er natürlich immer noch größer und reiner ist.

Die erste Eigenschaft Gottes, die wir in der Bibel sehen, ist seine Schöpferkraft. »Und Gott sprach: Es werde Licht! Und es ward Licht« (1. Mose 1,3). Das ganze Universum ist dadurch entstanden, daß Gott sein Wort in das hineinsprach, was noch nicht war. Hier wird uns schier schwindlig, denn für uns setzt jedes Neue ja voraus, daß es zuvor etwas anderes gibt. Wenn wir Menschen etwas schaffen, benutzen wir immer irgendein vorhandenes Material, ob dies nun ein physischer Stoff ist oder irgendwelche Kenntnisse oder Vorstellungen. Selbst der originellste Denker oder Künstler geht immer von etwas bereits Befindlichem aus, das er dann zum Beispiel zergliedert und neu zusammensetzt. Manche Menschen scheinen eine grenzenlose Kreativität zu besitzen – und doch hat diese Kreativität ihre natürlichen Grenzen, ob dies nun die eigene Phantasie ist, die Eigenschaften des Materials, das begrenzte Potential der Sprache usw.

Ähnlich liegen alle politischen Träume von einer gerechteren Gesellschaft an der kurzen Leine der Realität: bis hierhin und nicht weiter. Von Neuschaffen ist kaum die Rede, eher vielleicht von einer Umverteilung vorhandener Ressourcen. Ähnlich auch, wenn ein Mensch das Zickzack seines persönlichen Lebens auf den richtigen Kurs bringen will: Sein Erbe und seine Umgebung engen die Erneuerungsmöglichkeiten kräftig ein. Wir kennen das alle; wir kennen es so gut, daß wir große Schwierigkeiten haben, uns vorzustellen, daß Gott völlig *Neues* schaffen kann, buchstäblich aus dem *Nichts* heraus.

Der erste Mensch seit der Schöpfung, der diese Schöpferkraft am eigenen Leib erfuhr, war Abraham. Damit wurde er zum Vater des Glaubens und zu einer Art Urbild des geistlichen Führers. Mit 75 Jahren brach er mit seiner ganzen großen Familie auf, um in einem fremden Land Gottes Willen Gestalt zu geben. Seinem Wohlstand nach zu urteilen, hatte er eigentlich kein Bedürfnis nach Veränderung, aber er brach aus seiner vertrauten Umgebung auf, hinaus in das ferne Unbekannte, weil er Gott gehorchen wollte. Deswegen heißt es im Römerbrief, daß er ein Vater vieler Völker wurde, denn er »vertraute dem, der die Toten lebendig macht und aus dem Nichts alles ins Dasein ruft« (Röm 4,17 – GN). Abraham wurde zum Erzvater, weil er ein offenes Leben vor dem Gott lebte, der aus nichts heraus etwas schafft. Seine Führerschaft bestand nicht in seinen eigenen Qualifikationen, sondern darin, daß er auf das übliche Wenn und Aber, das wir gegenüber Gott vorbringen, verzichtete. Abraham sagte nicht: »Das ist nicht möglich.« Paulus drückt es so aus:

»Er hat geglaubt auf Hoffnung, wo nichts zu hoffen war, daß er der Vater vieler Völker werde, wie zu ihm gesagt ist: ›So zahlreich sollen deine Nachkommen sein.‹ Und er wurde nicht schwach im Glauben, als er auf seinen eigenen Leib sah, der schon erstorben war, weil er fast hundertjährig war, und auf den erstorbenen Leib der Sara. Denn er zweifelte nicht an der Verheißung Gottes durch Unglauben, sondern wurde stark im Glauben und gab Gott die Ehre und wußte aufs allergewisseste: was Gott verheißt, das kann er auch tun.« (Röm 4,18–21)

Abraham verlangte nicht von Gott, erst zu verstehen, wie das alles zugehen oder was es praktisch für ihn bedeuten sollte. Wäre er mit solchen Forderungen gekommen, hätte Gott nie durch ihn schaffen können. Gottes Schaffen geschieht ja als Einbruch in unsere wohlgeplanten, kleinkarierten Denkmuster von Ursache und Wirkung, und solange wir von ihm verlangen, sich gefälligst nach ihnen zu richten, werden wir keine Erfahrungen mit dem allmächtigen Schöpfer machen. Biblischer Glaube ist kein blinder Glaube, denn Gott hat sich uns so weit geoffenbart, daß wir imstande sind, ihm bewußt und wohlüberlegt unser Vertrauen zu schenken. Aber biblischer Glaube ist nie ein vollständiger Straßenatlas, sondern eher ein Licht, dem wir auf unserem Weg ins Unbekannte folgen können: »Durch den Glauben wurde Abraham gehorsam, als er berufen wurde, in ein Land zu ziehen, das er erben sollte; und er zog aus und wußte nicht, wo er hinkäme.« (Hebr 11,8)

Dies steht nun in scharfem Gegensatz zu einer heute recht gängigen Auffassung von den Aufgaben eines christlichen Leiters: daß dieser nämlich in unserer ach so dunklen Zeit Gott zu schützen und unter die Arme zu greifen habe. Und so setzt man alles daran,

Strukturen in der Gemeinde aufzubauen, die so stark sind, daß nichts in der Welt sie erschüttern kann. So wasserdicht muß alles sein, daß, wie der anglikanische Pastor David Watson es einmal ausdrückte, »wenn Gott seinen Heiligen Geist von der Gemeinde zurückzöge, doch 90 Prozent der Arbeit weitergehen würde«. Viele Leiter betrachten es als ihren gottgegebenen Auftrag, Gott vor der Gemeinde zu vertreten, nach dem Motto: Wenn Gott nichts tut, springe ich eben ein. Eine ungeplante Pause im Gottesdienst, eine Lücke im Gemeindeteam, eine unschlüssig machende Herausforderung – der Herr Pastor wird schon einspringen. Und er springt, und die anderen stellen dankbar fest, daß »auf unseren Pastor Verlaß ist«. Aus Gottes Perspektive ist es leider genau umgekehrt: Er kann nie etwas Neues schaffen, weil ihm ständig dieser übereifrige Pastor im Wege steht.

Aber muß nicht ein christlicher Leiter den Glauben verteidigen? Paulus schreibt doch, daß er »zur Verteidigung des Evangeliums eingesetzt« ist (Phil 1,16 – Elbf.), und die Apostelgeschichte beschreibt einen ständigen Kampf um die Bewahrung der Gemeinde vor der Staatsmacht und Irrlehrern. Das ist richtig, aber bedenken wir recht, *was* die Apostel da verteidigen. Gott hat ihnen seine Offenbarung anvertraut, und es gehört zu ihrem und unserem Auftrag, diese Offenbarung so treu wie möglich zu bewahren, so daß sie nicht ihre Kraft verliert. Doch niemals wäre es den Aposteln eingefallen, *Gott selbst* zu verteidigen, indem sie ihr Leben und ihre Arbeit gegen alle Eventualitäten absicherten.

Nein, ganz im Gegenteil: Gerade weil die Apostel sich weigerten, Gott vorzuschreiben, was er zu tun hatte, und damit alle Türen weit offen für den Schöpfer hielten, konnte die frühe Gemeinde sich so unerhört rasch und kraftvoll entwickeln. Bei der Mission geht es nicht nur darum, Gottes Offenbarung so korrekt wie möglich neuen Menschen nahezubringen, sondern mindestens ebenso darum, still zur Seite zu treten, damit der Auferstandene selber zu diesen Menschen reden kann.

Dies aber ist unmöglich, solange wir ängstlich jedem Risiko ausweichen, daß er es womöglich *nicht* tut. »Glauben heißt wagen«, sagt der amerikanische Verkündiger John Wimber, und seine Heilungsarbeit ist ein gutes Beispiel dafür. Im Glauben handeln heißt, daß ich mich abhängig mache von Gottes Handeln. Glaube äußert sich nicht nur darin, daß man handelt, wenn Gott handelt, sondern mindestens ebenso darin, daß man sich weigert, selber alle Löcher stopfen zu wollen – ob nun mit dem gewohnten Trott oder mit dem charismatischen Jargon. Wenn Gott nicht handelt, muß ich das als christlicher Mitarbeiter im Glauben akzeptieren und schweigend warten können. Es ist genauso wie mit dem inneren Leben: Können wir nicht die Dürrezeiten als Teil von Gottes Plan akzeptieren, können wir auch nicht den Frühlingsregen entgegennehmen, wenn er dann kommt.

Im Glauben leben bedeutet also beides: handeln können und warten können, auch wenn alles dagegen zu sprechen scheint. Wenn sämtliche Umstände »unmöglich« sind, muß ein Mensch des Glaubens handeln können, wenn Gott es will. Und wenn alles ruft: »Tu endlich was!«, muß ein Glaubensmensch warten können, wenn Gott es will. Ganz zu schweigen von dem Glauben, der erforderlich ist, um eine christliche Arbeit zu *beenden,* wenn andere meinen, daß wir sie fortsetzen sollten! Darum hängt Glauben so eng mit Gehorsam zusammen. Und darum wurde ja das Evangelium unter den Heiden verkündet: ». . . um alle Heiden zum Gehorsam des Glaubens zu führen« (Röm 16,26 – Einh.).

In der Bibel finden wir, wenn es um den Glauben geht, oft das Wort »sehen«. Der Glaube, so steht es in Hebräer 11,1, ist »ein Nichtzweifeln an dem, was man nicht sieht«, also gewissermaßen ein Hindurchsehen durch das Sichtbare, hinein in die Wirklichkeit, die noch nicht sichtbar ist. Dies gibt uns ein wichtiges Mosaiksteinchen zu dem Bild eines christlichen Leiters: Ein Leiter ist jemand, der sieht, was die anderen noch nicht sehen. Durch den Glauben kann er sehen, was Gott tut, und sein Leben danach einrichten. Nie darf er andere verurteilen oder verachten, weil sie noch nicht so viel sehen wie er, sondern seine Aufgabe ist, selber so zu leben, daß andere den Weg hinein in die gleiche Wirklichkeit finden.

Dieses Glaubenssehen zieht sich wie ein roter Faden durch die Liste der Glaubenspioniere im Hebräerbrief: »Durch den Glauben hat Noah Gott geehrt und die Arche gebaut zur Rettung seines

Hauses, als er ein göttliches Wort empfing über das, *was man noch nicht sah*« (Hebr 11,7). Über Abraham und die Seinen heißt es: »Diese alle sind gestorben im Glauben und haben das Verheißene nicht erlangt, sondern es nur *von ferne gesehen* und gegrüßt und haben bekannt, daß sie Gäste und Fremdlinge auf Erden sind« (Hebr 11,13). Als Mose auf die Vorrechte eines Prinzen am ägyptischen Königshof verzichtete, um mit seinem Volk zu leiden, hatte er den gleichen Antrieb: »Durch den Glauben verließ er Ägypten und fürchtete nicht den Zorn des Königs; denn er hielt sich an den, den er nicht sah, *als sähe er ihn*« (Hebr 11,27). Gerade dadurch, daß sie sich nicht vom Sichtbaren bestimmen ließen, sondern sich dem Gott öffneten, der aus dem Nichts heraus schafft, wurden diese Glaubenshelden zu Wegbereitern der Geschichte. Wenn dies nicht geistliches Führen ist, was ist es dann?

Man redet in unseren Kirchen und Gemeinden manchmal von der »Treue zu unseren Pionieren«. Da haben Männer und Frauen bahnbrechende Leistungen vollbracht, und wir ernten die Früchte ihrer Arbeit und dürfen sie deshalb nicht verraten, sondern müssen ihr Erbe bewahren. Schön, aber wie bewahrt man denn das Erbe eines Pioniers? Indem man seine Arbeit völlig unverändert weiterführt, allen veränderten Umständen zum Trotz? Oder nicht vielmehr, indem man selber das tut, was die Pioniere tun würden, wenn sie heute lebten?

Als der Hebräerbrief das Fazit zieht aus der langen Liste der Glaubenspioniere, klingt das so: »Darum auch wir: Weil wir eine solche Wolke von Zeugen um uns haben, laßt uns ablegen alles, was uns beschwert, und die Sünde, die uns ständig umstrickt, und laßt uns laufen mit Geduld in dem Kampf, der uns bestimmt ist, und aufsehen zu Jesus, dem Anfänger und Vollender des Glaubens.« (Hebr 12,1–2)

Treue gegenüber den Glaubenspionieren bedeutet also nicht, daß wir das, »was uns beschwert« und Ballast ist, festhalten, sondern daß wir es ablegen – daß wir, wie die Glaubenshelden vor uns, unseren Blick durch überholte Strukturen und mutlose Gemeinden hindurch auf Jesus heften und uns von ihm zeigen lassen, was er in unserer Zeit schaffen will. Was für uns freilich die gleichen Konsequenzen haben kann wie für die Pioniere auch: Mißtrauen, Kritik, Widerstand, Einsamkeit.

Hier ist schonungslose Selbstprüfung angesagt. Sind meine Motive rein? Will ich bei dem Neuen, das geschehen soll, selber im Mittelpunkt stehen, suche ich eigene Ehre und Selbstbestätigung? Oder bin ich bereit, beiseite zu treten, damit das Neue ohne unreine Motive gestaltet wird? Habe ich Menschen, die mir Stütze und Fundament geben und von denen ich mich erziehen und ermahnen lasse, oder weiche ich solcher Korrektur aus? Treibt mich Liebe und Treue zur real existierenden Kirche auf Erden an, oder begegne ich ihr mit Bitterkeit und Verachtung? Bin ich bereit, mich der Kirche unterzuordnen, bis sie mir ihren Segen gibt, im Vertrauen darauf, daß Gott der Herr über die Geschichte ist und sich nicht drängeln läßt? Bin ich ebenso bereit, im Glauben zu warten, wie im Glauben zu handeln?

Es ist nicht der schnelle Erfolg, sondern die langfristige Auswirkung auf die Kirche, die darüber entscheidet, ob ich einen konstruktiven Pionierdienst leiste oder mein eigenes kleines Imperium baue. Es ist so ähnlich wie der Unterschied zwischen einer gesunden und einer Krebszelle: Wichtig ist nicht, wie stark sie sich vermehrt, sondern welche Auswirkung sie auf den ganzen Organismus hat.

Seinen Glauben praktizieren

So stehen wir nun vor unserem Herrn und überlegen, was für einen Glauben wir haben. Reicht er aus für solche schöpferischen Neuanfänge – oder nur dafür, alles so zu belassen, wie es ist (falls man dazu denn überhaupt Glauben braucht)? Haben wir zu wenig Glauben? Können wir einen größeren Glauben bekommen? Wir sind nicht die ersten, die darüber nachdenken. Mehrere Male brachten die Apostel diese Frage vor Jesus: »Und die Apostel sprachen zu dem Herrn: Mehre uns den Glauben! Der Herr aber sprach: Wenn ihr Glauben habt wie ein Senfkorn, so würdet ihr zu diesem Maulbeerfeigenbaum sagen: Entwurzele dich und pflanze dich ins Meer! Und er würde euch gehorchen.« (Lk 17,5–6 – Elbf.)

Es liegt etwas im menschlichen Wesen, das uns das Gefühl gibt, den Herausforderungen des Lebens nicht gewachsen zu sein. Wir sehen, wie die Probleme sich auftürmen, wir spüren die Leere in uns, wir strecken uns aus nach mehr Kraft, mehr Glauben, mehr Mut, mehr Möglichkeiten . . . Und es liegt im Wesen des Glaubens, gerade hindurchzuschneiden durch diese Jagd nach immer mehr, so wie Jesus den Forderungsballon der Jünger mit einem winzigen Senfkorn zum Platzen bringt. Gott verlangt nie von uns, daß wir uns einen größeren Glauben anschaffen, sondern nur, daß wir den Glauben, den wir haben, anwenden. Das Problem ist nicht, daß unser Glaube zu klein wäre, sondern daß wir uns weigern, ihn anzuwenden.

Ständig »mehr« Glauben haben zu wollen, ist eigentlich das genaue Gegenteil des Wesens des Glaubens, der ja immer von dem ausgeht, was im Licht der Möglichkeiten Gottes bereits da ist. Ein Glaube von der Größe eines Senfkorns reicht aus, um Steine aufzubrechen oder zähe Wurzeln, die Gottes Reich im Weg liegen, auszureißen. Wir müssen unseren vorhandenen Glauben nur freimütig anwenden, ohne seine Kräfte geringzuschätzen: »Das Himmelreich gleicht einem Senfkorn, das ein Mensch nahm und auf seinen Acker säte; das ist das kleinste unter allen Samenkörnern; wenn es aber gewachsen ist, so ist es größer als alle Kräuter und wird ein Baum, so daß die Vögel unter dem Himmel kommen und wohnen in seinen Zweigen.« (Mt 13,31–32)

Die Bibel und die Kirchengeschichte wimmeln von Beispielen dafür, wie ganz gewöhnliche Menschen ihren kleinen Glauben in die Hände eines großen Gottes legten und dadurch Dinge geschahen, die die Umwelt erstaunt ausrufen ließen: »Was für ein großer Glaube!« Nein, sondern was für ein großer Gott!

Aber was hindert uns denn daran, unser Senfkorn einzusetzen? Sehr oft haben wir Angst davor, was andere Menschen von uns denken werden. »Was werden meine Freunde sagen, wenn ich das mache? Was sagen die Leute, wenn das ein Flop wird und gar nichts geschieht? Was halten die anderen von mir, wenn ich so aus der Reihe tanze? Dann stehe ich ja allein im Regen da.« Und so weiter.

Darum die harte Ermahnung Jesu an die Pharisäer: »Wie könnt

ihr zum Glauben kommen, wenn ihr eure Ehre voneinander empfangt, nicht aber die Ehre sucht, die von dem einen Gott kommt?« (Joh 5,44 – Einh.). Es ist ihnen unmöglich, im biblischen Sinne zu glauben, solange sie mehr von der Menschenfurcht als von der Gottesfurcht angetrieben werden. Die Pharisäer und Schriftgelehrten gehörten zu einer frommen Mafia, in der Angst vor Abweichungen stärker war als Neues schaffender Glaube. Anpassung und Linientreue wurde mit Macht und Ansehen belohnt, Anfragen und neue Initiativen ernteten Mißtrauen und Drohungen. Nur wenigen gelang der Ausbruch aus diesem Gefängnis, denn der Preis schien zu hoch: »Dennoch kamen sogar von den führenden Männern viele zum Glauben an ihn; aber wegen der Pharisäer bekannten sie es nicht offen, um nicht aus der Synagoge ausgestoßen zu werden. Denn sie liebten das Ansehen bei den Menschen mehr als das Ansehen bei Gott.« (Joh 12,42-43 – Einh.)

Niemals den Rat anderer Menschen verachten und sich für etwas Besseres halten als sie, aber gleichzeitig frei sein vom Hemmschuh der Erwartungen der anderen – dies ist der schmale Pfad, den der christliche Mitarbeiter zu gehen hat. Dieses Gehen zu lernen, ist eine harte Schule, die viel Zeit und Geduld braucht, von der Umgebung wie vom Mitarbeiter selber. So tief ist die Menschenfurcht in uns verwurzelt, daß sie nicht mit dem ersten guten Vorsatz oder einem legeren »Das schaff' ich schon« verschwindet.

Wenn meine Initiativen anderen Menschen zum Segen werden sollen, müssen meine Motive wie im Feuer geläutert werden. Gottes Wort ist rein wie Gold, aber wenn es durch unsere Seele geht, nimmt es unweigerlich unsere Schlacken mit. Gott benutzt unsere Krisen nicht, um uns daran zu hindern, sein Wort weiterzugeben, sondern um es uns überhaupt zu ermöglichen: »Die Worte des Herrn sind lauter wie Silber, im Tiegel geschmolzen, geläutert siebenmal« (Ps 12,7). Wenn siebenmal nur ausreichte bei uns! Aber die Zahl »Sieben« steht ja in der Bibel für »Ganzheit« und »Fülle«: das ganze Leben! Als der Prophet Jeremia über seinen Auftrag klagt und seine Angst vor Gott hinausruft, bekommt er einen winzigen Einblick darin, was in dieser Krise überhaupt vor sich geht: »Wenn du zu mir umkehrst, so will ich dich umkehren lassen, daß du mir aufs neue dienest; und wenn du nur Edles, nichts Gemeines hören lässest, sollst du wieder wie mein Mund sein« (Jer 15,19 – Menge).

Eines meiner tiefsten Erlebnisse als Journalist war ein Interview mit Vater Franciszek Blachnicki, dem Gründer und Leiter von »Oase«, einer Erweckungsbewegung in der katholischen Kirche in Polen. Was 1954 als Unterweisung für Chorknaben begonnen hatte, wurde im Laufe der Jahre zu einer breiten Volksbewegung, in der Zehntausende junger und älterer Polen sich in Sommerlagern und Gemeindegruppen trafen und durch Unterweisung, Fürbitte und Gemeinschaft zu persönlicher Bekehrung, zur Nachfolge und zur aktiven Verantwortung in der Kirche geführt wurden – und das in den Jahren der kommunistischen Diktatur.

Als wir 1978 das Hauptquartier der Bewegung in einem einfachen Wohnhaus in Südpolen besuchten, baten wir Vater Blachnicki, uns ein wenig über das Geheimnis hinter dieser blühenden Arbeit zu erzählen. Bevor er seinen Mund öffnete, hatten zwei Bilder in seinem einfachen Arbeitszimmer uns die Antwort schon angedeutet. Das eine zeigte den Priester Maximilian Kolbe, der während des Krieges in Auschwitz freiwillig für einen Familienvater in den Tod ging, das andere Vater Blachnicki selber – als Insassen im gleichen Konzentrationslager. Er war dort zum Tod verurteilt, aber wie durch ein Wunder freigelassen worden. Noch deutlicher konnte man den Zusammenhang zwischen Leiden und Stärke kaum ausdrücken! Von Auschwitz zu diesem Dorf sind es keine fünfzig Kilometer! Und dann sagte Vater Blachnicki, auf seine ruhige, einfache Art, mit einem warmen Schimmer in den Augen:

»Wir haben zu viele Beweise dafür gesehen, daß Gott mit uns ist, um noch Angst zu haben. Wir fragen nicht mehr, ob etwas gefährlich oder erlaubt oder möglich ist, sondern ob es für die Bewegung notwendig ist. Es ist nicht unsere Aufgabe, uns um den morgigen Tag zu bekümmern. Unsere Aufgabe ist, zu handeln, solange wir Zeit haben.«[54]

Es ist eine unerhörte Kraft in dem Heiligen Geist, und jeder Christ hat durch den Glauben Zugang zu ihr. Wir können sie überhastet anzapfen, indem wir uns von unserem Eifer oder unserer

Angst zu übereilten Reaktionen auf unsere Umstände treiben lassen; das Ergebnis ist jenes Laufen und Rennen und Flügelschlagen, das nur Kraft kostet und nichts bringt. Aber wir können dieser Versuchung, sofort »etwas zu tun«, auch widerstehen und so diese Kraft des Geistes immer mehr anschwellen lassen, bis Gottes Zeit da ist. Wenn Gott zu seiner Zeit und auf seine Art etwas zu schaffen beginnt, kann kein Mensch ihn hindern. Und wenn dieser Augenblick da ist, ist es die Aufgabe des Mitarbeiters, dem Geist zu folgen – so wie früher der Bauer hinter dem Pflug ging und ihn nicht zog.

Wenn wir Gott so folgen, führt er uns auf drei Arten von Wegen. Der erste stellt uns vor eine Wahl zwischen mehreren vorhandenen Wegen, und Gott zeigt uns, welche Alternative wir wählen sollen. »Wer ist der Mann, der den Herrn fürchtet? Er wird ihm den Weg weisen, den er wählen soll.« (Ps 25,12)

Die zweite Art ist der Weg, den Gott neu schafft, mitten durch die Wildnis hindurch, wo es noch keinen anderen Weg gibt: »Denn siehe, ich will ein Neues schaffen, jetzt wächst es auf, erkennt ihr's denn nicht? Ich mache einen Weg in der Wüste . . .« (Jes 43,19)

Die dritte Art Weg ist, wenn es unmöglich einen Weg geben *kann.* Hier sind wir nicht nur in einer Wildnis ohne Weg und Steg, hier ist die ganze Situation so total verfahren, daß wir keinen Schritt mehr tun können. Und hier spricht der Gott der Schöpfung zu uns, »der im Meer einen Weg und in starken Wassern Bahn macht« (Jes 43,16). Welchen dieser Wege uns Gott führt, ist, wie gesagt, seine Sache. Er macht unseren Weg möglich; wir brauchen ihm nur zu folgen.

Kraft, die nicht aufhört

Aber wie bewältigen wir diese Aufbrüche, diese Widerstände, diese Ungewißheit? Es ist ja schön, daß Gott nichts bedarf und alle Kraftquellen in sich selber hat – aber wir sind doch nur gewöhnliche Menschen, mit tausend Bedürfnissen und Nöten! Es muß eine Verbindung geschaffen werden zwischen Gottes Kraftquellen und unserem menschlichen Mangel. Dies ist die Aufgabe des Heiligen

Geistes. Im Alten Bund wurden die Führer Israels – Priester, Propheten, Könige – je einzeln zu Beginn ihres Amtes mit dem Heiligen Geist ausgerüstet. Als zum Beispiel Samuel dem künftigen König David diese Kraft vermittelt, wird dies so beschrieben: »Da nahm Samuel sein Ölhorn und salbte ihn mitten unter seinen Brüdern. Und der Geist des Herrn geriet über David von dem Tag an und weiterhin.« (1. Sam 16,13)

Ein »Gesalbter« zu sein, bedeutete in jener Zeit soviel, wie von Gott mit einem Auftrag zu seinem Volk gesandt zu sein; der Gesalbte bekam entsprechend teil an der Kraft des Heiligen Geistes. Dies ist gleichzeitig eine Vorausdeutung auf den Messias – das Wort *Messias* bedeutet ja »der Gesalbte«. Auf griechisch heißt der Messias *Christus,* und in Jesus Christus wird diese Salbung des Geistes jedem Gläubigen zugänglich. Sie ist jetzt nicht mehr ein Privileg für einige wenige auserwählte Führer, sondern Teil des alle Grenzen sprengenden Reichtums des Neuen Bundes.

Aber damit gilt sie eben auch für die Mitarbeiter und Leiter! Vor seiner Himmelfahrt sagt Jesus seinen Jüngern: »Ihr werdet die Kraft des heiligen Geistes empfangen, der auf euch kommen wird, und werdet meine Zeugen sein . . .« (Apg 1,8). Diese Kraft bekommt eine noch größere Dimension, wenn wir bedenken, daß im Urtext hier für »Zeugen« das Wort *martyres* steht. Auf diese Art also erhält ein christlicher Leiter Anschluß an das Kraftfeld des Allmächtigen. Ob die Erfüllung mit dem Geist nun ein deutlich identifizierbares Erlebnis ist oder sich allmählich, Schritt für Schritt, vollzieht – sie ist eine absolute Bedingung, wenn wir als christliche Leiter mit Gottes Zielen, auf Gottes Art und zu Gottes Ehre arbeiten wollen. Hier liegt der alles entscheidende Unterschied zwischen dem Kämpfen in eigener Kraft und dem Getragenwerden von Gottes Kraft. Gott verlangt niemals etwas von uns, ohne uns auch die Kraft dazu zu geben. Wie Wilfrid Stinissen es ausdrückt: »Man schafft genau so viel, wie Gott will. Wenn er uns einen Auftrag gibt, verpflichtet er sich, uns auch die dazu nötige Kraft zu geben. Und wo das Erwecken schlummernder Kräfte nicht ausreicht, da schafft er neue Kräfte oder handelt einfach selber.«[55]

Aber der Heilige Geist ist eine *Person,* die uns diese Kraft *gibt,* und nicht eine Batterie, die Jesus uns in die Hosentasche steckt. Die Verheißung des Geistes bedeutet nicht, daß die Jünger einen inneren Proviantsack als Wegzehrung mitbekommen, sondern daß sie auf dem Weg immer wieder die Kraft des Geistes bekommen werden. Wie immer bei Gottes Gnade, können wir über diese Kraft nicht verfügen, sondern umgekehrt: Der Heilige Geist verfügt über uns, in einem unaufhörlichen Abhängigkeitsverhältnis.

Wenn wir Jesus folgen, hört damit unsere geistliche Armut nicht auf. Täte sie das, hätten wir vor lauter eigener Geistlichkeit bald keinen Platz mehr für den Heiligen Geist! Unsere geistliche Armut ist geradezu die Bedingung dafür, daß wir Schritt um Schritt entgegennehmen können, was der Geist uns geben will. Als Jesus seine Jünger zum ersten Mal aussendet, schärft er ihnen genau dies ein: »Wenn sie euch vor Gericht stellen, so macht euch keine Sorgen, was ihr sagen sollt oder wie ihr es sagen sollt. Es wird euch in dem Augenblick schon eingegeben werden. Nicht ihr werdet dann reden, sondern der Geist eures Vaters wird aus euch sprechen.« (Mt 10,19.20 – GN)

In dem Augenblick – und nicht vorher. Daß ich eine Aufgabe mit Zittern angehe und mich leer und kraftlos fühle, sagt also gar nichts darüber aus, wie es sein wird, wenn ich mitten in ihr stehe. Will ich erst darauf warten, daß ich mich stark genug fühle, bevor ich Gottes Auftrag beginne, werde ich ihn nie beginnen. Der Heilige Geist gibt mir seine Kraft nicht *vor* dem Auftrag, sondern erst *in* ihm.

Und diese Salbung mit dem Geist hört nie auf. Wie müde und verzagt wir uns auch fühlen mögen, wie nachtschwarz unsere Angst sein mag, es gilt doch dies, was uns der Apostel Johannes versichert und was wir hinterher immer selber entdecken: »Und die Salbung, die ihr von ihm empfangen habt, bleibt in euch« (1. Joh 2,27). Hier hat der Besuch des Elia bei der armen Witwe schon vielen geholfen. Als der Prophet zu ihr kommt und um etwas zu essen bittet, hat sie nur noch eine Handvoll Mehl und einen Rest Öl. Auf Elias Bitte backt sie damit das letzte Brot – denkt sie. Doch dieser Gehorsam eröffnet ihr einen Vorrat, den sie sich nie hätte träumen lassen: »Der Mehltopf wurde nicht leer, und der Ölkrug versiegte nicht, wie der Herr durch Elia versprochen hatte« (1. Kön 17,16 – Einh.).

Doch manchmal müssen wir durch tiefe Schmerzen hindurch, bevor wir dieses unsichtbare Öl entdecken. Emil Gustafson, ein Erweckungsprediger aus dem 19. Jahrhundert, wurde einmal von einem Pastor aufgesucht, der innerlich am Ende war. Er schüttete seine Not vor Emil aus, der ihm mit Tränen in den Augen zuhörte, aber ohne viel zu sagen. Als er wieder ging, schrieb Emil ihm in seine Bibel: »Der Herr weiß, wo der Ölkrug steht, aber er holt ihn nicht hervor, bevor der Bach ausgetrocknet ist.« Womit er natürlich auf Elia anspielte, der an einem Bach gewohnt hatte, bis dieser versiegte, und sich darauf zu der Witwe begab. Und mehr brauchte er nicht zu sagen, um die dünnen Wände zu den tiefen Quellen im Leben dieses Pastors zerreißen zu lassen.[56]

Daß der Heilige Geist uns nicht verläßt, bedeutet also nicht eine geradlinige Entwicklung hin zu immer mehr Erfolg und immer größeren Segnungen. Solch eine Einstellung führt rasch zu einer verkrampften Supergeistlichkeit, die den Mitarbeiter wie seine Umgebung ermüdet und die Sensibilität für den Heiligen Geist blockiert. Die Erfahrung vieler Christen ist eher, daß die Salbung oft durch einen tiefen inneren Zerbruch hindurch kommt, durch das »Tief« einer schmerzlichen Einsicht in das eigene Unvermögen. Der chinesische Bibellehrer Watchman Nee benutzte hier gerne das Bild der Salbölflasche der Maria (Joh 12,1–3). Die Flasche war schön anzusehen, aber sie mußte zerbrochen werden, damit das Öl in ihr frei werden, Jesus erfreuen und das ganze Haus mit seinem Duft erfüllen konnte.

Diese Erfahrung des Geistes kann man nicht »machen« und sich nicht »erarbeiten«. Sie kommt dann, wann Gott will, durch die Krisen und Werkzeuge, die er dazu wählt. Die einzige Bedingung ist, daß ich ihm bedingungslos folge, ohne zu sagen: »Bis hierhin und nicht weiter.« Und sage ich es doch, so wartet er – bis ich weitergehe.

Daß ich an den Rand meiner eigenen Möglichkeiten komme, setzt nicht nur Gottes Kraft in meinem eigenen Leben frei, sondern ist auch ein großer Segen für meine Arbeit unter anderen Menschen. Eines der größten Hindernisse für ein tieferes Wirken des Geistes in der Kirche ist ja die Angst der Menschen vor Krisen und

Konflikten. Sobald ein Problem auch nur am Horizont auftaucht, sind sofort Menschen da, die, von ihrer eigenen Unsicherheit getrieben, eilig darangehen, alles zu glätten und zu versichern, daß alles in Ordnung ist und immer war in dieser Gemeinde. Womit sie das stille Wirken des Geistes immer wieder abwürgen.

Hier ist ein Leiter, der nicht an solcher Konfliktangst leidet, sondern aus persönlicher Erfahrung weiß, wie befreiend Krisen wirken können, ein unbezahlbarer Schatz. Weil er selber schon einen sogenannten Gesichtsverlust in seinem Leben durchgemacht hat und immer noch lebt, kann er der Gemeinde helfen, sich der Krise besonnen zu stellen und Gott durch sie das wirken zu lassen, was er will. Wer selber erfahren hat, wieviel Segen Gott im Zerbruch freisetzen kann, der kann in der Hitze der Krise sehen, was andere unmöglich sehen können: die Verheißung einer tieferen Gegenwart des Heiligen Geistes in der Gemeinde. Die eigene Erfahrung hilft dem Leiter, zu unterscheiden, wo er aufbauen und wo er niederreißen muß, so daß er nicht aus lauter Unsicherheit immer das erstere wählt.

In diesem Kraftfluß des Heiligen Geistes erfährt der Leiter in seiner Arbeit auch die Hilfe der Geistesgaben. Wir bekommen diese Gaben, wie Bengt Pleijel sagt, ja nicht, weil wir so tüchtig sind, sondern gerade weil wir es nicht sind! Wenn wir aus uns selbst heraus verstehen, wegweisen, heilen und helfen könnten, würde der Heilige Geist uns niemals seine Gaben geben. Aber wo wir unseren Mangel und unser Unvermögen einsehen, da ist er mehr als bereit, uns zu geben, was wir brauchen, auf daß die Menschen durch uns bekommen, was sie brauchen. Die Gabe der Heilung, der Prophezeiung, der Erkenntnis, der Geisterunterscheidung, der Weisheit – welcher christliche Leiter kann sagen: »Das brauche ich nicht«? Sollte Gott uns eine Gabe anbieten, die wir dankend ablehnen können, weil wir schon selber zurechtkommen?

Nein, er will mich durch die sanfte Hand seines Geistes an den Punkt führen, wo ich merke, daß durch mich etwas geschieht, das nicht aus meinem eigenen Wollen und Können kommt – etwas, das in dem Augenblick da ist, wo es gebraucht wird, und genau in die Situation des Menschen hinein spricht, dem ich gerade zu helfen versuche. Und ich kann nur verwundert dastehen und zuschauen, wie Gott handelt, mitten in unserer menschlichen Schwäche.

Es erleichtert den Weg hinein in diese Erfahrung, wenn ich die Sache mit den Geistesgaben nicht zu dramatisch sehe. Der Heilige Geist ist, wie schon gesagt, äußerst diskret und sensibel. Er überfährt niemanden, auch nicht den, der seine Gaben gebrauchen will. Wie alles in Gottes Reich, so beginnen auch die Geistesgaben mit kleinen und einfachen Dingen. Petrus benutzt das Wort »Verwalter«, um uns über die Schwelle zu helfen: »Dient einander als gute Verwalter der vielfältigen Gnade Gottes, jeder mit der Gabe, die er empfangen hat« (1. Petr 4,10 – Einh.). Ein Verwalter ist nicht für das verantwortlich, was er nicht hat, sondern nur für das, was er hat. Und so beginnt der Gebrauch der Gaben des Geistes damit, daß ich die menschlichen Gaben, die ich bereits habe, treu einsetze und dabei ganz ich selber bleibe.

Wenn ich das tue, antwortet Jesus: »Du bist im Kleinen ein treuer Verwalter gewesen, ich will dir eine große Aufgabe übertragen« (Mt 25,21 – Einh.). Und wenn ich offenen Herzens um die Führung und die Gaben des Geistes in meinem Dienst bitte, werde ich Schritt um Schritt erfahren, wie meine Arbeit weitere Kreise zieht. Sollte ich hier und da stolpern und die Stimme des Geistes mit eigenen Gedanken vermischen, so fährt mich der Geist nicht mit heftigen Vorwurfsworten an, sondern korrigiert mich milde und bestimmt, so daß ich das nächste Mal besser auf ihn hören kann. Und so vertraut Gott mir als seinem Verwalter immer mehr an. Aber wohlgemerkt: Ich bin *sein* Verwalter! Ich habe seine Gaben nicht für mich selber bekommen, sondern für die Gemeinde, und ich habe sie nicht zu meiner eigenen Ehre zu gebrauchen, sondern allein zur Ehre Gottes.

Und mitten in all dem bleibt das Geheimnis, daß wir eigentlich immer noch recht gewöhnliche Menschen sind mit gewöhnlichen Sünden und Grenzen. Der Geist macht uns nicht zu geistlichen Supermännern und -frauen, sondern zu höchst menschlichen Dienern. Sein Wirken macht uns menschlicher, nicht weniger menschlich. Im Glauben leben bedeutet ja eben nicht, daß all meine Angst, meine Zweifel, meine menschlichen Interessen und Gefühle ihre

Siebensachen packen und für immer aus meinem Leben verschwinden. Sondern daß der Geist des Glaubens mit seinem Gepäck in das Haus meiner Seele einzieht und das Kommando über die schwierigen Mieter übernimmt – nicht zuletzt über die Frau Angst, die bei den meisten von uns stur weiter wohnen bleibt und sich immer wieder peinlich und dramatisch bemerkbar macht, so daß ich nächtelang aufbleiben und mir ausmalen kann, was für Gefahren alle auf mich zukommen. Ganz besonders warnt Frau Angst mich davor, Jesus womöglich zu ernst zu nehmen: Nur nicht übertreiben, schön die Kirche im Dorf lassen. Christlich sein – ja, aber immer mit Maß und Ziel. Jean Vanier schreibt über die Angst:

»Manchmal müssen wir ganz einfach mit der Angst leben – der Angst vor der Einsamkeit, der Angst vor dem Tod, der Angst vor all den kaputten und verletzten Menschen. Das Erste und Wichtigste ist, diese Angst herauszulassen, sie vor einem Menschen oder einer Gruppe auszudrücken. Furcht ist etwas sehr, sehr Natürliches. Sie ist nichts Schlimmes. Wir sind ja noch nicht geheilt, wir tragen noch unsere Wunden in uns, und so taucht die Angst immer wieder auf. Das Wichtige ist, sie nicht noch dadurch zu verstärken, daß wir Angst vor der Angst haben. Wir müssen die Angst als etwas Natürliches akzeptieren und offen über sie reden.

Wenn die Furcht uns ihre Signale schickt, ziehen wir uns oft in uns selber zurück; ich habe Angst, und so schaue ich nach innen. Ich glaube, wir müssen lernen, mit der Angst unseren Weg zu gehen. Hier ist unser Glaube, unser Gottvertrauen gefordert. Wir spüren die Angstsignale und wissen nicht recht, was wir mit ihnen machen sollen. Aber wir glauben, daß Jesus uns gerufen und einen Auftrag gegeben hat, und so gehen wir weiter. Die Angst ist unbehaglich und unpraktisch, aber wir müssen lernen, mit ihr weiterzugehen.

Und dann entdecken wir, daß es sich um ein psychologisches Phänomen handelt – etwas, das wir nicht steuern können, aber von dem wir uns auch nicht beherrschen zu lassen brauchen. Und wir gehen weiter, Angst hin, Furcht her. Ich glaube allerdings, daß die Angst zuweilen ganz verschwinden kann, weil Gottes Gegenwart noch stärker ist. Dies ist eine ganz besondere Gabe. Aber ein solches Verschwinden der Angst ist etwas viel Tieferes als die Abwesenheit von Angstgefühlen.«[57]

Hier treffen sich unsere Sendung und unsere Berufung. Wenn unsere Sendung uns in Situationen führt, die uns angst machen, zeigt es sich, wie treu wir unserer Berufung gewesen sind: Gott zu lieben. In der Bibel ist das Gegenteil von Angst nicht etwa Mut, sondern Liebe: »Die vollkommene Liebe treibt die Furcht aus« (1. Joh 4,18). In sich verknotete Menschen können keine Wegbereiter für den Vater der Barmherzigkeit sein. Aber Menschen, die in der Liebe zu Gott geübt sind, haben eine wunderbare Gabe, Wege durch das unmöglichste Dickicht zu finden.

Zum Kampf bereit

Wer sich auf einer langen Wanderung befindet und mitten in einem Sturm zur nächsten Etappe aufbricht, weiß, was ihn erwartet. Solange er mit seinen Kameraden im Windschatten liegt, braucht er den eisigen Wind nicht zu fürchten. Er kann sich sogar der schönen Illusion hingeben, daß der Wind aufgehört habe, denn da, wo er liegt, ist es ja ruhig. Oder er kommt mit den anderen überein, daß es nicht so wichtig ist, heute noch weiterzugehen, und daß man den Aufbruch doch ganz gut etwas aufschieben kann. Erst in dem Augenblick, wo er seinen Rucksack nimmt und aufsteht, spürt er mit seinem ganzen Körper, wie der Sturm ihn umwerfen will.

So ist es auch in unserem Kampf mit dem Teufel. Solange wir uns passiv verhalten und es locker angehen mit dem Gehorsam zu Christus, brauchen wir keine Angst vor dem Widerstand des Feindes zu haben. Er läßt uns gerne im Windschatten kampieren, solange wir möchten; er hat sein Ziel ja erreicht und wird sich hüten, uns zu wekken. Und wir ruhen uns aus und unterhalten uns gepflegt darüber, wie gut es uns geht und daß es den Teufel heutzutage nicht mehr gibt. Erst wenn einer von uns dem Gesetz der Trägheit trotzt und aufsteht, um Ernst mit Christus zu machen, merkt er, in was für einem Sturm er steht. Christus folgen bedeutet, sich zur Zielscheibe des Teufels zu machen.

Wir tun gut daran, uns frühzeitig dieser Einsicht zu stellen, damit wir nicht vom Sturm überrascht werden und entmutigt aufgeben. Militärpsychologen testeten in einem Experiment die Ausdauer von zwei Gruppen von Soldaten. Beide Gruppen hatten eine bestimmte Marschstrecke durch schwieriges Gelände zurückzulegen. Die eine Gruppe wurde vor Beginn des Marsches über Länge und Schwierigkeit der Strecke informiert, die andere nicht. Es zeigte sich schnell, daß die Soldaten der zweiten Gruppe rascher ermüdeten und aufgaben. Die vorgewarnte Gruppe hatte von Anfang an ihre Kräfte einteilen und sich auf die Schwierigkeiten einstellen können. So ist es auch in der christlichen Leiterausbildung wichtig, sich ein realistisches Bild vom Feind und von den auf uns zukommenden Schwierigkeiten zu machen – nicht, damit wir den Mut verlieren, sondern damit wir durchhalten!

Es ist die übereinstimmende Erfahrung der Pioniere des inneren Lebens in der christlichen Kirche, daß für jeden, der Gott zu suchen beginnt, dieser geistliche Kampf eine höchst konkrete Realität ist. Die Wüstenväter lebten ihr ganzes Leben in diesem Spannungsfeld. Einer von ihnen, Vater Poimen, beschrieb dies so: »Diese Sache gleicht einem Manne, der in der Linken einen Feuerbrand trägt und in der Rechten einen Wasserkrug. Wenn nun das Feuer aufflammt, dann nimmt er aus dem Kruge Wasser und löscht das Feuer aus. Das Feuer ist der Same des Feindes, das Wasser bedeutet das sich Niederwerfen vor Gott.«[58] Auch in der gesamten Klosterbewegung in Europa war der Kampf mit dem Bösen eine Selbstverständlichkeit. Es machte diesen Kampf leichter, daß man zusammenlebte und so einander stützen konnte. Benedikt schreibt in seiner berühmten Klosterregel, daß ein Mönch, der das Kloster eine Zeitlang verlassen will, um sich als Einsiedler ganz dem Gebet zu widmen, jemand sein muß, der »nicht in der ersten Begeisterung des asketischen Lebens, sondern in den täglichen Prüfungen des Klosters den Kampf mit dem Teufel kennengelernt hat und so wohlgewappnet die Kampflinie der Brüder verlassen kann, um den Kampf in der Einsamkeit der Wüste fortzusetzen.«[59]

Dieser Sprachgebrauch kommt in der Geschichte der Kirche immer wieder vor. Ignatius von Loyola ließ sich sicher von seinem früheren Leben als Soldat inspirieren, als er das Bild der beiden Heere unter dem Banner Christi bzw. Luzifers malte und den Schüler der geistlichen Übungen aufforderte, sein Leben zu überdenken. Aber er hatte natürlich – wie alle, die Jesus ernst nehmen – auch am eigenen Leib erfahren, daß dieser Kampf mehr als nur ein Bild ist. Auch Luther hatte kräftige Zusammenstöße mit dem Bösen; einmal war er so angefochten, daß er in hellem Zorn sein Tintenfaß nach dem Teufel warf. Ob ihm das geholfen hat, erzählt uns die Geschichte nicht, aber Luthers Lied »Ein feste Burg ist unser Gott« zeigt, daß er gelernt hatte, wo der Sieg liegt.

Ein Beispiel aus späteren Zeiten ist die Heilsarmee, deren ganze Struktur und Sprache die Idee des geistlichen Kampfes widerspiegeln. Wenn im 19. Jahrhundert in Schweden ein neues Korps gegründet wurde, berichtete das die Zeitschrift *Stridsropet* (»Kriegsruf«) mit den Worten: »Jetzt haben wir das Feuer auf den Teufel auch in . . . [Name des Ortes] eröffnet.« Die so wirklichkeitsnahe und praktische Arbeit der Heilsarmee für notleidende Menschen zeigt, daß es hier mitnichten um eine Vergeistlichung von Dingen ging, die eigentlich zur Welt gehören. William Booth und die anderen Pioniere sahen genau, wie »weltliche« und »geistliche« Faktoren zusammenwirken, um Menschen zu zerstören, und in Jesu Namen nahmen sie den Kampf zur Rettung dieser Bedrückten und Verlorenen auf.

Mit diesem Widerstand des Teufels sieht sich auch heute jeder rechte Christ konfrontiert – und ganz besonders, wenn er ein Leiteramt übernimmt! Dies liegt natürlich zum Teil an der strategischen Rolle eines solchen Amtes: Kann man die Offiziere der feindlichen Armee außer Gefecht setzen, hat man schon die halbe Schlacht gewonnen. Aber darüber hinaus liegt im Wesen des Leiteramtes ein besonders dankbares Angriffsziel für den Teufel, nämlich jene Sache mit der Macht. Der Sturz des Satans selber hing ja damit zusammen, daß er sich nicht mit seiner von Gott gegebenen Rolle bescheiden, sondern selber wie Gott sein wollte (vgl. Jes 14,12–17). Und seitdem liegt diese dämonische Strebermentalität in seinem Wesen und stellt einen möglichen Kontaktpunkt zu jedem christlichen Leiter dar.

Je größer die Verantwortung, um so größer das Risiko, vom Teufel beschossen zu werden, und um so verhängnisvoller jeder Fehltritt. In seinem Buch *Zeichen am Weg* benutzt Dag Hammarskjöld ein Bild aus seinen Bergwanderungen: »Auf einem sauberen Kleid stört der kleinste Fleck. In großer Höhe kann ein Augenblick der Nachlässigkeit den Tod bedeuten.«[60] Selbst in den an sich *guten* Eigenschaften eines Leiters liegt eine latente Gefahr für seine Seele und die seiner Mitmenschen. Hammarskjöld schreibt: »Gewiß versucht uns Gott mit ›Ebenbürtigkeit‹, mit jeder Eigenschaft, die zu anderem Gebrauch lockt als seiner Verherrlichung. Je mehr er fordert, je gefährlicher ist das Rohmaterial, das er uns zuteilt für unseren Einsatz. Danken – auch für den Schlüssel zur Höllenpforte.«[61] Womit wir bei der Versuchung Jesu durch den Teufel in der Wüste sind, dem für alle Zeiten gültigen Grundmuster für die Versuchung zur Macht:

»Und der Teufel führte ihn hoch hinauf und zeigte ihm alle Reiche der Welt in einem Augenblick und sprach zu ihm: Alle diese Macht will ich dir geben und ihre Herrlichkeit; denn sie ist mir übergeben, und ich gebe sie, wem ich will. Wenn du mich nun anbetest, so soll sie ganz dein sein. Jesus antwortete ihm und sprach: Es steht geschrieben: Du sollst den Herrn, deinen Gott, anbeten und ihm allein dienen.« (Lk 4,5–8)

Jesus war vom Heiligen Geist erfüllt und hatte alle Macht, die sein Auftrag in der Welt erforderte. Und jetzt macht der Teufel ihm ein Angebot: Nutze diese Macht für dich selber; mache Steine zu Brot, denn du bist doch so hungrig; beginne deine Karriere mit einem Schutzengelsprung vom Dach des Tempels; versichere dich gegen eine kleine Anbetungsspende der Hilfe des Teufels. Der Teufel versuchte, Jesu göttliche Kräfte auf seine Seite zu locken, und er benutzte dazu Jesu menschliche Schwachheit: Erst als Jesus hungrig ist, fängt er mit seiner Versuchung an.

Aber warum das Ganze? Warum mußte Jesus durch diese elenden vierzig Tage hindurch, bevor er in seinen Dienst hinausgehen konnte? Nun, zu Beginn dieser Szene finden wir zwei »Hauptinteressenten«, die nicht nur Jesus in der Wüste begegneten, sondern denen wir alle in Krisen dieser Art begegnen: »Jesus aber, voll heiligen Geistes, kam zurück vom Jordan und wurde vom *Geist* in die Wüste geführt und vierzig Tage lang von dem *Teufel* versucht« (Lk 4,1–2). Also nicht der Teufel führte Jesus in die Wüste, sondern der Heilige Geist – aber dann, in der Wüste, trifft Jesus auf den Teufel. Ähnlich gibt es bei den Widerständen und Versuchungen, in die wir geraten, ständig zwei Parteien mit ganz unterschiedlichen Absichten:

◇ Der *Teufel* will mich für seine Zwecke gewinnen. Kurz gesagt, geht es dabei um den Aufstand gegen Gott in allen denkbaren Formen, der der ganzen Schöpfung Auflösung, Zerfall und Tod bringt. Daß der Mensch nach Gottes Bild geschaffen ist, macht ihn dem Teufel geradezu unerträglich, und alle seine so »menschlichen« Angebote haben nur ein Ziel: uns in seine Unmenschlichkeit hineinzuziehen und damit Gottes Ebenbild auf Erden zu vernichten. Von dieser Zielsetzung ausgehend, benutzt der Teufel, was er an Waffen hat, und nimmt uns unseren Freimut, vergrößert unsere Angst, spaltet unsere Beziehungen und erniedrigt die christliche Gemeinde, so viel er kann.

◇ *Gott* führt seine Kinder nicht in die Wüste, um sie zu brechen, sondern um sie zu stärken. Mose faßte die Lehren der Wüstenwanderung Israels so zusammen: »Und du sollst an den ganzen Weg denken, den der Herr, dein Gott, dich diese vierzig Jahre in der Wüste hat wandern lassen, um dich zu demütigen, um dich zu prüfen und um zu erkennen, was in deinem Herzen ist, ob du seine Gebote halten würdest oder nicht. Und er demütigte dich und ließ dich hungern. Und er speiste dich mit dem Manna, das du nicht kanntest und das deine Väter nicht kannten, um dich erkennen zu lassen, daß der Mensch nicht von Brot allein lebt. Sondern von allem, was aus dem Mund des Herrn hervorgeht, lebt der Mensch.« (5. Mose 8,2–3 – Elbf.)

Gottes Ziele sind also zwei: Erstens soll die Hitze der Wüste jegliche oberflächlichen Motive für meine Nachfolge wegbrennen und Gott und mir selber zeigen, »was in meinem Herzen ist«. Der Kampf nimmt mir die selbstsüchtigen Motive, entkleidet mich meiner Segnungen und legt meinen nackten Willen bloß. Hier, allein und in der Wüste, kann ich die Frage beantworten, ob ich Gott nachfolge, weil ich ihn liebe oder weil er mir gewisse Vorteile verschafft.

Gottes zweites Ziel ist, daß ich sein verborgenes Manna entdekke, jene Speise aus der Tiefe, die vorher durch all die äußeren Bequemlichkeiten blockiert wurde. Erst in der Wüste ist Gottes Gnade nicht mehr ein frommer Ausdruck dafür, daß es mir gutgeht, sondern das einzige, wovon ich leben kann. Erst wenn ich, zuinnerst bloß und entkleidet, wirklich hungrig und durstig werde und versucht bin, mich durch andere Speisen zu sättigen, kann Gott mir die unterirdischen Quellen zeigen, die immer sprudeln, egal wie die äußeren Umstände sind.

Dieses Fegefeuer des Willens und Glaubens ist etwas, durch das jeder christliche Mitarbeiter früher oder später hindurch muß, wenn er andere führen will, ohne sich vom Widerstand des Teufels erschrecken oder von seinen Angeboten verlocken zu lassen. Der Wüstenvater Orsisios hat Gottes Absicht mit der Wüste in folgendem Bild beschrieben: »Ein ungebrannter Ziegel, der in den Grund neben dem Flusse eingesenkt wird, hält nicht einen Tag, wenn er aber gebrannt wird, ist er dauerhaft wie Stein. So ist es auch mit dem Menschen. Er hat ein fleischliches Denken, und wenn er nicht wie Joseph durch die Furcht Gottes im Feuer bewährt wird, wird er abgewiesen, noch ehe er zur Herrschaft gelangt ist. Denn zahlreich sind die Anfechtungen derer, die mitten unter den Menschen sind. Gut ist es, sein eigenes Maß zu kennen und vor den Schwierigkeiten einer leitenden Stellung zu fliehen. Die im Glauben festgegründet sind, sind unwandelbar.«[62]

Soll meine Wüste Gottes guten Absichten dienen und nicht den bösen des Teufels, so muß ich fähig und bereit sein, den Feind zu entdecken und ihm zu widerstehen. Aber nun ist unsere Welt so eingerichtet, daß der Teufel nicht wie ein Blitz aus heiterem Himmel zu mir kommt und mir Gedanken anbietet, die mir selber und meiner Umgebung völlig wesensfremd sind. Nein, er hat bereits zwei mächtige Verbündete, mit denen er fleißig zusammenarbeitet und die er als Brückenköpfe und Einlaßpforten benutzt.

◇ Der erste Verbündete ist das, was Paulus das *Fleisch* nennt – also, kurz gesagt, unser alter Mensch, so wie er ist, bevor Christus in uns Gestalt gewinnt. Paulus beschreibt sein Wesen so: »Das Trachten des Fleisches führt zum Tod, das Trachten des Geistes aber zu Leben und Frieden. Denn das Trachten des Fleisches ist Feindschaft gegen Gott; es unterwirft sich nicht dem Gesetz Gottes und kann es auch nicht« (Röm 8,6–7 – Einh.). Es liegt also in unserem Wesen etwas, das dem Teufel ähnlich ist und an das er anknüpfen kann, wenn er uns verführen will. Wenn er mit seinen Angeboten kommt, gibt es etwas in uns, das den Kitzel gleich wiedererkennt und ja sagt. Erlauben wir es unserem alten Menschen, unsere Wahlen zu bestimmen, wird unser Leben nach und nach immer mehr von der Antimenschlichkeit geprägt, die Paulus zum Beispiel im Galaterbrief beschreibt: »Die Werke des Fleisches sind deutlich erkennbar: Unzucht, Unsittlichkeit, ausschweifendes Leben, Götzendienst, Zauberei, Feindschaften, Streit, Eifersucht, Jähzorn, Eigennutz, Spaltungen, Parteiungen, Neid und Mißgunst, Trink- und Eßgelage und ähnliches mehr« (Gal 5,19–21 – Einh.). Was das für den geistlichen Leiter bedeutet, versteht sich von selbst.

◇ Der zweite Verbündete des Teufels ist die *Welt*. Das Wort bedeutet in diesem Zusammenhang nicht all das Gute, das Gott geschaffen hat und das er liebt, sondern die Entfremdung von Gott, die die Welt seit dem Sündenfall prägt. Die Welt ist, nicht zuletzt in den Schriften des Apostels Johannes, das ganze System, das den Aufstand gegen Gott als sein Grundmuster gewählt hat und damit der ganzen Schöpfung an die Kehle springt. »Die ganze Welt steht unter der Macht des Bösen«, schreibt Johannes in seinem ersten Brief (1. Joh 5,19 – Einh.). Im Urtext steht hier, daß die ganze Welt in dem Bösen »ruht« – ein sprechendes Bild des betäubenden Einflusses des Teufels. Johannes warnt uns davor, die Welt und das, was in ihr ist, zu lieben: »die Begierde des Fleisches, die Begierde der Augen und das Prahlen mit dem Besitz« (1. Joh 2,15–17 – Einh.). Wir erkennen ihn wieder, den altbekannten Dreiklang aus Sex, Macht und Geld, der auf tausend Arten Gottes gute Schöpfung zu einer Begierde hin verdreht, die nie satt zu bekommen ist. Für den christlichen Mitarbeiter bietet die Welt ein flächendeckendes System aus Belohnungen und Strafen, um alle höheren Loyalitäten als die zum eigenen Ich oder der eigenen Arbeit zu neutralisieren.

So arbeiten also das Fleisch, die Welt und der Teufel zusammen im Kampf gegen die christliche Gemeinde. Wohlgemerkt: Der Feind sind nicht bestimmte Menschen oder Gruppen! Wir malen es ja mit Begeisterung, das schwarze Bild der bösen Buben und Mädchen, die hinter all den Schwierigkeiten stehen: widerspenstige Gemeindeglieder, schwierige Gemeinderäte, Kollegen, die immer nur bremsen, gewisse »unbiblische« Gruppen und Gemeinden usw. Und wir malen unsere Feindbilder fertig und sammeln unsere Truppen zum Angriff – und landen genau dort, wo der wirkliche Feind uns haben will. Sein Wahlspruch ist ja von alters her: Teile und herrsche.

Darum betont Paulus so sehr, daß wir eben *nicht* mit Fleisch und Blut zu kämpfen haben, sondern »mit Mächtigen und Gewaltigen, nämlich mit den Herren der Welt, die in dieser Finsternis herrschen, mit den bösen Geistern unter dem Himmel« (Eph 6,12). Dieses Machtbündnis erstreckt sich quer durch alle Gemeindegrenzen und Gruppenloyalitäten, bis hinein in unser eigenes Herz – und in allererster Linie dort müssen wir den Kampf gegen es aufnehmen. Wie der Wüstenvater Makarios sagte: »Wenn wir an die Übel denken, die uns von den Menschen zugefügt werden, dann zerstören wir die Kraft des Denkens an Gott. Wenn wir an die Übel von den Dämonen denken, dann werden wir unverwundet bleiben.«[63] Es versteht sich von selbst, daß wir eine ganz andere Basis zur Konfliktlösung in der Gemeinde bekommen, wenn wir einander nicht mehr als Feinde ausmalen!

Die Strategie des Feindes

Aber wie arbeitet nun unser wirklicher Feind? Petrus gibt uns ein anschauliches Bild: »Seid nüchtern und wachsam! Euer Widersacher, der Teufel, geht wie ein brüllender Löwe umher und sucht, wen er verschlingen kann« (1. Petr 5,8 – Einh.). Wir können

diesem Vers fünf wichtige Merkmale der Strategie des Teufels ent-
nehmen:

◇ *Sein Ziel ist, uns zu verschlingen.* Ein kleiner Happen reicht
ihm nicht! Dies bedeutet, daß Verhandlungen mit dem Feind aus-
geschlossen sind. Seit er aus den Grenzen ausbrach, die Gott ihm
am Morgen der Schöpfung setzte, ist die Maßlosigkeit sein Wesen.
Jede Behauptung, daß er maßvoll, menschlich oder vernünftig sei,
ist falsch. Seine Boshaftigkeit kennt buchstäblich keine Grenzen,
ausgenommen den Tod, der ihr letztes Ziel ist. Es ist dem Wesen des
Teufels fremd, eine Beziehung zu jemandem zu haben und ihn er
selber sein zu lassen. Seine Umgarnung kann wohl so anfangen,
aber das Ende ist immer die Vernichtung in seinem schwarzen
Loch.

◇ *Er geht umher.* Das Wort, das hier im Urtext steht, bedeutet
ein Umkreisen der Beute. Wir Abendländer denken uns die Wirklichkeit oft wie eine gerade Linie, wo die Wahrheit an dem einen
und die Lüge an dem anderen Ende liegt, wonach wir uns logischer-
weise einfach so weit entfernt vom Standpunkt des Teufels halten
müßten wie möglich. Aber Petrus wußte aus eigener Erfahrung,
daß der Feind uns eher umkreist. Kann er uns nicht von vorne erschrecken, so daß wir unsere Überzeugung fallenlassen, stellt er sich
womöglich hinter uns und verlockt uns dazu, unsere Überzeugung
zu übertreiben. Ignatius von Loyola beschreibt es als eine Eigen-
tümlichkeit des Teufels, »mit der frommen Seele hereinzukommen
und mit sich selbst hinauszugehen«.[64] Er knüpft also an meinen au-
genblicklichen Zustand an, um diesen zum Bösen zu verdrehen.

Die Kirchengeschichte wimmelt förmlich von Beispielen für diese clevere Strategie. Die einzigen Menschen, gegen die der Feind
offenbar nichts auszurichten vermag, sind die, die sich nicht an einem Ende der Linie festbeißen, sondern sich ständig zur Mitte hin
bewegen, wo die Wahrheit ist: zu Jesus Christus selber.

◇ *Er klingt nach mehr, als er ist.* Das Brüllen des Teufels steht in
keinem Verhältnis zu seiner wirklichen Macht, sondern will uns nur
von Gott wegscheuchen. Dieser Unterschied zwischen Schein und
Sein ist ein Wesenszug des Teufels, den Jesus auch den »Vater der
Lüge« (Joh 8,44) nennt. Teils äußert sich dies in Drohungen und

Angriffsgebärden, die mehr auf bloßen Schreck einjagenden Signalen, Gerüchten, bösen Ahnungen usw. beruhen als auf tatsächlichen Problemen, teils auch in Verlockungen und Versuchungen, die der Teufel uns in den schönsten Farben vor Augen malt, ohne den bitteren Nachgeschmack zu erwähnen, der unweigerlich folgt.

◇ *Leerräume ziehen ihn an.* Der Teufel kann nie einen Menschen ohne vorherige Ursache beeinflussen; das kann nur Gott, wie Ignatius betont.[65] Der Teufel ist ein Schmarotzer, der unsere menschlichen Schwächen ausnutzen muß, um bei uns Fuß zu fassen. Jesus beschreibt dieses Phänomen so: »Wenn der unreine Geist von einem Menschen ausgefahren ist, so durchstreift er dürre Stätten, sucht Ruhe und findet sie nicht. Dann spricht er: Ich will wieder zurückkehren in mein Haus, aus dem ich fortgegangen bin. Und wenn er kommt, so findet er's leer, gekehrt und geschmückt. Dann geht er hin und nimmt mit sich sieben andre Geister, die böser sind als er selbst; und wenn sie hineinkommen, wohnen sie darin . . .« (Mt 12,43–45). Auch Paulus betont mehrfach den Zusammenhang zwischen Leere und Dunkel in einem Menschen: »Denn obwohl sie von Gott wußten, haben sie ihn nicht als Gott gepriesen noch ihm gedankt, sondern sind dem Nichtigen [d.h. Leeren] verfallen in ihren Gedanken, und ihr unverständiges Herz ist verfinstert« (Röm 1,21).

Wo Gott den Hunger eines Menschen gestillt hat und mit seiner heiligen Gegenwart in ihm wohnt, hat der Feind ganz einfach keinen Platz! Aber wo jemand sich mit unbefriedigten Bedürfnissen abschleppt und innerlich leer und unausgefüllt ist, da dauert es nicht lange, bis der Teufel sich fragt, ob er nicht diesen Hohlraum ganz gut mit seinen Angeboten füllen kann. Das Problem ist nur, daß er buchstäblich *nichts* hat, womit er unsere Leere füllen könnte, denn er selber ist nichts als ein gähnendes Loch. »Wenn er die Lüge redet, so redet er aus seinem eigensten Wesen« (Joh 8,44 – Menge) – also aus dem Nichts. Wenn wir dem Teufel unsere innere Leere geben, zieht er uns nur in sein eigenes bodenloses Loch hinab.

◇ *Er beginnt mit kleinen Schritten.* Der Teufel hat kein Interesse daran, sich offen zu zeigen, denn dann würden wir ja aufwachen und seinen Angriff abwehren. Er beginnt seine Arbeit bei einem

Menschen nie damit, daß er ihn zu »großen« Sünden oder offenkundigen Verdrehungen des Wortes Gottes verlockt; so etwas würden wir sofort durchschauen und nein sagen. Er nähert sich vielmehr seinem Ziel mit so kleinen Schritten wie möglich. Das kann eine fast unmerkliche Richtungsänderung sein, ein diskretes Angebot, ein scheinbar ganz unschuldiges Vergnügen, eine scheinbar banale Handlung. Er ist wie ein geschickter Drogenhändler, der selbstverständlich nichts mit Heroin am Hut hat, sondern dem neuen Kunden nur einen kleinen Extrakick verspricht ... Auf diese Weise hat er unzählige Christen zu Fall gebracht, die »im wesentlichen« klar standen und nichts dabei fanden, im Privaten ein paar kleine Kompromisse zu schließen.

Diese gesamte Fünf-Punkte-Strategie wandte der Teufel auch auf Jesus an. Er trat an ihn heran, als er hungrig, müde und einsam war. Er versuchte, ihn zu ganz kleinen Schritten zu bewegen: Niemand würde es merken, wenn er aus einem Stein ein Stück Brot machte oder ein klein wenig von Gottes Wort abwich oder einen kleinen Kompromiß mit der Macht schloß. Er log ihm vor, daß er die Macht über die Welt besaß und sie geben konnte, wem er wollte. Er umkreiste ihn: Mal versuchte er, ihn zum offenen Frontenwechsel zu bewegen, mal dazu, seine Stellung als Sohn Gottes auszunutzen.

Als Jesus alle diese Angriffe mit einfachen Bibelzitaten abwehrte, zog der Teufel sich für eine Zeitlang zurück. Nicht so, als ob Jesus in seiner Arbeit ohne Widerstand gewesen wäre, im Gegenteil: Das Fleisch und die Welt waren immer noch da und griffen ihn tagtäglich mal mit Verlockungen, mal mit Drohungen an. Aber der Teufel wartete seine Gelegenheit ab, um seine letzte, entscheidende Waffe gegen Jesus auszuspielen: ihn zu verschlingen.

Und genau dies ließ Jesus geschehen. In der Karwoche erleben wir den großen Zusammenstoß der beiden Grundmuster der Macht, die in der Johannesoffenbarung durch das Tier und das Lamm verkörpert sind. Das Tier übt seine Macht in der totalen Bekämpfung und Vernichtung seiner Gegner aus, in einer unersättlichen Jagd nach eigener Ehre. Daher ist es für den Teufel und seine irdischen Handlanger die logische Lösung des »Jesusproblems«, daß man Jesus tötet. Diese blinde Logik des Bösen erreicht ihren Höhepunkt, als die Menge ihr »Kreuzige ihn!« brüllt, ohne selber recht zu wissen, warum. Jesu unbestechliche Reinheit reizt das Tier zum letzten, entscheidenden Schlag.

Wir wissen natürlich, daß genau dies dem Tier zum Verhängnis wurde. In Offenbarung 5,12 ertönt der donnernde Lobgesang vor dem Auferstandenen: »Das Lamm, das geschlachtet ist, ist würdig, zu nehmen Kraft und Reichtum und Weisheit und Stärke und Ehre und Preis und Lob.« Jesus besiegte den Teufel, indem er seine ganze Art, Macht zu gebrauchen, auf den Kopf stellte: Anstatt die Macht zu suchen, enthielt er sich ihrer. Anstatt die eigene Ehre zu suchen, gab er dem Vater die Ehre. Von der harten Krippe im Stall von Bethlehem bis zur tiefsten Erniedrigung am Kreuz gab Jesus sein Leben hin, Stück für Stück, ohne sich zu verteidigen. So geblendet sind wir von der Art, wie der Teufel Macht definiert, daß selbst wir versucht sind, in Jesu Kreuzestod die totale Machtlosigkeit zu sehen. Doch in Wirklichkeit zerbrach hier des Teufels Macht an den wehrlosen Wunden des Gottessohnes. Es liegt ein unfaßbarer Triumph in Jesu letztem Wort: »Es ist vollbracht!« (Joh 19,30). Daß Jesus drei Tage danach vom Tod auferstand, ist nur die letzte Bestätigung dafür, daß er es ist, der die Macht hat, und daß der Böse besiegt ist.

Unser Sieg

Als später Paulus für die Gemeinde betet, bittet er darum, daß Gott uns die Augen öffnen möge für das, was geschehen ist: »Ihr sollt erfahren, wie unermeßlich groß die Kraft ist, mit der Gott in uns, den Glaubenden, wirkt. Ist es doch dieselbe Kraft, mit der er Christus von den Toten auferweckte und ihm den Ehrenplatz zu seiner Rechten gab! Damit hat Gott ihn zum Herrscher eingesetzt über alle Mächte und Gewalten, über alle Kräfte und Herrschaften dieser und der zukünftigen Welt. Alles ist ihm unterstellt. Er, der über alles herrscht, ist auch das Haupt seiner Gemeinde. Und diese Gemeinde ist sein Leib, der von Christus, dem Schöpfer und Vollender aller

Dinge, erfüllt ist« (Eph 1,19–23 – Hoffnung für alle). Es liegt wahrlich Dynamit in dem urchristlichen Bekenntnis, daß *Jesus der Herr ist!*

Von diesem Sieg und dieser Herrschaft Jesu geht Paulus aus, wenn er uns dazu aufruft, fest zu stehen in dem geistlichen Kampf: »Werdet stark durch die Kraft und Macht des Herrn! Zieht die Rüstung Gottes an, damit ihr den listigen Anschlägen des Teufels widerstehen könnt« (Eph 6,10–11 – Einh.). Und er nennt verschiedene Ausrüstungsgegenstände des geistlichen Soldaten: den Gürtel der Wahrheit, den Panzer der Gerechtigkeit, die Schuhe der Dienstbereitschaft, den Schild des Glaubens, das Schwert des Geistes. Und zwar nicht als Zubehör, über das wir nach Belieben verfügen können, sondern als verschiedene Seiten der persönlichen Gegenwart Jesu in unserem Leben. Denn er ist der Sieger, nicht wir. Und darum knüpft Paulus unsere Verteidigung an das Gebet, die ständige Gemeinschaft mit Jesus: »Hört nicht auf, zu beten und zu flehen! Betet jederzeit im Geist; seid wachsam, harrt aus und bittet für alle Heiligen« (Eph 6,18 – Einh.). Wie in allem Gebet ist dabei die Grundregel, daß ich mich nicht verkrampfe, so als ob der Ausgang von meinem Beten abhinge, sondern daß ich gelassen darum weiß, daß der Sieg Gottes ist und daß er handeln wird.

Denn wenn der Feind angreift, gibt es zwei Grundreaktionen: Die eine ist, daß ich mir selbst die Autorität anmaße, mich mit meiner ganzen Frömmigkeit aufblase und meine Glaubensmuskeln spielen lasse, damit der Feind das sieht und Angst bekommt. Je mehr wir diesen Weg zu gehen versuchen, um so mehr setzen wir uns dem Einfluß des Bösen aus. Es ist ein Weg, der uns heimtückisch weg von der direkten Abhängigkeit von Gott führt und hinein in ein immer stärkeres Bauen auf unsere eigene Frömmigkeit. Wir beanspruchen großspurig Vollmacht und Sieg, und unmerklich verlagert sich der Schwerpunkt immer mehr auf unser eigenes Vermögen, zu kämpfen und zu siegen, und weg von Jesu persönlicher Gegenwart. Meine Vollmacht wird zu einer Art geistlicher Kreditkarte, die alle Türen öffnet und über die ich jederzeit verfügen kann. Die wohlbekannten Mechanismen des Hochmuts, der Machtgier, der Ehrsucht usw. kommen voll in Schwung, und am Ende sind wir hoffnungslos in einer Theologie und einem Denken gefangen, die zum Schluß nur noch lächerlich sind. Einmal dürfen wir raten, wer davon profitiert!

Die andere Reaktion ist die, die die Kirchengeschichte uns immer wieder empfiehlt und die wir auch in dem Zitat des Wüstenvaters Poimen zu Beginn dieses Kapitels sahen: daß man sich vor Gott niederwirft. Genauso wie die anderen Gnadengaben, die Gott uns gibt, ist auch die Vollmacht über den Bösen nicht etwas, worüber wir eigenmächtig verfügen können. Wir erhalten sie nur in der ständigen Abhängigkeit von Jesus, denn er ist es, der den Teufel besiegt, und nicht wir. Der Evangelist Frank Mangs beschreibt in seinen Tagebuchaufzeichnungen seine Reaktion auf geistliche Widerstände bei seinen Erweckungskampagnen kurz und bündig so: »Am besten stille sein.«[66] Statt aufzubrausen und sich dem Feind zu entblößen, flüchtet er sich unter den Schutz Jesu und läßt ihn den Kampf führen.

Aber führt so etwas nicht zu einem reichlich passiven Christentum? Hat die Kirche denn nicht den Auftrag, im Namen ihres Herrn »die Werke des Teufels zu zerstören« (1. Joh 3,8) und ständig gegen ihn vorzurücken? Sicher; die Frage ist nur, wie das geschehen soll. Im Neuen Testament geschieht es nicht durch pompöse Manifeste gegen den Teufel, sondern durch die kraftvolle Verkündigung des Evangeliums. Es ist die positive Verkündigung von Leben, Tod und Auferstehung Jesu, die die Gemeinde in Bewegung setzt, in den Machtbereich des Bösen einbricht und Menschen und Verhältnisse befreit. Die Bibel beschreibt unsere Haltung zum Feind eher mit Ausdrücken wie »steht fest«, »seid still«, »haltet stand« usw. (2. Mose 14,13–14; Eph 6,11; 1. Petr 5,9). Sich die Fronten vom Feind vorschreiben zu lassen, so daß die Gemeinde von ihrem eigentlichen Auftrag abgelenkt wird, kann nur in die Irre führen. Die Grundstrategie der Kirche ist, mit aller Kraft das Evangelium zu verkündigen; und wenn der Feind sie dabei angreift, steht sie fest unter Christi Schutz.

Im Psalter finden wir das gleiche Muster: »Ich sage zum Herrn: Meine Zuflucht und meine Burg, mein Gott, ich vertraue auf ihn! ... Mit seinen Schwingen deckt er dich, und du findest Zuflucht unter seinen Flügeln. Schild und Schutzwehr ist seine Treue« (Ps 91, 2-4 – Elbf.). Gottes Schutz wird hier mit verschiedenen Bildern beschrieben: eine starke Burg, eine Vogelmutter, die ihre Jungen schützt, ein Schild, der Pfeile und Schläge abwehrt. Hier versuche ich nicht, genauso groß zu sein wie mein Feind, sondern ich werde klein, damit Jesus größer werden kann. Wenn ich dieserart jeden Anspruch auf eigene Macht aufgebe, findet der Böse zum Schluß keinen Angriffspunkt mehr, und der Herr schlägt ihn in die Flucht.

Sind vielleicht darum geistliche Führer so dankbare Angriffsziele für den Feind – weil sie nicht klein sein wollen, sondern sich an ihre eigene Kraft anklammern? Je mehr wir über die Versuchung in der Wüste nachdenken, desto deutlicher sehen wir, daß sie eigentlich um diesen einen Punkt kreist: den Hochmut. Entweder der Hochmut empfängt seinen Todesstoß, weil ich meine eigene Kraft aufgebe und mich unter Gottes Schutz werfe. Oder er bringt mich zu Fall, weil ich mich weigere, meine eigenen Schutzmauern fallen zu lassen, und so dem Feind erliege.

Darum ist es klug, wenn wir uns an diesem Punkt prüfen. Einer der am häufigsten wiederkehrenden Sätze in der Bibel ist dieser: »Gott widersteht den Hochmütigen, aber den Demütigen gibt er Gnade« (Jak 4,6). Wer anfängt, sich als hochgeistlich, gut und fromm zu betrachten, als Prachtexemplar vor Gott und Menschen, das all den mickrigen Nichtskönnern zeigt, was eine Harke ist, der begibt sich in große Gefahr. Besonders jüngere Christen scheinen leicht in diese Falle zu rutschen, wahrscheinlich weil ihre Sündenerkenntnis noch nicht tief genug ist. Paulus warnt Timotheus davor, solche Menschen als Gemeindeleiter zu wählen: »Er darf kein Neubekehrter sein, sonst könnte er hochmütig werden und dem Gericht des Teufels verfallen« (2. Tim 3,6 – Einh.). Der Hochmut ist ja das große Markenzeichen des Teufels, und wo er ihn bei uns findet, nützt er ihn sofort aus.

Und er hat einen hervorragenden Riecher für den Hochmut, selbst in den frömmsten Verkleidungen. Wilfrid Stinissen schreibt: »Die gesamte christliche Tradition warnt vor einem unrealistischen Radikalismus, der nichts anderes ist als verkappter Hochmut. Vor allem bei Neubekehrten lauert er oft als gefährliche Versuchung.

Klosternovizen kritisieren gerne ihre älteren Brüder oder Schwestern, weil sie ihnen nicht radikal genug leben. Aber gerade die, die am härtesten in ihrer Kritik sind, bleiben nicht im Kloster!«[67] Das Gefährliche des Hochmuts liegt unter anderem darin, daß er über eine ganze Anzahl von Verkleidungen verfügt und daher schwer zu entlarven ist:

Eine Verkleidung ist das *Selbstmitleid*, das so recht nach Schwäche und Hilfsbedürftigkeit aussieht. Aber in seinem Kern liegt oft ein Stolz, der alles andere im Sinn hat, als zu Kreuze zu kriechen. Das Selbstmitleid ist ein ideales Einfallstor für diverse Versuchungen: »Ich armer, müder, erschöpfter Mensch, der immer nur an die anderen denkt, habe ja wohl das Recht, mir mal ein bißchen zu gönnen . . .«

Eine andere, unter Leitern besonders gängige Verkleidung ist die *Selbstgenügsamkeit*. Stark und echt sieht er aus, der einsame Kämpfer, der stets seinen eigenen Weg geht, nie zur Seelsorge oder Beichte geht, nie um Rat und Hilfe bittet und sich nie »einfach so« mit Freunden trifft. Aber er wird aus einer Mischung aus Hochmut und Angst getrieben, die ihm leicht zum Verhängnis wird.

Die *Unversöhnlichkeit* scheint eine nur zu berechtigte Reaktion zu sein, wo jemand mich zutiefst verletzt hat. Soll doch der andere den ersten Schritt tun! Aber selbst wenn er ihn täte – nein, *so etwas* brauche ich nicht zu vergeben. Doch hinter der prinzipientreuen Maske steckt eines der widerwärtigsten Gesichter des Hochmuts. Wenn der Heilige Geist bereit ist, mir zu vergeben, für wen halte ich mich dann eigentlich, wenn ich mich weigere, meinem Mitmenschen zu vergeben? So kann Gott unmöglich mit uns zusammenarbeiten – aber der Teufel tut es nur zu gerne.

Die Signale deuten

Wollen wir die für den geistlichen Kampf so entscheidende Gabe der Geisterunterscheidung bekommen, müssen wir mit unserem Hochmut fertig werden. Solange der Hochmut groß in mir ist, trübt mein dickes Ich meinen inneren Blick, und mein geistlicher Wächterdienst entartet zur Bewachung des eigenen Reviers: Der Feind ist das, was mich und meine Position bedroht, und nicht das, was Gottes Reich entgegenarbeitet und anderen Menschen schadet. Um die Welt mit Gottes Augen sehen zu können – in meinem eigenen Leben wie in meiner Umgebung –, brauche ich unbedingt Demut. Erst als Demütiger kann ich im Gehorsam handeln, selbst wo mir das weh tut.

Demut bedeutet, daß ich meine Abhängigkeit eingestehe – von Gott und von anderen Menschen. Sie bedeutet auch eine gesunde Distanz zu mir selber und meiner Leiterrolle, die mich über meine Fehler lachen und bei meinen Erfolgen auf dem Teppich bleiben läßt. In ein so schlichtes, bescheidenes Gefäß legt der Herr gerne seine Unterscheidungsgabe. Und diese Gabe beginnt immer in meinem eigenen Leben. Wie soll ich geistliche Bewegungen und Krisen bei anderen Menschen oder allgemein in der Gemeinde beurteilen können, wenn ich nicht gelernt habe, die Signale in meinem eigenen Leben zu deuten?

Es geht hier natürlich nicht darum, hinter jedem Busch den Teufel zu vermuten, sondern darum, sachlich und ohne besondere Vorerwartungen das, was mir widerfährt, zu beurteilen. Es ist ja so, daß man nur einen geringen Teil des Widerstandes, mit dem ein christlicher Mitarbeiter zu kämpfen hat, direkt dämonischen Einflüssen zuschreiben kann, auch wenn natürlich, wie gesagt, der Teufel sich in jede unserer »Wüstenerfahrungen« einmischt, um sie für seine Zwecke auszunutzen. Und jetzt einige Beispiele dafür, was hinter dem etwas schwammigen Seufzer »Ich bin ja so gestreßt« stecken kann:

◇ *Müdigkeit.* Eine höchst menschliche Reaktion auf harte Arbeit und drückende Verantwortung. Das eigentlich Ermüdende ist dabei nicht die Arbeit an sich, sondern daß sie in verschiedene Richtungen ausfasert und durch Konflikte, Zeitdruck, nicht unter einen Hut zu bringende Anforderungen usw. belastet wird. Wer seine Kräfte auf *eine* Aufgabe konzentrieren kann, ermüdet selten total. Die Abhilfe ist klar: ausruhen, abschalten, genügend schlafen, geruhsame Mahlzeiten mit ausgeschaltetem Telefon, ein gutes Hobby, genügend Bewegung, eine Extrawoche Urlaub, deutliche Grenzen zwischen Arbeit und Freizeit usw.

246

◇ *Burnout.* Dieses Phänomen scheint besonders charakteristisch für die Arbeit unter Menschen zu sein, womit christliche Leiter zur ersten Risikogruppe gehören. Lustlosigkeit, mangelnde Energie und Schaffensfreude, Gleichgültigkeit gegenüber anderen Menschen, Schlaflosigkeit und Depression sind häufige Symptome. Daß es sich nicht um normale Müdigkeit handelt, merkt man zum Beispiel daran, daß man sich nach dem langersehnten Urlaub, der eigentlich Wunder tun sollte, immer noch genauso down fühlt. Ausruhen, abschalten und dergleichen greifen nicht bei Burnout. Oft ist eine radikale Änderung der Lebensweise erforderlich: nur noch halbtags arbeiten, den Arbeitsplatz ganz wechseln, umziehen usw.

◇ *Überdruß.* Die alten Mönche nannten dies auf lateinisch acedia – ein Zustand, der sich früher oder später bei jedem einstellt, der Gott ernstlich in Gebet und Stille zu suchen beginnt. Nach einer anfänglichen Periode der Freude und Inspiration kommt eine unerklärliche innere Trockenheit, Gleichgültigkeit und Rastlosigkeit. Die Bibel kommt mir hohl und abgedroschen vor, meine Gebete scheinen nur bis zur Zimmerdecke zu gehen, mein ganzer Körper kribbelt wie von Ameisen. Hier sollte man *nicht* abschalten oder die Tapeten wechseln, sondern eisern an seinem Andachtsleben festhalten und die Krise ihr Werk tun lassen, bis man ihr auf den Grund gekommen ist – so der knappe und kluge Rat der Wüstenväter. Es gibt keinen anderen Weg zur geistlichen Reife.

◇ *Die Nacht der Seele.* Dieser Zustand ist ähnlich dem des Überdrusses, und Gott hat ein ähnliches Ziel mit ihm: uns zu tieferer Hingabe an ihn zu führen. In der »dunklen Nacht der Seele«, wie Johannes vom Kreuz sie genannt hat, scheinen alle Segnungen und jedes Bewußtsein der Nähe Gottes zu verschwinden. Übrig bleibt nur mein Hunger nach ihm, meine herzzerreißende Sehnsucht, der Antwort heischende Ruf der Liebe ins Dunkel hinein. Hier treffen sich Reformation und katholische Mystik in exakt der gleichen Erfahrung: Das einzige, was mich durch diese Nacht hindurchträgt, ist Gottes nackte Gnade. Meine Aufgabe ist es, zu warten und zu wachen und der Versuchung, woanders Hilfe zu suchen, zu widerstehen.

◇ *Angst.* Dieser ungebetene Gast kann seinen Ursprung in zahlreichen körperlichen, seelischen und geistlichen Faktoren haben. Die Bibel bestätigt, was viele Christen erfahren: daß die Angst durch unsere Bekehrung nicht automatisch verschwindet (vgl. Ps 31,23; 116,3; Lk 22,44; Röm 8,35). Es gehört zum Wesen der Angst, daß sie so ungreifbar ist und sich allen vernünftigen Analysen entzieht. Von der Morgenangst bis zur Todesangst und jenem unbestimmten Etwas, das wir Existenzangst nennen – wer sie hat, weiß genau, wie sich das anfühlt, und kluge Erklärungen helfen ihm meist wenig. Manchmal kann ein Bibelwort als fester Punkt und Lichtblick dienen; im übrigen wirkt der Trost ohne Worte oft besser: Bilder, Musik, die Natur, körperliche Arbeit. Das Gebet darf hier getrost zu dem bißchen zusammenschrumpfen, das man noch schafft, vielleicht nur ein Seufzer des Herzens zu Jesus. Aber andere können um so mehr beten!

◇ *Versuchung.* Sie ist ein klassisches Gebiet für ein direkteres Vorgehen des Feindes. Er kennt meine Schwachpunkte genau, und wenn sie genügend schwach geworden sind oder meine Wachsamkeit hinreichend niedrig, kommt er mit seinem Angebot. Die Versuchung ist ein typisches Beispiel für das Zusammenspiel zwischen dem Teufel, der die Strategie entwirft, der Welt, die mir sein konkretes Angebot vermittelt, und meinem Fleisch, das sich gerne davon kitzeln läßt. Der erste Schritt zum Widerstand ist, daß ich mit Gott über die Versuchung rede, also im Gebet formuliere, zu was ich mich da hingezogen fühle, und Gott mit keinem frommen Theater komme. Der zweite Schritt ist das Gespräch mit einem Seelsorger. Wie der Wüstenvater Johannes Kolobos einmal sagte: »Über keinen freut sich der Teufel so sehr wie über jene, die ihre Gedanken nicht offenbaren.«[68] Und umgekehrt ist es erstaunlich, wie es den Zauber einer Versuchung brechen kann, wenn ich sie über die Lippen bringe. Das Gespräch kann auch tiefere Bedürfnisse und Zusammenhänge aufdecken und so eine Heilung einleiten, die künftigen Versuchungen dieser Art einen Riegel vorschiebt.

Will die Versuchung nicht weggehen, ist es ein kluger Schritt, wenn ich mir die konkreten Möglichkeiten, ihr zu erliegen, wegnehme. »Wenn dich dein rechtes Auge zum Bösen verführt, dann reiß es aus und wirf es weg! Denn es ist besser für dich, daß eines deiner Glieder verlorengeht, als daß dein ganzer Leib in die Hölle kommt« (Mt 5,29 – Einh.). Dies ist keine fromme Selbstverstümmelung, sondern eine notwendige Schutzmaßnahme, wenn ich merke, daß ich sonst Schaden nehme. Merke ich, daß ich nicht widerstehen kann, sollte ich ohne weiteres Hin und Her fliehen. Verhandlungen mit dem Teufel enden immer auf die gleiche Weise!

Und sollte ich gefallen sein, ist es lebenswichtig, daß ich dem Impuls, aus lauter Scham vor Gott zu fliehen, widerstehe und mich gerade mit meiner Scham zu ihm flüchte. »Ein Gerechter fällt siebenmal und steht wieder auf, aber die Gottlosen versinken im Unglück« (Spr 24,16). Eine Sünde schlägt immer Wunden, bei mir und bei anderen, aber sie bedeutet nicht das Ende, auch nicht für einen leitenden Christen! Nach seiner Sünde mit Batseba kehrte David sofort zu Gott zurück und bat ihn um Vergebung, und Gott konnte ihn wieder gebrauchen (2. Sam 11–12). Hätte David seinen zukünftigen Weg von dieser Sünde diktieren lassen und sich nicht vor Gott gedemütigt, wäre seine Situation sehr ernst geworden. Aber bis zuletzt steht der Vater ängstlichen Blickes am Weg und schaut nach dem verlorenen Sohn aus . . .

◇ *Sturmangriff.* Es gibt Situationen, da mobilisiert der Böse all seine Dämonen zum Frontalangriff auf uns. C.S. Lewis und J.R.R. Tolkien, die beide Christen waren, müssen an dergleichen Erfahrungen gedacht haben, als sie die bodenlose Verzweiflung und Angst schilderten, die Menschen in der Begegnung mit den verschiedenen Manifestationen der Macht des Bösen erleben: ein unerklärliches Unvermögen, zu glauben und klar zu denken, ein blinder Impuls, von allem, was mit Gott und meinem Amt zu tun hat, zu fliehen, eine eisige Klammer um die Seele, die einen fast physisch bewegungsunfähig macht. Aber es bleibt doch *immer* ein kleines Fleckchen übrig, und sei es nicht größer als ein Stecknadelkopf, wo ich mich mit dem letzten Fünkchen meines Willens an Jesus anklammern kann. Seinen Namen über mein Leben ausrufen, laut die Kraft des Blutes des Lammes bekennen – das ist das einzige, was ich in solchen Lagen tun kann, bis der Sturm vorbei ist. Und auch wenn es sich ganz und gar nicht so anfühlt – hinterher sehen wir dann, daß

Gott die ganze Zeit die Zügel fest in der Hand hatte: »Noch ist keine Versuchung über euch gekommen, die den Menschen überfordert. Gott ist treu; er wird nicht zulassen, daß ihr über eure Kraft hinaus versucht werdet.« (1. Kor 10,13 – Einh.)

Hier sehen wir, wie Gott den Kampf in der Wüste seinen guten Zielen dienen läßt, direkt vor der Nase des Bösen. Dadurch, daß der Kampf mich dazu zwingt, mich ganz auf Jesus zu werfen und meine eigene Kraft loszulassen, kommt es zu einer tiefgreifenden Vereinfachung meines inneren Lebens, die für meinen weiteren Weg mit Gott von größter Bedeutung ist. Ich lerne die Kraft des Namens Jesu kennen, ich spüre den Schutz, den sein Blut mir gibt, und mein ganzes Christenleben wird tiefer und freimütiger.

Und ich lerne auch etwas Wichtiges darüber, was Gerechtigkeit ist. Wäre sie ein Ideal, das ich mir erkämpfen muß, würde ich wie ein Kegel fallen beim ersten Angriff des Fleisches, der Welt und des Teufels. Aber nun ist unsere Gerechtigkeit einfach der lebendige Jesus selber (1. Kor 1,30), der mir beides geben kann: die Abscheu vor dem Bösen und das Vermögen, ihm zu widerstehen. Je mehr ich auf den Bösen sehe und auf meine eigenen Möglichkeiten, ihm zu widerstehen, um so leichter werde ich besiegt. Und je mehr ich auf Jesus Christus und seine Gegenwart in meinem Leben schaue, um so mehr zieht er mich hinein in seinen Sieg. Wie einer der Gebetslehrer der orthodoxen Kirche, Hesykios, gesagt hat:

»Wer durch unaufhörliches Beten den Herrn Jesus in sich bewahrt, der wird nicht müde werden, ihm zu folgen. Der Schönheit und Lieblichkeit Jesu eingedenk, wird er niemals das nur Sterbliche wünschen. Auch werden seine Feinde, die bösen Dämonen, die ihn umgeben, ihn nicht kränken können, denn er tritt ihnen am Eingang seines Herzens entgegen, und mit Jesu Hilfe jagt er sie fort.«[69]

Was bringt es?

Was habe ich erreicht? Eine nur natürliche Frage bei jeder Arbeit, nicht zuletzt dann, wenn Weggabelungen kommen oder ich meine Zelte abbreche. Ich überdenke noch einmal, was ich denn eigentlich wollte, und vergleiche dies mit dem, was ich tatsächlich erreicht habe. Ich vergleiche Vision und Wirklichkeit, Ambition und Ergebnis, und ich stelle mich vor den Spiegel und frage: Wie war ich? Gut oder schlecht?

Diese Fragestellung berührt den innersten Nerv des christlichen Leiteramtes. Bin ich meiner Berufung treu, so daß ich allein Christus meinen Wert definieren lasse? Oder bin ich der Versuchung erlegen, meine Sendung zu meinem Wertbarometer zu machen? Dazu ist sie nämlich völlig ungeeignet und zeigt immer falsch an. Bringt meine Arbeit keine sichtbaren Resultate, zeigt das Sendungsbarometer auf »Tief« und überzieht mein Leben mit einer Wolkendecke des Mißlingens und der Selbstverachtung. Und wenn ich sichtbare Ergebnisse sehe, zeigt es auf »Hochmut« und blendet mich so, daß ich nicht mehr klar sehen kann. Unzählige christliche Leiter sind hier auf der einen oder anderen Seite vom Pferd gefallen. Nur die, die fest in ihrer Berufung verankert sind, können die Ergebnisfrage stellen, ohne daß die Antwort ihr Selbstwertgefühl beeinflußt – und damit sind sie frei und können weitergehen in Gottes Dienst.

Vielleicht kann man es so ausdrücken: Sich in dem zu spiegeln, was man erreicht hat, ist wie der Blick in einen Zerrspiegel auf dem Jahrmarkt: Die Proportionen stimmen nicht, sie sind zu groß oder zu klein. Christi Angesicht ist der einzige Spiegel, der mir meine richtigen Proportionen gibt – und viel mehr Barmherzigkeit, als ich mir selber je geben könnte.

Wie erreichen wir eine solche Reife im Beurteilen unserer Arbeit? Im tiefsten geht es hier um Versöhnung. Als Paulus über seinen Dienst spricht, sagt er, daß Gott »uns mit sich selber versöhnt hat durch Christus und uns das Amt gegeben, das die Versöhnung predigt« (2. Kor 5,18). Dies muß auch bedeuten, daß ich mit mir selber versöhnt werde: mit meinen Grenzen, meinen Mängeln *und mit meinen Leistungen.* Sonst ist das Reden von der Versöhnung leere Phrasendrescherei, ein falscher Ton, der gegen den bitteren Resonanzboden des Herzens kratzt. Sven Lidman soll auf seinem Sterbelager, als er mit seinen Freunden über sein Lebenswerk sprach, zum Schluß ausgerufen haben: »Fiasko! Fiasko! Es war alles ein Fiasko!« Kann sein, daß er das lediglich als eine Art Bescheidenheit meinte, aber wahrscheinlicher ist doch, daß sich hier eine schmerzlich unversöhnte Einstellung zu sich selbst und zu seinem Lebenswerk Luft machte. Wie kann man mit einer so unvergebenden Einstellung glaubwürdig von Gottes Barmherzigkeit reden? Wir können niemals gegen andere barmherzig sein, wenn wir unbarmherzig gegen uns selber sind.

Dies bedeutet nicht, daß wir Christi Anspruch auf unser Leben beschneiden und die Meßlatte für das christliche Leiteramt niedriger legen. Es *ist* unmöglich, diese hohen Anforderungen zu erfüllen! Und deswegen muß der, der Jesus kennengelernt hat, sagen können: »Ich habe mein Bestes getan, das Übrige überlasse ich Gottes Gnade.« Die eigene Arbeit regelrecht verachten, um so zu demonstrieren, wie abhängig man von der Gnade ist, weist eher darauf hin, daß man Gottes Versöhnung nicht bis auf den Grund seines Lebens hat gehen lassen. Vor dem Richter stehen und leugnen, was man geschafft hat, hat nichts mit christlicher Demut zu tun. Die Wahrheit ist doch vielmehr, daß nichts, was ich tun kann, *ausreicht,* um mich oder sonst einen Menschen zu erlösen. Diese Erkenntnis trifft uns spätestens auf unserem Sterbebett alle, aber in gewisser Weise wirft sie ihr Licht auf unser ganzes Leben. Christi Verwalter sein – das muß bedeuten, daß ich zu jedem Zeitpunkt meines Lebens ruhig und sachlich sagen kann: »Ich tue mein Bestes.«

Solche Versöhnung mit unserer eigenen Arbeit ist nötig, wenn wir fähig sein wollen, weiterzugehen und neue Aufgaben anzupakken. Wer den Sack vergangener Enttäuschungen mit sich herumschleppt, kann sich nicht in freimütigem Glauben zu Christus ausstrecken und auf seine Wegweisung lauschen. Diese »Selbstversöhnung« ist also eine wichtige Arbeit für einen christlichen Mitarbeiter – eine Arbeit, die Mühe und Zeit kostet und die wir je und dann, wenn der Unterschied zwischen unserem Wollen und Können zu groß wird, neu anpacken müssen. Wie bei aller echten Vergebung muß ich damit beginnen, daß ich mich dem stelle, was geschehen ist, und es nicht unter den Teppich kehre. Menschen, die ich enttäuscht habe, Aufgaben, die ich vernachlässigte, Projekte, aus denen nie etwas wurde, Kollegen, die ich gekränkt habe, Ergebnisse, die trotz harter Arbeit ausblieben, Dinge, die ich nie hätte beginnen sollen – es gehört zu unserem inneren Leben, daß wir all dies vor uns selbst und vor Gott ausbreiten und dann ihn um Vergebung bitten und uns selber vergeben. Hier müssen wir auch mit unserem Hochmut abrechnen, um wirklich frei werden zu können. Es tut ja meinem Stolz weh, wenn ich meine Grenzen und Fehlschläge einsehe, ohne sie anderen in die Schuhe schieben zu können.

In diesem Prozeß, der lange dauern kann, komme ich vielleicht an einen Punkt, wo ich erkenne, daß ich bitter auf Gott selber bin. »Warum hast du mich hier im Stich gelassen? Warum ließest du das zu? Warum hast du meine ehrlichen Motive und harte Arbeit nicht mit einem größeren Ergebnis gesegnet?« Es ist wichtig, diese Gefühle vor Gott aussprechen zu können und sie nicht unter einer frommen Maske zu verstecken. Der Psalter ist voll von offenen Anklagen gegen Gott: »Soll es denn umsonst sein, daß ich mein Herz rein hielt und meine Hände in Unschuld wasche? Ich bin doch täglich geplagt . . . du bist der Gott meiner Stärke: Warum hast du mich verstoßen? Warum muß ich so traurig gehen, wenn mein Feind mich dränget? . . . Denn ich esse Asche wie Brot und mische meinen Trank mit Tränen vor deinem Drohen und Zorn, weil du mich hochgehoben und zu Boden geworfen hast . . . Mein Gott, mein Gott, warum hast du mich verlassen?« (Ps 73,13–14; 43,2; 102,10–11; 22,2)

Und wenn wir so ehrlich zu Gott sind, zögert er nicht, uns ebenso geradeheraus zu antworten. In dieser Zwiesprache können mir Dinge klarwerden, die ich vorher nicht gesehen hatte, und meine eigene Rolle in ein anderes Licht kommen. Und obwohl es dem Menschen eigentlich nicht zukommt, seinem Schöpfer zu vergeben, kann es manchmal nötig sein, daß wir zu Gott »ich vergebe dir« sagen, damit wir unsere tiefsten Frustrationen loswerden und uns Gott wieder ohne Bitterkeit nahen können.

Die Frage zu stellen, was ich erreicht habe, führt mich also letztlich zu meiner Berufung zurück. In Christus allein habe ich Identität und Wert, egal wie die sichtbaren Ergebnisse meiner Arbeit aussehen. Dies rückt auch meine Sendung wieder in die richtige Perspektive. Ich bin von Christus ausgesandt, um ihm in Treue zu dienen, und nicht, um ein bestimmtes Ergebnis aufweisen zu können. Wie Gott sagte, als er Hesekiel aussandte: »Du sollst ihnen meine Worte sagen, sie gehorchen oder lassen es« (Hes 2,7). Es ist Gottes Sache, die Ergebnisse zu messen; meine Sache ist einfach, meinem Auftraggeber treu zu sein. Wir finden den gleichen Gedanken bei Paulus, als er über die Rollen der verschiedenen Leiter in Korinth spricht:

»Wer ist nun Apollos? Wer ist Paulus? Diener sind sie, durch die ihr gläubig geworden seid, und das, wie es der Herr einem jeden gegeben hat: Ich habe gepflanzt, Apollos hat begossen; aber Gott hat das Gedeihen gegeben. So ist nun weder der pflanzt noch der begießt etwas, sondern Gott, der das Gedeihen gibt. Der aber pflanzt und der begießt, sind einer wie der andere. Jeder aber wird seinen Lohn empfangen nach seiner Arbeit. Denn wir sind Gottes Mitarbeiter; ihr seid Gottes Ackerfeld und Gottes Bau.« (1. Kor 3,5-9)

Wohlgemerkt: Der Lohn richtet sich nach der *Arbeit*, nicht nach den Ergebnissen! Gott sucht bei seinen Dienern nichts als Treue und Verläßlichkeit. Was die Arbeit letztlich bringen wird, das liegt bei Gott, der das Wachsen gibt. Frère Roger sagt gern, daß wir Gottes Wort nach rückwärts über die Schulter aussäen sollen, damit wir nicht sehen, was mit dem Samen geschieht. Wenn wir nämlich sehen, daß er nicht aufgeht, bleiben wir stehen und machen uns Sorgen, und sehen wir, daß er aufgeht, bleiben wir stehen und werden hochmütig. Statt dessen sollen wir weiter säen und das Ergebnis Gott überlassen.

Als Jesus über seine Wiederkunft spricht, nimmt er das Bild eines Gutsbesitzers, der heim in sein Eigentum kommt. Das einzige, was er von seinen Verwaltern erwartet, ist, daß sie ihre Arbeit tun: »Selig ist der Knecht, den sein Herr, wenn er kommt, das tun sieht« (Lk 12,43). Also nicht: Selig der Knecht, der seinem Herrn Erfolge vorweisen kann. Was unser Herr bei uns sucht, ist Treue – heute und am Tag seiner Wiederkunft: »Doch wenn der Menschensohn kommen wird, meinst du, er werde Glauben finden auf Erden?« (Lk 18,8). Also nicht: Wird er finden, daß alle zum Glauben gekommen sind, daß aller Ausbeutung der Armen gewehrt wurde, daß alle Konflikte aufgehört haben, daß alle Natur wiederhergestellt ist, daß alle Menschen Heilung und Seelsorge bekommen haben? Dies ist ja das große Vollkommene, daß er dann selber geben wird, als gnadenreiche Krönung unserer einfachen, aber beharrlichen Schritte hier in unserer Zeit.

Die Stärke einer solchen Einstellung zu meiner Arbeit läßt sich kaum überschätzen. Es ist ja jenes ängstliche Messen der Ergebnisse, das die Menschen so leicht aufgeben läßt, ob in der Politik, im Umweltschutz oder in der Evangelisation. Hier liegt eine unüberwindliche Kraft in Menschen, die von keinerlei Ergebnisdenken getrieben werden, sondern von der Treue zu Gott. Schauen wir uns nur die christliche Mission an, die als so hoffnungslos kleine Bewegung im Hinterhof der damaligen Welt begann. Männer und Frauen waren dem kleinen Auftrag, den Gott ihnen gegeben hatte, treu, ohne auch nur daran zu denken, was für eine welterschütternde Bewegung sie damit in Gang setzten. So haben immer wieder Menschen ihr Leben der Gemeinde gewidmet und so Geschichte gemacht, ganze Gesellschaften umgekrempelt, in Kultur, Krankenpflege, Wirtschaft und anderen Bereichen Bahnbrechendes geleistet. Wie wäre das möglich gewesen, wenn sie jedesmal, wenn sie nicht sofort ein Ergebnis sahen, innegehalten hätten?

Wenn wir das Ergebnis Gott überlassen, bekommen wir auch die Freiheit, fern von kräftezehrender Nabelschau Gottes Werk in einer viel größeren Zeitperspektive zu sehen. Manchmal gleichen wir ja nicht Propheten, sondern eher Politikern, die es nicht wagen, Projekte anzugehen, die erst in der nächsten Legislaturperiode Ergebnisse zeitigen werden. Es liegt im Wesen der prophetischen Sendung, mit den Augen des Glaubens durch das Jetzt der Umstände und meiner Arbeit hindurch in eine Zukunft hineinzusehen, die erst noch kommen wird. Der Apostel Jakobus vergleicht dies mit der Zeitperspektive des Bauern: »So seid nun geduldig, liebe Brüder, bis zum Kommen des Herrn. Siehe, der Bauer wartet auf die kostbare Frucht der Erde und ist dabei geduldig, bis sie empfange den Frühregen und Spätregen. Seid auch ihr geduldig und stärkt eure Herzen; denn das Kommen des Herrn ist nah . . . Nehmt . . . zum Vorbild des Leidens und der Geduld die Propheten, die geredet haben in dem Namen des Herrn.« (Jak 5,7–10)

Es sagt viel über unsere Zeit aus, daß man das Wort »prophetisch« heutzutage mehr mit Trendgespür und Brandaktualität in Verbindung bringt als mit unbeirrbarer Geduld quer durch alle Trends und Moden hindurch! Kein Wunder, wenn die Gemeinde oft mehr wie ein Spiegel der wechselnden Zeitströmungen aussieht als wie ein Bild des kommenden Gottesreiches. Ein Prophet Gottes ist ein Mensch, der geduldig sagt, was Gott ihm aufs Herz gelegt hat, und nicht ein Trendsetter, der den Puls der Zeit fühlt.

Diese Zeitperspektive befreit mich davon, selber Ergebnisse in meiner Arbeit sehen zu müssen. Ich tue meine Arbeit, auch wenn vielleicht erst andere sie zu sichtbaren Resultaten weiterführen. Es kann ja nicht viel von unserer Saat zur Ernte reifen, wenn ich immer darauf bestehe, schon selber ernten zu können. Und ich werde auch frei von dem Streß, den eine zu kurze Sicht uns auferlegt. Bekanntlich kann ein Mensch mit einer Vision zu einer großen Belastung für seine Umgebung werden, wenn er dauernd verlangt, daß alle diese Vision begreifen und ihm helfen, sie unverzüglich zu verwirklichen. In solchen »Visionen« liegt eine Unbarmherzigkeit, die schlecht zu Gottes Vaterherz passen will und sein Werk eher behindert als fördert.

Manchmal muß Gott einen solchen Leiter hart anfassen, um ihm zu zeigen, wo sein Platz ist. Ein Beispiel ist der Erzvater Jakob, der schon früh ein Meister im Manipulieren seiner Mitmenschen war. Doch am Ende seiner Betrügerkarriere steht ein Ringkampf mit Gott selber, der ihm einen Schlag auf die Hüfte gibt, der ihn von Stund an hinken läßt. Als er danach seinem Bruder Esau begegnet, um sich mit ihm zu versöhnen, und Esau ihn einlädt, sofort aufzubrechen und mit ihm zu gehen, zeigt Jakobs Antwort eine Umsichtigkeit und Milde, die er in der harten Schule Gottes gelernt hat und die jedem Leiter zum Vorbild gereicht: »Mein Herr weiß, daß ich zarte Kinder bei mir habe, dazu säugende Schafe und Kühe; wenn sie auch nur einen Tag übertrieben würden, würde mir die ganze Herde sterben. Mein Herr ziehe vor seinem Knechte her. Ich will gemächlich hintennach treiben, wie das Vieh und die Kinder gehen können, bis ich komme . . .« (1. Mose 33,13–14)

Das Ziel der Arbeit

Was ist das Ziel meiner Arbeit? Ich soll sie in Treue zu Christus tun, schön – aber was ist das letzte, das endgültige Ziel? Daß die Menschen es hier auf Erden besser haben? Daß sie in Gottes Reich hineingerettet werden? Bleibt die Zielsetzung hier stehen, ist das Risiko groß, daß wir das Ziel nie erreichen. Dieser Horizont ist allzu eng für das geheimnisvolle Wesen, das der Mensch nun einmal ist und das in seiner Mischung aus Staub und Geist sich immer wieder über das bloß Menschliche hinausstreckt.

Dieses Streben ist ein Echo der ursprünglichen Aufgabe des Menschen in Gottes Schöpfung: Gott zu ehren. Wir wurden geschaffen, um Gottes Willen auf der Erde zu gestalten und in unserem ganzen Sein Gottes Wesen zu ihm zurückzuspiegeln. Dies ist die biblische Bedeutung von »Gott ehren« – also unendlich mehr, als nur zu sagen: »Preis dem Herrn!« Durch die Erlösung in Christus beginnt diese Funktion wieder heil zu werden, so daß unser Wesen mehr und mehr von Christus geprägt wird und so Gottes Wesen zu ihm zurückspiegelt. Dies liegt in unserer Berufung begründet und ist somit etwas, was ein Leiter mit allen Christen gemeinsam hat. Seine Führerschaft zeigt sich lediglich darin, daß er einen Schritt weiter ist und noch mehr zu Gottes Ehre und Verherrlichung lebt. Alles, was er ist, besitzt und tut, hat dies zum Ziel. Sein Lobgesang richtet unaufhörlich die Aufmerksamkeit fort von seinem eigenen Werk und hin zu Gott: »Denn von ihm und durch ihn und zu ihm sind alle Dinge. Ihm sei Ehre in Ewigkeit!« (Röm 11,36)

Im 16. Jahrhundert sammelte Ignatius von Loyola eine Schar junger Männer um eine sehr dauerhafte Version dieser Zielsetzung. Die »Gesellschaft Jesu« – oder die Jesuiten, wie der Volksmund sie bald nannte – wurde zu einer Erweckungsbewegung, die Tausende junger Männer in die verbindliche Nachfolge Christi rief. Das Ziel ihres Opferwillens hieß: *Ad maiorem Dei gloriam* (»Zu Gottes größerer Ehre«). Es liegt etwas sehr Befreiendes in diesem Wort »größer«, das dem »Berufschristen« viel Kampf und Krampf ersparen kann. Es heißt nämlich nicht: *Ad maximam Dei gloriam* (»Zur größten Ehre Gottes«). So hätten wir das vielleicht heute formuliert, mit unserer maßlosen Manie, überall das Größte, Beste und Schönste haben zu wollen. Ein solches Ziel hätte unweigerlich Leistungsneurosen, Erschöpfung und Burnout in diese Bewegung eingebaut. Wer kann schon von sich behaupten, zur größten Ehre Gottes gearbeitet zu haben?

Aber mit Gottes Gnade sein Äußerstes zu seiner *größeren* Ehre geben – das kann jeder. Über solchen christlichen Leitern öffnet sich eine Himmelskuppel der Freiheit, die jedem kleinen Schritt, jeder scheinbar unbedeutenden Arbeit, jedem Opfer einen großen Wert gibt. Es ist ein Ziel, das keine obere und untere Latte hat und daher weder die Schwachen zu Boden drückt noch die Starken abhält. *Alle* können mitmachen und so hoch zielen, wie sie wollen und wie Gott ihnen Gnade gibt.

Damit ist dieses Ziel eine vortreffliche Medizin gegen jene lähmende Krankheit, die man das »Alles-oder-nichts-Syndrom« nennen kann. Sie ist eines der gefährlichsten Gewächse des Hochmuts in unserem Leben, nicht zuletzt bei leitenden Christen. Je nach dem sichtbaren Ergebnis seiner Arbeit macht diese Krankheit den Leiter entweder himmelhoch jauchzend oder zu Tode betrübt: Entweder ich habe es vollständig geschafft, oder ich habe total versagt und bin eine Null, denn nur wer die volle Punktezahl erreicht hat, kann von Erfolg und Sinn in seiner Arbeit reden. Da er aber aus verschiedenen natürlichen Gründen mit 99 Prozent Wahrscheinlichkeit in der »Null«-Kategorie landet, wird der Alles-oder-Nichts-Leiter in seinem Führen gelähmt und unfähig, andere Menschen mit der Freiheit des Evangeliums anzustecken. Das Syndrom ist auch eine höchst wirksame Sperre für Menschen, die eigentlich gerne Verantwortung in der Gemeinde übernehmen würden, aber nicht sicher sind, daß sie es hundertprozentig schaffen werden, und es daher lieber gleich ganz sein lassen. Was hier wie kleidsame christliche Demut aussieht (»Das schaffe ich nicht«), ist in Wirklichkeit ganz gewöhnlicher Hochmut (»Ich versuche es nur, wenn ich auch der Beste werde«).

Hier ist es hohe Zeit, daß wir von der Zielsetzung des Ignatius lernen, so daß bereits aktive wie potentielle Leiter ihr persönliches Bestes geben können, Gott so viel zu ehren, wie es ihnen möglich ist. 1940 schrieb der legendäre Chefredakteur der Göteborger Handelszeitung, Torgny Segerstedt, einen Leitartikel, der zu einem Klassiker wurde. Er begann mit einem Bild von Ivar Arosenius, das eine Schar zahmer Gänse an ihrem Futtertrog zeigt. Als sie über sich das Schreien vorbeifliegender Wildgänse hören, sagen sie zueinander: »Die armen Irren!« Genauso, schrieb Segerstedt, reagieren die berechnenden und übervorsichtigen Menschen auf die, die Ernst machen mit ihrer Sehnsucht. Und in seiner unverwechselbaren Sprache formuliert er die Schlußfolgerung:

»Die freien Vögel pflügen sich ihren Weg durch das Himmelsgewölbe. Viele von ihnen werden ihr fernes Ziel vielleicht nicht erreichen. Was macht es? Sie sterben als Freie. Sie sind nicht wie die da unten, die an ihrem Futtertrog bedenklich mit dem Hals wackeln und laut über die ›armen Irren‹ herziehen. Bald werden sie geschlachtet und aufgegessen werden, diese ach so vernünftigen Maisschrotfresser. So geht das mit zahmen Tieren. Sie gehen keine Risiken ein und verlieren alle Chancen.«[70]

Ist es also eine Sünde, wenn man sich über einen Erfolg freut? Muß man sich »ungeistlich« vorkommen, wenn man ein Ziel erreicht hat und zur Feier des Tages ein Fest veranstaltet? Stiehlt man Gott die Ehre, wenn man sich von seinen Ergebnissen anspornen läßt? Natürlich nicht. Dag Hammarskjöld, der viel mit den schwierigen Fragen um Identität, Erfolg und persönlicher Ehre kämpfte, macht einen heilsamen Unterschied zwischen der persönlichen Freude über einen Erfolg und seiner Ausschlachtung für die eigene Ehre: »Sich des Erfolgs freuen ist etwas anderes, als ihn für sich in Anspruch nehmen. Sich das erste versagen, ist für Heuchler und Lebensverneiner; sich das andere gönnen, ein Vergnügen für Kinder, das sie hindern wird, Männer zu werden.«[71]

Bonaventura, ein franziskanischer Theologe des 13. Jahrhunderts, gab seinen Kollegen folgenden Rat: »Wenn ein Vorgesetzter an das Gute denkt, das er ausgerichtet hat, kann er sich, ohne hochmütig zu werden, darüber freuen, wenn er dieses bedenkt: Nicht um seiner selbst willen, sondern um derer willen, für die er Verantwortung hat, hat Gott ihm das Vermögen gegeben, richtig zu verstehen, wohl zu reden und recht zu handeln.«[72]

Man merkt es, daß auch Paulus mit diesen Fragen rang. Er hatte ja höchst erstaunliche Erfolge und durfte miterleben, wie die christliche Kirche sich innerhalb weniger Jahrzehnte über einen großen Teil des Mittelmeerraums ausbreitete. In einem Brief an eine der vielen Gemeinden, die er gegründet hatte, macht er eine gutmütige Anspielung auf seinen Namen, der »Der Kleine« bedeutet: »Denn ich bin der geringste unter den Aposteln, der ich nicht wert bin, daß ich ein Apostel heiße, weil ich die Gemeinde Gottes verfolgt habe. Aber durch Gottes Gnade bin ich, was ich bin. Und seine Gnade an mir ist nicht vergeblich gewesen, sondern ich habe viel mehr gearbeitet als sie alle; nicht aber ich, sondern Gottes Gnade, die mit mir ist« (1. Kor 15,9-10). Diese Doppelheit von Göttlichem und Menschlichem in der Leitung der Kirche geht letztlich auf die Inkarnation selber zurück, in der Gott Mensch wurde. So verkörpern die ganze Gemeinde und ihre Leiter zum einen alle menschliche Herrlichkeit und Jämmerlichkeit, zum anderen alle göttliche Herrlichkeit und Kraft. Auf der einen Seite: »Ich habe gearbeitet«, auf der anderen: »Aber nicht ich.«

Doch ist sich Paulus der äußerst ernsten Gefahr, sich selbst die Ehre für Gottes Wirken zuzuschreiben, so bewußt, daß er im Römerbrief betont: »Ich bin vor Gott stolz auf alles, was Jesus Christus durch mich getan hat. Hätte nicht er es bewirkt, daß Menschen aus vielen Völkern zum Glauben und Gehorsam gekommen sind, *würde ich es nicht wagen,* auch nur davon zu reden. So aber wirkte Gott durch meine Verkündigung und meinen Einsatz und bestätigte dies alles durch Zeichen und Wunder seines Geistes!« (Röm 15,17-19 – Hoffnung für alle). Dies ist keine seelische Selbstverstümmelung, keine ängstliche Hexenjagd auf Gedanken, die einem christlichen Leiter verboten sind, sondern hier zeigt sich eine grundsolide Gottesfurcht, eine tiefe Einsicht, daß es ja Christus selber ist, der dieses wunderbare Ergebnis bewirkt hat, und ein bewußter Entschluß, nichts von dieser Kraft in der eigenen Tasche des Paulus versickern zu lassen. Wie sollen wir den Auftrag, Menschen zu Jüngern zu machen, die Gott ehren, erfüllen, wenn wir uns selber die Ehre geben?

Der geistliche Leiter dient ja eigentlich nur als Beispiel für das Wirken der Kräfte, die jedem Gemeindeglied zugänglich sind. Christi Wirken in Paulus ist nicht etwas, was nur einigen wenigen Erste-Klasse-Christen vorbehalten wäre. Die Leiter sind nur einen Schritt voraus auf dem Weg hinein in das Kraftfeld, das Gott allen anbietet. Und dies nicht, damit die anderen draußen bleiben und die Kraftalmosen entgegennehmen, die die Leiter ihnen austeilen, sondern damit alle mitgehen und ebenfalls den auferstandenen Christus erfahren. So weist Paulus jedem muffigen Elitedenken die Tür und setzt durch sein Leitungsamt Kräfte frei, die er im Traum nicht selber beherrschen, geschweige denn schaffen könnte: »Ihm aber, der nach seiner Kraft, die in uns wirksam ist, unendlich mehr zu tun vermag als alles, was wir erbitten und verstehen, ihm sei die Ehre in der Gemeinde und in Christus Jesus für alle Geschlechter und Zeiten in alle Ewigkeit!« (Eph 3,20–21 – Menge)

Zur Anbetung befreit

Wenn nun das Werk Gott gehört, dann muß ich mich auch von ihm trennen können. Hier kommen wir an den vielleicht allerschwierigsten Punkt für den christlichen Leiter. Ein moderner Franziskaner, Eloi Leclerc, hat eine Franziskuserzählung geschrieben, in der der kleine Arme Gottes unter seinen Schülern sitzt und einen Korb verbrennt, den er gerade fertiggestellt hat.[73] Einer der Schüler, Bruder Leo, fragt ihn verwundert, warum er das mache; Bruder Silvester brauche den Korb doch, und zwar ziemlich bald. »Ja, ich weiß«, entgegnet Franziskus. »Ich werde ihm sofort einen neuen flechten. Aber erst mußte ich diesen hier verbrennen, das ging vor.« Und er setzt sich mit Bruder Leo hin, beginnt den neuen Korb zu flechten und erklärt:

»›Die Arbeit ist nicht alles, Bruder Leo, sie löst nicht alle Probleme. Sie kann sogar zu einer Bedrohung für die wahre Freiheit des Menschen werden, und sie wird dies jedesmal, wenn ein Mensch so in seiner Arbeit aufgeht, daß er vergißt, den einen wahren Gott anzubeten. Deshalb ist es so wichtig, darauf zu achten, daß der Geist des Gebets in uns nicht verlischt. Dies ist wichtiger als alles andere.‹

›Ich verstehe‹, sagte Leo. ›Aber wir können doch nicht jedesmal, wenn sie uns vom Gebet ablenkt, unsere Arbeit zerstören.‹

›Natürlich nicht‹, erwiderte Franziskus. ›Aber das Wichtige ist, daß man bereit ist, sie jederzeit Gott zu opfern. Erst dann werden wir frei. Im Alten Bund opferten die Menschen Gott die Erstlingsfrucht von allem, was unter dem Vieh geboren wurde. Sie zögerten nicht, ihr Allerbestes hinzugeben. Sie taten dies, um ihn anzubeten, aber auch, um frei zu werden. Es war eine Art, das Herz offen zu halten. Durch das Opfer weiteten sie ihre Herzen, so daß sie groß wurden und die ganze Schöpfung in ihnen Raum hatte. Hier lag das Geheimnis ihrer Freiheit und Größe.

Ja, Bruder Leo‹, sagte Franziskus sehr leise, ›der Mensch ist groß, wenn er sich nicht von seinem Tun gefangennehmen läßt, sondern aus seiner Arbeit herauswächst, um allein Gott zu sehen. Erst dann findet der Mensch zu sich selbst. Aber dies ist schwer, sehr schwer. Einen Korb verbrennen, den man selbst geflochten hat und für schön hält, das ist nichts. Sein ganzes Lebenswerk opfern – das ist eine ganz andere Sache, die unsere menschlichen Kräfte übersteigt.‹«

Vielleicht spricht uns diese Erzählung an und stellt unser eigenes Verhältnis zu unserer Arbeit in ein neues Licht. Vielleicht müssen wir uns neu erinnern an Menschen, denen wir begegnet sind oder von denen wir gelesen haben, die sich in ihrem Amt festfuhren und nicht weiterkamen, weil sie sich nicht von ihrem Werk trennen konnten. Etwas vom Beklemmendsten, das man unter Christen antreffen kann, sind Leiter, die einst auf Gottes Stimme hörten, ihr gehorchten und durch Gottes Gnade etwas Neues pflanzen durften, das wuchs und gute Frucht brachte und anderen Menschen zu Heilung und Freude gereichte – und die dann ihr ganzes restliches Leben nur noch für dieses Werk leben. All ihre Beziehungen – zu Gott, zu sich selber, zu den Mitmenschen – lassen sie durch einen immer schmutzigeren und verstopfteren Filter gehen: »Mein Lebenswerk.« Und so isolieren sie sich immer mehr vom Leben, werden Fremdlinge, für sich selber und für ihre Umgebung. Es fällt ihnen immer schwerer, Gottes Stimme zu erkennen, und zusammen mit ihrem Werk erstarren sie zu einem nostalgischen Denkmal von dem, was Gott einst tat.

Warum sind sie so geworden? Sie weigerten sich, das zu tun, was Abraham tat. Sie folgten Abraham nur auf dem ersten Stück seiner Glaubenswanderung mit Gott. Sie nahmen Gottes Verheißungen entgegen und warteten im Glauben auf ihre Erfüllung. Doch als die Erfüllung kam und unter ihren Händen Gestalt annahm, weigerten sie sich, sie loszulassen. Als Gott ihnen befahl, sie ihm zu opfern, hatten sie schon so viel von ihrer Identität in diese Arbeit investiert, daß sie sich nicht mehr von ihr trennen konnten oder wollten; sie abgeben – das wäre der Tod gewesen.

Abraham lehrt uns, daß es genau umgekehrt ist. Nur wenn wir ständig bereit sind, Gottes Werk hinzuopfern und uns von unseren Leistungen zu trennen, können wir lebendig bleiben. Wachsen wir in unserem Tun fest, dann kommt der Tod. Darum bepackte Abraham ohne Zögern seinen Esel »und nahm mit sich zwei Knechte und seinen Sohn Isaak und spaltete Holz zum Brandopfer, machte sich auf und ging an den Ort, von dem ihm Gott gesagt hatte. Am dritten Tag hob Abraham seine Augen auf und sah die Stätte von ferne und sprach zu seinen Knechten: Bleibt ihr hier mit dem Esel. Ich und der Knabe wollen dorthin gehen, und wenn wir angebetet haben, wollen wir wieder zu euch kommen. Und Abraham nahm das Holz zum Brandopfer und legte es auf seinen Sohn Isaak. Er aber nahm das Feuer und das Messer in seine Hand; und gingen die beiden miteinander.« (1. Mose 22,3–8)

Wenn wir nicht bereit sind, Gott mit dem Feuer und dem Messer zu dienen, werden wir nie als Leiter zurückkommen. Wenn wir nicht bereit sind, das Feuer brennen und das Messer uns von Gottes Gabe trennen zu lassen, um Gott selber wiederzugewinnen, wird Gottes Segen über unserem Leben vertrocknen. Erst als Isaak auf dem Opferaltar lag und Gott sah, daß Abraham ganz Ernst damit machte, ihn über *alles* zu setzen, selbst über Gottes eigene Gaben, konnte er ihm die Erneuerung seines Bundes anbieten. Und wie Abraham den Widder, der sich im Gestrüpp verfangen hatte, erst sah, als er Isaak Gott zurückgegeben hatte, so kann ein christlicher Leiter Christus selbst erst wiedergewinnen, wenn er ihm sein Werk übergeben hat. Sonst wird das, was einst Gottes Gabe an eines seiner geliebten Kinder war, zu einer Mauer zwischen Gott und seinem Kind. Und in Gottes Augen sind wir selber unendlich mehr wert als unsere Arbeit.

Nach seinem Ehebruch mit Batseba betete David: »Schaffe in mir, Gott, ein reines Herz, und gib mir einen neuen, beständigen Geist« (Ps 51,12). Damals war es nötig, daß Gottes Gnade sein Herz von seinen bösen Taten reinwusch, damit er von neuem Gott sehen und seinen Willen tun konnte. Doch es gibt Situationen, da ist es mindestens genauso dringend, daß die Gnade unser Herz von unseren *guten* Werken reinigt, damit unser Leben wieder weit offen für Gott wird. Dies ist mindestens genauso schmerzhaft, und wenn es wirklich zur Befreiung für mich und meine Umgebung führen will, muß es so sachlich und unsentimental geschehen wie bei Abraham. Jede Andeutung von Märtyrerkomplex und Selbstmitleid vergiftet dieses Opfer und bereitet den Boden für eine ebenso gefährliche Bitterkeit, als wenn ich mich an meinem Werk festgeklammert hätte. Gerade so wie damals, als er mich zum ersten Mal rief, wartet der Herr auf meine freie Antwort: »Willst du?«

Es ist keine Übertreibung, zu sagen, daß ein Freudenlicht Jesus umstrahlt, wie er in den Evangelien unter den Menschen umherwandert. Aber bei einer Gelegenheit durchbrach seine Freude jedes Maß, und das war, als seine Jünger, nachdem sie in den Dörfern ringsum das Evangelium verkündet hatten, zu ihm zurückkamen. Der Evangelist Lukas berichtet:

»Die Siebzig aber kehrten mit Freuden zurück und sprachen: Herr, auch die Dämonen sind uns untertan in deinem Namen. Er sprach aber zu ihnen: Ich schaute den Satan wie einen Blitz vom Himmel fallen. Siehe, ich habe euch die Macht gegeben, auf Schlangen und Skorpione zu treten, und über die ganze Kraft des Feindes, und *nichts* soll euch schaden. Doch darüber freut euch nicht, daß euch die Geister untertan sind; freut euch aber, daß eure Namen in den Himmeln angeschrieben sind! In dieser Stunde jubelte Jesus im Geist und sprach: Ich preise dich, Vater, Herr des Himmels und der Erde, daß du dies vor Weisen und Verständigen verborgen hast und hast es Unmündigen geoffenbart.« (Lk 10,17-21 – Elbf.)

Jesus bejaht die Freude seiner Jünger über das wunderbare Resultat ihrer Arbeit. Er bestätigt, daß er sie für ihre Aufgabe mit solch einer Kraft ausgerüstet hat. Doch gleichzeitig warnt er sie davor, ihren Leistungen allzu großes Gewicht beizumessen. Die Quelle der Freude ist nicht unsere Arbeit, sondern Gott selber, der uns mit Namen kennt und uns bei ihm im Himmel ein ewiges Heim gibt. Zum christlichen Leiter gesetzt zu sein, wiegt federleicht gegen die unfaßbare Tatsache, daß wir Gottes Kinder sind. Und hier jubelt Jesus zusammen mit dem Vater und dem Heiligen Geist, gleichsam ihre Hände fassend zu einem schwindelnden Freudenreigen mit allen Jüngern auf der Erde, durch alle Zeiten und Länder hindurch. Unfaßbar: Der Gott, der nichts bedarf und der lebt und regiert in Ewigkeit, lädt uns gewöhnliche Menschen in seine Gemeinschaft ein!

Gebet eines Leiters

Herr Jesus, ich habe die Freude und die Verantwortung,
zu glauben, daß wir seit meiner Taufe eins sind.
Laß das Licht Deiner Gegenwart nicht erlöschen in mir.

O Herr, sehe Du mit meinen Augen, höre mit meinen Ohren,
rede mit meinen Lippen, gehe mit meinen Füßen.
Herr, laß mein armes Menschenleben
eine Erinnerung sein,
und sei sie auch nur schwach,
an Deine göttliche Gegenwart.

Denn wo andere mich bemerken,
ist dies ein Zeichen, daß ich immer noch trübe bin
und nicht durchscheinend.

(John Henry Newman)

ANMERKUNGEN

1 Christopher Lasch, *Das Zeitalter des Narzißmus*, München: Verlag Steinhausen 1980, S. 103.
2 Lasch, *Das Zeitalter des Narzißmus*, S. 288.
3 Aus der Zeitung *Alternativet*, zitiert in der schwedischen Tageszeitung Dagens Nyheter, 8. 5. 1989.
4 Gunnel Vallquist, *Helgonens svar*, Stockholm: Proprius Förlag 1981, S. 17.
5 *Aftonbladet*, 27.10.1985.
6 Dietrich Bonhoeffer, *Nachfolge* (Werke, Bd. 4), München: Chr. Kaiser Verlag 1989, S. 87.
7 *Meister Eckharts Traktate* (Die deutschen Werke, Bd. 5), hrsg. und übers. von Josef Quint, Stuttgart: W. Kohlhammer Verlag 1963, S. 281. – Zitat um der besseren Lesbarkeit willen sprachlich leicht modernisiert.
8 Ignatius von Loyola, *Geistliche Übungen*, Freiburg: Verlag Herder 1967, S. 25f.
9 Dag Hammarskjöld, *Zeichen am Weg*, München: Verlag Droemer Knaur 1965, S. 29.
10 *Texte der Kirchenväter. Eine Auswahl nach Themen geordnet*, Bd. 4, München: Kösel Verlag 1964, S. 68f.
11 Zitiert in: Bengt-Ingemar Kilström und Lars Roth, *I Jesu sällskap*, Stockholm: Skeab Förlag 1979.
12 Hammarskjöld, *Zeichen am Weg*, S. 32.
13 Tomas Tranströmer, *Für Lebende und Tote. Gedichte*, München: Hanser Verlag 1993, S. 29–30.
14 Gunnel Vallquist, *Till dess dagen gryr*, Stockholm: Proprius Förlag 1977, S. 47.
15 *Weisung der Väter. Apophthegmata Patrum, auch Gerontikon oder Alphabeticum genannt*, eingeleitet und übers. von Bonifaz Miller, Freiburg: Lambertus-Verlag 1965, S. 223 (Nr. 637).
16 Hammarskjöld, *Zeichen am Weg*, S. 69.
17 Charles G. Finney, *Erweckung – Gottes Verheißung und unsere Verantwortung*, Siegen: Verlag Gottfried Bernard 1987, S. 340.
18 *Johannes Wesleys Tagebuch. In Auswahl*, übersetzt von Paulus Scharpff, Frankfurt: Anker 1954, S. 284 (Eintrag zum 28. Juni 1776).
19 *Svenska Journalen*, 31. 3. 1988.
20 Dietrich Bonhoeffer, *Gemeinsames Leben / Das Gebetbuch der Bibel* (Werke, Bd. 5), München: Chr. Kaiser Verlag 1987, S. 96.
21 Bonhoeffer, *Gemeinsames Leben*, S. 97.
22 Zitiert in: Clifford Hugh Lawrence, *Medieval Monasticism*, Longman 1984, S. 15.
23 *Evangelii Härold* 3 / 1989.
24 Anonym, aus der Zeitschrift *Karmel*.
25 *Frank Mangs in närbild*, red. Berthil Paulson, Harriers 1984.
26 Thomas von Kempen, *Das Buch von der Nachfolge Christi. Die Übersetzung J.M. Sailers*, bearb. von Walter Kröber, Stuttgart: Reclam Verlag 1980, S. 37 (Erstes Buch, Kap. 20.2).
27 Hammarskjöld, *Zeichen am Weg*, S. 79.
28 Hammarskjöld, *Zeichen am Weg*, S. 63.

[29] *Weisung der Väter*, S. 41 (Nr. 87).
[30] Zeitschrift *Sojourners*, Washington, 12/1977.
[31] Hammarskjöld, *Zeichen am Weg*, S. 102.
[32] Hammarskjöld, *Zeichen am Weg*, S. 107.
[33] Desmond Doig, *Mutter Teresa. Ihr Leben und Werk in Bildern*, Freiburg: Verlag Herder 1976, S. 169.
[34] Oremus, *Katolska kyrkans bönbok*, 1981, S. 143.
[35] Ignatius von Loyola, *Geistliche Übungen*, S. 64 (Nr. 179).
[36] Loyola, *Geistliche Übungen*, S. 105 (Nr. 316).
[37] Loyola, *Geistliche Übungen*, S. 105 (Nr. 317).
[38] *Nytt Liv* 5/1988.
[39] Hammarskjöld, *Zeichen am Weg*, S. 137.
[40] Henri J. M. Nouwen, *Seelsorge, die aus dem Herzen kommt. Christliche Menschenführung in der Zukunft*, Freiburg: Verlag Herder 1989, S. 58f.
[41] Hammarskjöld, *Zeichen am Weg*, S. 70.
[42] Johannes vom Kreuz, *Die lebendige Flamme* (Sämtliche Werke, Bd. 4), Einsiedeln: Johannes Verlag 1964, S. 88f. (Dritte Strophe, Nr. 46).
[43] Loyola, *Geistliche Übungen*, S. 19 (Nr. 15).
[44] Bonhoeffer, *Gemeinsames Leben*, S. 93.
[45] Bonhoeffer, *Gemeinsames Leben*, S. 85f.
[46] *Newsweek*, 11. 7. 1988.
[47] Frère Roger, *Dynamik des Vorläufigen*, Gütersloh: Gütersloher Verlagshaus 1967, S. 36.
[48] Bonhoeffer, *Gemeinsames Leben*, S. 90.
[49] *Newsweek*, 17. 9. 1984.
[50] Frère Roger, *Dynamik des Vorläufigen*, S. 103.
[51] Jean Vanier, *Community and Growth*, London: Darton, Longman & Todd 1979, S. 52.
[52] Wilfrid Stinissen, *Fader jag överlämnar mig åt dig*, Karmeliternas förlag 1986, S. 14.
[53] Edith Schaeffer, *What Is A Family?*, London: Hodder & Stoughton 1976, S. 211.
[54] *Nytt Liv* 11/1978.
[55] Stinissen, *Fader jag överlämnar mig åt dig*, S. 35.
[56] Stig Abrahamsson, *Emil Gustafson – en Guds profet*, HF's förlag 1985, S. 133.
[57] *Sojourners* 12/1977.
[58] *Weisung der Väter*, S. 240 (Nr. 720).
[59] Zitiert in: Clifford Hugh Lawrence, *Medieval Monasticism*, S. 23.
[60] Hammarskjöld, *Zeichen am Weg*, S. 93.
[61] Hammarskjöld, *Zeichen am Weg*, S. 91f.
[62] *Weisung der Väter*, S. 205 (Nr. 573).
[63] *Weisung der Väter*, S. 175 (Nr. 489).
[64] Loyola, *Geistliche Übungen*, S. 109 (Nr. 332).
[65] Loyola, *Geistliche Übungen*, S. 108 (Nr. 330).
[66] *Frank Mangs i närbild*, S. 110, 132.
[67] *Nytt Liv* 5/1988.
[68] *Weisung der Väter*, S. 231 (Nr. 675).

[69] Aus: *Filokalia om hjärtats bön*, Auswahl und schwed. Übersetzung von Sten Rodhe, Stockholm: Proprius Förlag 1983, S. 52.

[70] *Segerstedt i GHT*, Beta Grafiska Förlag 1984, S. 71.

[71] Hammarskjöld, *Zeichen am Weg*, S. 113f.

[72] Bonaventura, *The Character of a Christian Leader*, Ann Arbor: Servant Books 1978, S. 56.

[73] Eloi Leclerc, *La Sagesse d'un Pauvre*, Paris: Éditions Franciscaines 1984.

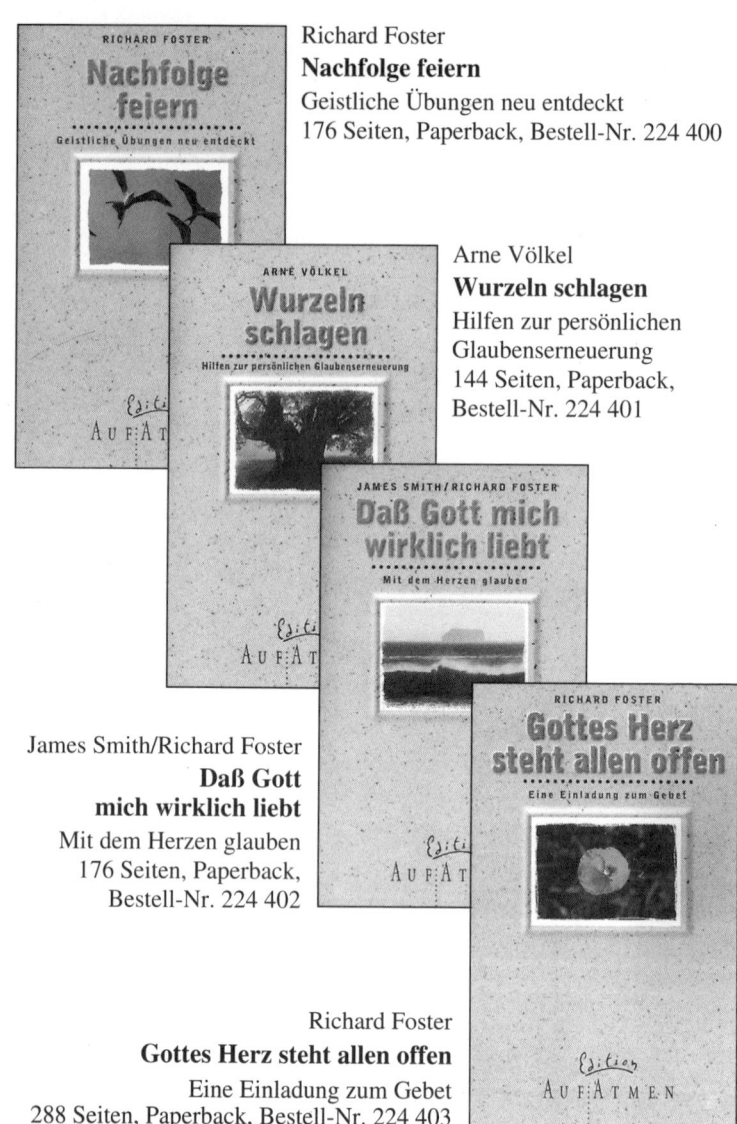

Richard Foster
Nachfolge feiern
Geistliche Übungen neu entdeckt
176 Seiten, Paperback, Bestell-Nr. 224 400

Arne Völkel
Wurzeln schlagen
Hilfen zur persönlichen
Glaubenserneuerung
144 Seiten, Paperback,
Bestell-Nr. 224 401

James Smith/Richard Foster
**Daß Gott
mich wirklich liebt**
Mit dem Herzen glauben
176 Seiten, Paperback,
Bestell-Nr. 224 402

Richard Foster
Gottes Herz steht allen offen
Eine Einladung zum Gebet
288 Seiten, Paperback, Bestell-Nr. 224 403

R. BROCKHAUS VERLAG WUPPERTAL

BUNDES-VERLAG WITTEN